동검도 채플

동검도 채플

블루로고스

조광호 산문

파람북

추천의 글

동검도의 바람과 들풀과 노을을 닮은 신부님께

1.

신부님이 예전에 펴냈고 지금은 절판이 된 책『그대 문의 안과 밖에서』와『꽃과 별과 바람과 시』를 즐겨 읽은 독자로서 수십 년 만에 새로 나온 이번 책이 그저 반갑고 기뻐서 누구에게나 자랑하고 싶은 마음 가득합니다. 시, 수필, 희곡, 논문도 잘 쓰시고 그림도 잘 그리고 사진까지 잘 찍으시는 다재다능한 신부님을 저는 늘 부러워하며 멀리서 지켜보았지요.

어쩌면 끝없이 넓고 푸른 바다를 닮으신 신부님의 어머님 기일과 신부님의 영명축일이 들어있는 아름다운 10월에 제가 기다리던 신부님의 글들을 읽으면서 아주 오랜만에 한 통의 러브레터를 빚는 마음으로 이 글을 씁니다.

지금으로부터 반세기 전인 1975년 제가 필리핀에서 돌아와 종신서원을 준비할 무렵, 장충동 골목길의 홍윤숙 시인 댁에 갔을 때 시를 잘 쓰고 그림을 잘 그리는 신학생이 곧 올라올 거라며 소개해 주신 뒤 우리는 자연스레 우정을 이어가는 도반이 되었지요. 신부님의 재능이 나의 것이라도 되는 양 초에 그림을 그려달라 부채에 글씨를 써 달라 논문을 교정해 달라 이런저런 부탁을 해도 귀찮은 내색 없이 잘 들어준 신부님께 고마운 마음 가득한데 표현을 잘 못했어요. 제가 암 수술하고 병원에 입원했을 때, 선물로 주신 둥근 모양의 진주조개는 너무 아름다워서 성반으로 쓰시라고 되돌려 드리기도 했습니다.

더 겸손하게 살고 싶어 성직 사제보다는 평수사로 살고 싶다는 원의를 표현했을 때, 선배 수녀님들과 반대를 하며 "사제가 되어 겸손하게 살면 된다"고 적극 권면한 일도 이제는 아득한 추억이 되었네요. 1979년도에 사제서품을 받은 후 지난 46년 동안 신부님은 우리의 소망대로 참으로 많은 일을 하셨습니다. 천주교중앙협의회에서 출판국장을 인천가톨릭 조형예술대학에서 학장을 역임하는 등 중책도 맡으시고 교회 안팎으로 영향력 있는 성직자로, 예술가로 누구보다 열심히 성실하게 살아오셨습니다.

지금은 동검도 채플을 종파를 초월해 모든 순례객들에게 치유의 명소로 만들며 누구보다 행복하고 알찬 삶을 살아가는 신부님, "신부님이 절에 갔으면 아마 큰스님이 되었을 텐데? 제도적인 한계가 많아 마음껏 뜻을 펼치질 못하니 유감이네요"라고 가끔은 지인들끼리 뼈있는 농담을 주고받은 것도 생각나시는지?

2.

"우리가 아름다움 속에 살아갈 이유를 다시 배울 때 그 길 위에서 구원은 이미 시작된다."

"숨결 하나 눈길 하나가 곧 은총임을 깨닫는 순간 삶은 기도가 되고 하루는 성사가 된다."

신부님의 글들 가운데 제가 선택해 필사해 두고 되새김해 보는 문장들입니다. 아마도 이 내용을 좀 더 구체적으로 다양하게 풀어놓는 책이 바로 『동검도 채플 블루 로고스』가 아닐런지요. 신부님의 책 속으로 걸어 들어가면 우리는 깊은 예술적, 철학적 사유로 인해 깊은 화가 사제가 주관하는 세미나에 참석해 공부하는 느낌이 들기도 합니다. 인생과 예술을 배우는 무형의 학교에 들어온 것 같은 멋진 느낌 말입니다.

이 책 안에는 달빛 흐르는 고요한 강가에서 읽고 싶은 시들도 있고 사계절 내내 아름다운 동검도의 자연을 그려낸 단상들도 있고 동서양의 선인들이 남긴 지혜의 명상록도 있고 이 시대의 부조리를 날카롭게 비판하는 논평도 있습니다. 그래서 책을 다 읽고 나면 우리가 좀 더 생각이 깊어지고 마음이 넓어진 것을 경험하게 됩니다. 남을 함부로 속단하며 자신만 옳다고 주장하는 오만과 아집과 독선의 위험을 좀 더 구체적인 예를 통해 알아듣게 되며, 모든 인간을 차별 없이 대하는 폭넓은 사랑의 주인공이 되어야 할 의무가 있음을 절감하게 됩니다. 인내와 절제가 필요한 평상심의 중요성 또한 감지하면서 말입니다.

오랜 세월 신부님과 우정을 나누면서 배우게 된 객관적인 종교관과 세계관 따뜻하고 폭넓은 인간관이 투영되어 있는 『동검도 채플 블루 로고스』라는 이번 작품의 탄생을 축하하고 독자로서 감사드려요. 이미 명소가 된 부산의 남천동 성당과 동검도 채플의 스테인드글라스 또한 신부님의 글을 닮아 은총의 햇빛 아래 갈수록 더 빛을 발하게 될 것이라 믿습니다. 신부님의 일상의 삶 또한 흐르는 시간 속에 더 신비하고 아름답게 빛을 내는 또 하나의 스테인드글라스가 되길, 또 하나의 푸른 섬으로 정주하되 쉼 없이 흘러가는 강이 되길 기원하면서 제가 좋아하는 신부님의 시 중의 몇 구절을 독자들을 대신한 보편기도로 읊으며 이 글을 마무리합니다.

> 강은 떠남으로써 비로소 만남의 말을 시작하고
> 흐름으로써 생명의 기쁨을 노래하나
> 머뭇거림도 서두름도 없는 무위無爲 속에
> 천년만년을 끝없이 흐른다
> 강은 그 태초의 신선한 눈을 강심江心에 간직하고
> 단 한 번도 요행과 기적을 바라지 않고
> 평범 속에 흘러가나
> 다른 이의 모든 것이 되어주고
> 다른 이의 모든 것이 되어주면서도
> 스스로 그 무엇을 베풀었다고 생각하지 않고
> 단 한 번도 그 누구에게 무엇을 강요한 일이 없이
> 타인의 눈에 자신이 어떻게 보이는가에 대해 마음을 쓰지 않고

있는 그대로 자신을 드러내고 이해함으로써

생명을 갈구하는 모든 것을 위해

스스로를 바치며

강은 침묵 속에 흐른다

―「바람이 되어 흐르는 강」에서

2025년 가을 어느 날

부산 광안리 성 베네딕도 수녀원에서

이해인 클라우디아 수녀

작가의 말

흐름 위에서, 흐름과 함께　　　　　　　　　—블루 로고스

  나에게 그림을 그리고 글을 쓴다는 것은 고요 속에서 내면을 들여다보는 일입니다.
  내 안 깊은 곳, 가늠하기 어려운 어둠 속에서 언뜻언뜻 스쳐 가는 빛의 눈부심에 대해, 그 두렵고 떨리는 설렘에 대해 조심스레 응답하려는 작은 몸짓입니다.

나에게 예술은 신앙을 표현하는 또 다른 방식입니다.

빛과 색채와 형태의 언어로, 은혜로운 모국어로, 초월과 내재의 거대한 로고스Logos[1] 흐름 위에서 그 말씀을 받아들입니다.

나는 이것을 "거대한 푸름Blue의 언어"라 부릅니다.

그 푸름은 하늘과 땅 사이를 잇는 다리이며, 영원의 말씀이 시간 속에 스며드는 생명의 현현입니다.

그래서 나는 나의 여정을 "블루 로고스Blue Logos"[2]라 부릅니다.

내 척박한 사유를 언뜻 비추며 지나가는 저 푸른빛의 눈부심, 그 떨림을 담아내는 일입니다.

한순간도 머무를 수 없는 안타까움 속에서, 작은 숨결로 엄마를 쳐다보며 곁에 있음을 확인해야 하는 아기처럼, 나의 모든 작업은 영원하신

---

[1] '로고스'는 태초의 말씀이며 존재의 근원입니다. 그 말씀은 들리지 않지만, 형태로 드러나고 공간 속에 빛으로 현존합니다. 나는 그 현존을 '푸름'이라는 미학적 정신으로 받아들입니다. 푸른 조형은 단지 시각적 질서가 아니라, 하느님의 질서와 창조의 구조를 시각화한 것입니다. 그 안에는 초월과 내재, 영원과 순간이 서로 교차합니다.

[2] '블루 로고스'는 보이지 않는 말씀을 조형의 언어로 번역한 조광호 신부의 신앙의 미학적 용어입니다. 그것은 영원의 시간 속에서, 말씀이 형상 속에서 드러나는 자리입니다. '블루 로고스'란, 영원의 말씀이 조형으로, 인간의 언어로 육화된 사건, 곧 하느님의 말씀이 형태로 빛나는 자리입니다.

분의 말씀이 잠시 내 혼에 닿는 은혜로운 만남의 기록입니다.

이 책은 그 여정이 남긴 희미한 발자국입니다.
잠시 지나는 이 고된 삶의 기항지에서 만나서 그냥 반갑고 고마운 당신과 함께 나누는 정담의 귓속말이 되기를 바랍니다.

그 누군가의 책장에 또 한 권의 책이 더해지게 되어 마음이 무겁기도 하지만, 행여 이 글이 어느 날 '흐름 위에' 한 줄기 빛으로 스며들 수 있기를 바라며, 숨 가쁘게 달려가는 세기의 경계에 서서 이 책을 세상에 내어놓습니다.

2025년 대림절
조광호 신부

차례

추천의 글	동검도의 바람과 들풀과 노을을 닮은 신부님께	005
작가의 글	흐름 위에서, 흐름과 함께 — 블루 로고스	011

1장 문명의 정글에서 길을 묻다

중심이 사라진 자리에서 빛이 시작된다   021

느림이 우리를 구원하리라   027

카우보이, 람보, 그린베레와 2025년   037

기계는 계산하고 인간은 사랑한다   041

과학의 끝에서 신비를 만나다   047

아픔 없는 삶의 역설   053

소음의 시대에 침묵을 배우다	058
어월리의 겨울 바다	063
열려버린 판도라의 상자 앞에서	068
깨어나는 우주, 깨어나는 인간	073

2장 더불어 살기 위한 회복의 윤리

인간은 인간에게 늑대인가	083
마구간은 여전히 폐허 속에 있다	089
비극의 강물 속, 푸른 하늘 은하수	095
별빛과 촛불 사이에서	101
먹방에서 책방으로	107
토끼사냥과 엽기토끼	113
단골이 아니라 순례자	118
다시 희망을 가르쳐야 할 시간	123
불은 꺼져도 빛은 남는다	129

3장 아름다움이 우리를 구원하는 방식

폐허 속에서 울려퍼지던 선율	137
불꽃은 아직 인간 안에 있다	143
익숙한 것과의 결별	150

괴이하고 삐딱한 현대미술	157
이것은 이것이 아니다	164
음악은 어떻게 영원을 노래하는가	170
추상에 대한 오해와 편견	175
텅 빈 캔버스에 남은 질문	181
침묵의 강 위에 귀를 기울이다	192
당신의 삶이 한 폭의 그림이라면	199

4장 어둠 속에서 별빛이 말을 걸 때

낡은 반바지가 가르쳐준 것들	207
어둠을 가로지르는 희디흰 물소리	213
섬에서 본 세계의 끝	218
물걸레의 명상	224
십자가와 솜사탕 사이에서	230
손을 비울 때 마음이 가득 찬다	235
상처 위에 꽃이 핀다	241
내 뜻이냐, 아버지의 뜻이냐	247
흔들리는 갈대, 스며드는 은총	252
삶이 시가 될 때	258
내일은 맥주를 공짜로 드립니다	263

5장 십자가와 나침반

담을 허문 성당, 오아시스가 되다	271
마르타와 마리아, 사랑의 아름다운 두 얼굴	276
녹슨 칼을 내려놓으라	281
빈 그물에서 시작되는 기적	287
뜻이 하늘에서와 같이 땅에서도	292
낯선 얼굴에서 빛을 보다	298
예수는 방화범인가?	304
정의와 자비, 하느님의 두 날개	310
어둠의 심장에 심어진 씨앗 하나	315
바람은 바뀌어도 길은 남는다	320
신앙의 신비에서 고통의 신비로	326
오컴의 면도날과 질문하는 믿음	331

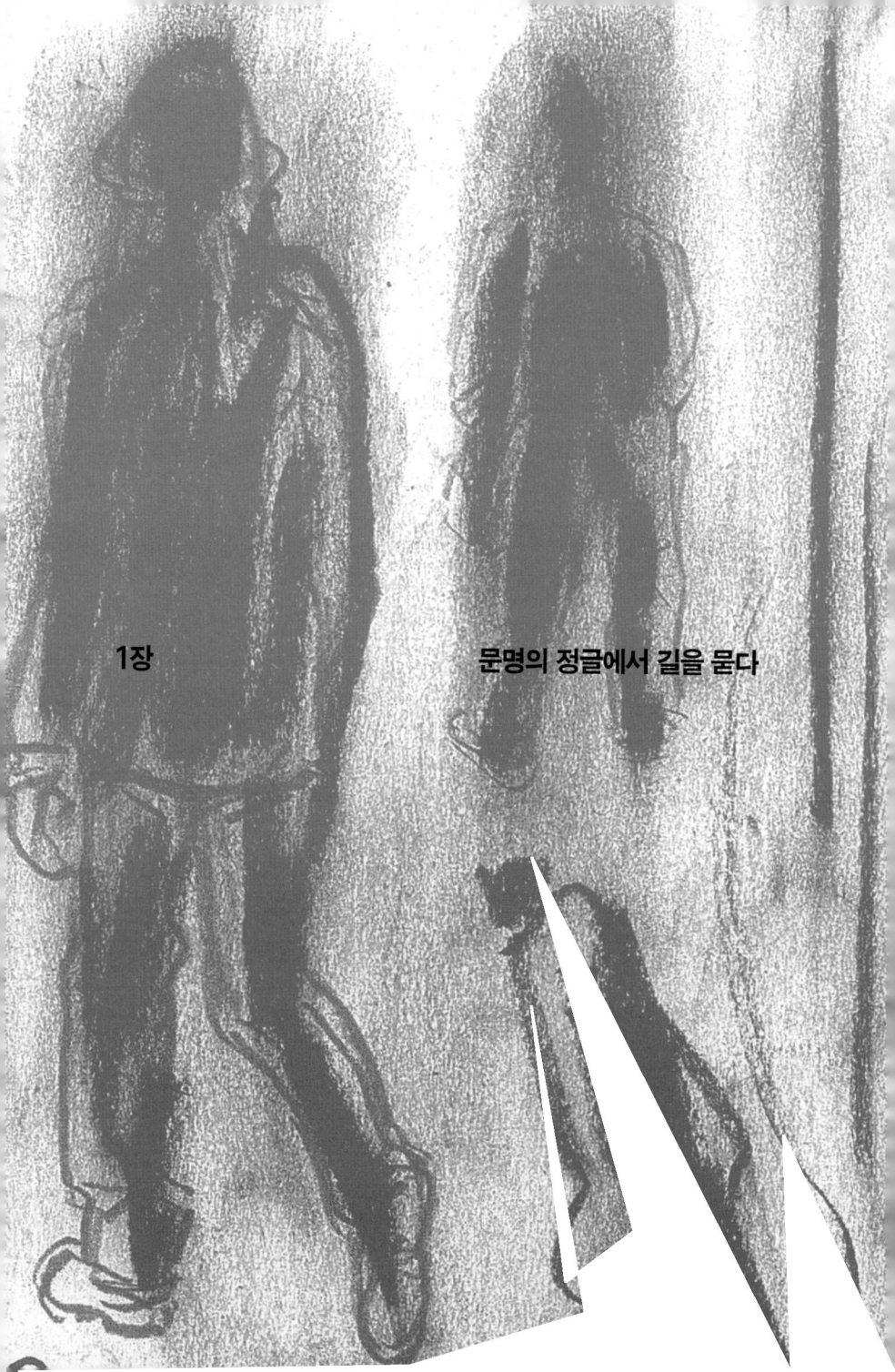

1장 문명의 정글에서 길을 묻다

AI와 기술의 속도가 사유와 성찰을 앞지르는 시대,

우리는 많은 연결 속에서 더 깊은 고독을 느낀다.

이 속도와 경쟁의 정글 한가운데서, 우리는 묻는다.

"우리는 지금 어디로, 누구를 향해 가는가?"

중심이 사라진 자리에서
빛이 시작된다

　독일이 낳은 르네상스의 거장 알브레히트 뒤러의 고향, 뉘른베르크는 남독일에서 드물게 신교가 뿌리내린 도시였다. 종교개혁의 불길이 가장 먼저 치솟아 현실이 된 곳, 당시 사람들의 눈빛은 날마다 뜨겁게 요동쳤다. 1542년 가을, 이 격랑의 도시 한복판에서 한 인쇄소가 문을 굳게 걸어 잠근 채 은밀히 책을 찍어내고 있었다. 잉크 냄새가 흘러나오던 그 어두운 방 안에서, 단 여섯 권의 책이 조심스럽게 세상으로 태어났다. 밖에서는 종교 권력에 맞서 "진리를 회복하라"는 함성이 터져 나왔지만, 안에서는 오히려 우주의 질서를 완전히 흔들어 놓을 사상이 서서히 활자의 외피를 두르고 있었다. 그것이 바로 니콜라우스 코페르니쿠스 불후의 저작 『천체의 회전에 관하여』[1]였다.

그 무렵 코페르니쿠스는 이미 칠십이 넘은 노구였다. 그해 엄습한 뇌출혈로 몸은 거의 움직일 수 없었고, 눈은 흐릿하게 빛을 잃어가고 있었다. 그러나 그의 사유는 여전히 별빛을 좇고 있었다. 제자 레티쿠스가 스승을 대신해 원고를 손질하며 인쇄소와 편지를 주고받았다. 마침내 책이 출판된 것은 1543년 봄, 코페르니쿠스가 생의 끝자락에서 마지막으로 기쁨을 맛본 순간이었다. 그리고 두 달 뒤인 5월의 어느 날, 그는 세상을 떠났다.

그는 폴란드 민족에게 오늘날까지도 퀴리 부인과 더불어 가장 존경받는 인물이다. 그러나 그의 삶은 영예와는 거리가 멀었다. 어린 시절 부모를 일찍 여의고, 사제였던 숙부의 슬하에서 자라면서 그는 학문에 대한 열망을 키웠다. 숙부의 배려로 그는 폴란드의 크라쿠프대학에서 수학과 미술을 공부했고, 더 큰 세상을 향해 이탈리아로 건너갔다. 볼로냐와 파도바, 로마에서 그는 신학과 의학, 그리고 천문학을 두루 익혔다. 이탈리아는 르네상스의 햇살 아래 있었고, 그곳의 학문과 예술은 그의 영혼을 한껏 흔들어 놓았다. 그러나 귀국 후 그는 권력이나 부의 길이 아니라 가난한 이를 돌보는 의사의 길을 택했다. 숙부가 세상을 떠난 뒤 그는 사제로 서품되어 본당신부가 되었고, 이후 프라우엔부르크 교구

---

1   *De Revolutionibus Orbium Coelestium*, 출간 직후 가톨릭 금서로 지정되었다.

장직을 맡아 사람들을 섬기며 생을 마쳤다. 사람들은 그를 학문과 신앙, 덕성을 겸비한 인물로 존경했다.

하지만 그의 가장 깊은 열정은 언제나 하늘에 있었다. 그는 사제관의 옥상에 작은 관측대를 세우고, 나무와 금속을 다듬어 손수 관측기구를 만들었다. 거대한 망원경 따위는 아직 존재하지 않았으므로, 그는 작은 도구와 눈, 그리고 끝없는 인내로 하늘을 기록했다. 찬 바람이 부는 겨울밤에도, 열기 가시지 않은 여름밤에도 그는 별빛을 좇았다. 그는 빛과 어둠을 가르는 작은 점들을 이어가며 신비로운 조화를 조금씩 풀어냈다.

그의 사유에 불씨를 던진 것은 이탈리아 시절 접한 낡은 책 한 권이었다. 기원전 3세기, 사모스의 아리스타르코스[2]가 남긴 글 속에는 놀라운 문장이 있었다. "태양이 지구를 도는 것이 아니라, 지구가 태양 주위를 돈다." 세상 누구도 주목하지 않았던 이 문장은 그의 가슴을 깊게 파고들었다. 코페르니쿠스는 그 생각을 가슴에 묻은 채 수십 년 동안 천체를 관측하고 계산했다. 그리고 마침내 확신에 도달했다. 그러나 그 확신을 세상에 알리는 일은 곧 자신의 생명을 내어놓는 일과 다르지 않았다.

아리스토텔레스와 프톨레마이오스의 우주관은 1500년 동안 진리의 자리를 차지했다. 지구는 우주의 중심, 하늘은 완벽한 구체, 별들은 불

---

2 Aristarchus of Samos(기원전 310~230), 최초로 태양중심설을 제기한 인물로 알려져 있다.

변의 궤도를 돈다는 믿음은 단순한 과학 이론이 아니라, 삶의 토대이자 신앙의 기초였다. 태양 아래 변함없는 지구는 곧 하느님께서 세우신 질서로 이해되었다. 그런데 한 사제가 돌연 "지구는 중심이 아니다"라고 말한다면? 이는 신앙의 뿌리를 송두리째 뒤흔드는 일이었다. 단순히 학문의 논쟁이 아니라, 삶의 질서 전체를 무너뜨릴 충격이었다.

그는 신중할 수밖에 없었다. 논문을 동료 학자들에게 은밀히 회람하면서 의견을 묻고, 교황 바울로 3세에게 책을 헌정했다. 그는 진리를 버리지 않았지만, 동시에 그 진리가 공동체를 찢지 않기를 바랐다. 그는 격렬한 혁명가라기보다는 겸손한 목자였다.

그러나 출판 후 의외로 가장 강력히 반대한 것은 가톨릭교회가 아니라 루터파였다. 루터가 코페르니쿠스를 가리켜 "하느님의 말씀을 거스르는 어리석은 자"라고 꾸짖었다. 아이러니였다. 그러나 역사는 그를 외면하지 않았다. 그의 죽음 후 불과 수십 년이 지나지 않아, 브라헤와 케플러가 그 길을 잇고, 갈릴레오가 망원경으로 하늘을 열어젖히며 인류의 세계관은 철저히 뒤집혔다. 그의 책은 금서로 묶였으나, 금서였기에 오히려 더 널리 읽혔다. 억눌린 책은 금보다 값졌다.

오늘날 우리는 파격적인 혁신을 두고 '코페르니쿠스적 전환'이라 부른다. 그러나 그것은 단지 우주 중심의 바뀜만을 뜻하지 않는다. 그것은 인간의 오만, 인간이 스스로를 세계의 중심에 두었던 허상을 무너뜨리는 사건이다. 지구는 더 이상 중심이 아니었으며, 인간은 더 이상 모든 것의 척도가 아니었다. 우주의 광막함 속에서 인간은 먼지보다 작은 존재임이 드러났다. 이것은 과학적 사실을 넘어, 존재론적 겸손의 시작이었다.

그런 의미에서 21세기인 지금, 우리는 다시 한번 코페르니쿠스적 전환을 필요로 한다. 인공지능의 발전은 인간의 자리를 새롭게 묻고, 유전자 공학은 생명의 경계를 흔들며, 우주 탐사는 인간이 우주의 작은 일부일 뿐임을 여실히 일깨운다. 무엇보다 기후위기는 인간이 지구의 주인이 아니라, 지구 생태계의 한 부분일 뿐임을 가혹하게 보여준다. 이제 질문은 분명하다. 인간은 기술 위에 군림할 것인가? 아니면 책임을 나누어 짊어질 것인가? 인간은 지구를 소유할 것인가? 아니면 함께 살아갈 것인가?

코페르니쿠스가 지구의 중심성을 끌어내렸듯, 우리 시대는 인간의 절대적 중심성을 내려놓아야 한다. 인간은 자연 위에 군림하는 정복자가 아니라, 생명의 그물 속에 얽힌 하나의 작은 매듭일 뿐이다. 그 인식 없이는 생명 자체가 위협받는다.

과학은 언제나 문명의 심장이었다. 그러나 동시에 불안을 낳았다. 코페르니쿠스의 지동설이 그랬고, 다윈의 진화론이 그랬으며, 오늘날 인공지능이 그렇다. 새로운 지식은 언제나 기존의 윤리 체계와 충돌한다. 과학이 인류를 이롭게 하려면 반드시 윤리와 도덕이 동행해야 한다. 그것이 부재한 과학은 상업적 욕망을 채우는 무서운 도구로 전락하고, 반대로 세상과 대화하지 않는 종교는 구원이 아니라 단죄로 남는다.

생명과 존엄이 흔들리는 시대, 우리에게 절실한 것은 새로운 사고의 전환이다. 타성에 젖은 무기력, 눈앞의 이익만 좇는 탐욕, 다른 목소리를 거부하는 독선, 끝없는 아집. 이런 것들로는 미래를 열 수 없다. 코페르니쿠스가 별빛 속에서 묵묵히 진리를 기다렸듯, 우리도 인내 속에서 사고의 전환을 기다려야 한다. 대화와 연대, 겸손과 회개, 그것이 21세기적 코페르니쿠스적 전환의 이름일 것이다.

밤하늘을 올려다본 그는 지구가 태양을 돈다는 사실을 발견했다. 우리도 고개를 들어 자연을, 광활한 우주를, 그리고 고통받는 이웃을 바라본다면, 그 순간 우리 안에도 하나의 지동설이 시작될 것이다. 더 이상 인간이 중심이라는 오만에서 벗어나, 생명 전체가 중심이라는 새로운 전환. 그것이야말로 21세기의 과제이자, 인류가 스스로를 구원할 수 있는 길일 것이다.

느림이
우리를 구원하리라

　어느덧 20년이 훌쩍 지난 일이 되었지만, 한 독일인 친구가 한국을 찾았던 일이 아직도 생생하다. 그는 내 유학 시절 가장 가까웠던 벗이자 도반이었다. 가난한 유학생 신분으로 유럽에 머물던 동안, 그는 방학이 되면 내 손을 잡고 차에 태워 어디든 함께 떠나주었다. 로마의 포럼에도, 프라하의 골목에도, 파리의 미술관에도 우리는 함께 섰다. 그의 배려는 단순한 친절을 넘어, 내가 세계의 문화를 온몸으로 체험할 수 있도록 도와준 소중한 인연이었다. 그럼에도 그는 단 한 번도 내게 부담을 주지 않았다. 언제나 웃으며, "이 길은 우리가 함께 걸어야 할 길"이라고 말해주던 친구였다.
　그가 서울을 찾은 것은 나의 작은 전시회 때문이었다. 먼 독일에서 비행기를 타고 와, 전시장의 한쪽 벤치에 앉아 조용히 그림을 바라보던 그의 눈빛을 나는 아직도 잊지 못한다. 전시회가 끝나자 나는 그에게 내가 받은 만큼의 보답을 하고 싶었다. 오래전부터 그와 함께 가보고 싶었던 송광사와 부석사를 찾아가기로 했다. 중고 엘란트라에 몸을 싣고 경부고속도로를 달릴 때, 나는 가벼운 마음이었지만 그는 몹시 긴장해 있었다. 손잡이를 꽉 붙잡은 채, 추월선과 갓길 사이를 종횡무진 달려드는 자동차들의 흐름 속에서 그는 눈을 크게 뜬 채 숨을 고르지 못했다. 아우토반의 질서와 규율에 익숙한 그에게, 한국의 도로는 마치 전쟁터나 다름없어 보였을 것이다.

나는 그를 안심시키려 애썼다. "괜찮아, 나만 믿게나. 눈을 붙여도 좋아." 하지만 그는 고개를 저으며 쓸쓸하게 웃었다. "지금 이 길은 자동차 경주 같아. 내가 어떻게 잠들 수 있겠는가? 내가 어떻게 죽는지를 내 눈으로 확인해야 하지 않겠나?" 그렇게 농담처럼 내뱉었지만, 그의 눈가에는 낯선 문화에 대한 두려움이 어렸다. 그러나 시간이 지나자 그는 조금씩 한국의 리듬에 적응해 갔다.

어느새 우리는 영주의 부석사 돌계단 앞에 서 있었다. 1400년의 세월이 고스란히 배어있는 그 자리에서, 그는 돌계단이 일부러 비정형으로 놓여 원근법을 깨뜨리는 지혜에 감탄을 금치 못했다. 배흘림기둥[3]을 두 팔로 안으며 그는 이렇게 말했다. "나는 처음으로 보았네. 사람이 지은

집과 자연이 이렇게 서로를 해치지 않고 편안하게 어울리는 것을."

그가 한국을 떠나기 전, 나는 그에게 물었다. "가장 아름다웠던 곳은 어디였지?" 그는 주저 없이 답했다. 부석사였다. 그리고 한국인의 모습에서 가장 놀라웠던 것은 친절함, 그리고 무엇보다도 너무나 빠른 걸음걸이였다. "모두가 앞만 보고, 쉼 없이 달려가고 있더군."

나는 그 말을 곱씹으며 혼자 차를 몰았다. 왜 그는 부석사에서 아름다움을 느꼈을까? 아마도 그것은 오래된 시간과 여유가 빚어낸 자연스러움 때문일 것이다. 부석사의 돌계단과 기둥, 그 모든 것이 말없이 가르쳐주고 있었다. 자연과 인간이 어떻게 조화를 이루어야 하는지, 그리고 어떻게 '속도'의 문화 속에서도 '느림'의 지혜를 잃지 말아야 하는지를. 그러나 바로 그 느긋한 문화적 토양 위에서, 오늘 한국 사회는 세상에서 가장 빠른 나라 중 하나로 자리 잡았다. 아이러니가 아닐 수 없다. 느림과 여유가 빚어낸 정신적 뿌리 위에서, 우리는 어느덧 빛의 속도로 질주하고 있는 것이다.

과학기술의 발달과 자본주의 경쟁의 막차를 탄 우리는, 이미 그들의 궤적을 따라잡으려는 치열한 추월 경쟁에 길들여진 것이 아닐까? 아우토반을 달리던 내 친구가 놀라움을 감추지 못하던 그날처럼, 우리는 끝

---

3 전통 목조건축의 기둥 양식으로, 기둥 중간이 불룩하게 부풀어 오르며 안정감과 미적 조화를 주는 형태. 부석사 무량수전이 대표적이다.

없는 가속도의 쾌감에 중독되어 있지는 않은가? 속도를 즐기다 보면, 언젠가는 사고를 피할 수 없다는 단순한 진리를 망각한 채.

진공관이 트랜지스터로, 다시 반도체로 진화해 온 과정을 직접 목격하며 살아온 세대는, 기술이란 것이 단지 편리함을 넘어서 인간의 생활과 의식 자체를 바꾸어버리는 힘이라는 사실을 체감한다. 손바닥만 한 기계 안에서 한 도시의 기억이 저장되고, 인터넷망을 통해 대륙과 바다가 연결되는 오늘의 풍경은 불과 한 세대 전만 해도 상상할 수 없는 일이었다. 한때는 지구 반대편에 편지를 보내고 답장을 받기 위해 반년이 걸리던 일이, 이제는 손가락의 가벼운 터치로 몇 초 만에 이루어진다. 기술은 인간의 삶을 가볍게 만들었으나 동시에 더 무겁게 만들었다.

오늘날 인류는 더 빠르고, 더 작고, 더 정밀한 것을 향해 달려간다. 과학자들은 초음속을 넘어 극초음속, 마하 10의 비행기를 연구하고 있다. 아침 7시 뉴욕에서 출발해 9시에는 서울 사무실에 출근하는 세상을 상상하는 것이 결코 허황한 일이 아니다. 의학자들은 머지않아 마이크로 로봇이 혈관 속을 헤엄치며 고장 난 세포를 수리하고, 암세포를 제거하며, 인간의 생명을 연장할 수 있다고 말한다. 기술의 눈부신 진보는 분명 축복처럼 보인다. 그러나 동시에 그것은 인간을 그 어느 때보다 더 불안하게 만든다.

미국은 이미 '차세대 인터넷 구상(NGI)'을 통해 광케이블망으로 전 세계를 촘촘하게 묶고 있다. 초당 수십억 비트의 정보를 전송하는 광자 시대. 정보의 흐름은 이제 단순히 빠른 것을 넘어서 빛의 속도를 향해 치닫는 중이다. 마이크로소프트의 창업자 빌 게이츠가 "우리는 빛의 속도로 발전하는 시대에 살고 있다"라고 말한 것도 결코 과장이 아니다. 문제는 그 속도가 인간의 정신과 영혼을 따라잡을 시간을 허락하지 않는다는 데 있다.

지금, 이 순간에도 우리는 무언가를 놓칠까 두려워, 쉼 없이 화면을 켜고 메시지를 확인한다. 소셜미디어 속 수많은 알림과 소식은 우리를 세상과 연결해 주는 듯하지만, 실은 더 깊은 고립으로 몰아넣는다. 빛보다 빠른 속도로 흐르는 정보의 강물 속에서 우리는 정작 한 사람과 마주앉아 이야기를 나눌 힘을 잃어가고 있다. 연결은 깊어졌지만, 만남은 피상적으로 되었다.

이런 변화의 한가운데에 서 있는 우리 민족은, 어쩌면 그 누구보다도 빠르게 적응하는 민족일지도 모른다. 짧은 시간 안에 가난을 벗어나 경제 강국으로 도약한 우리 역사 자체가 속도의 산물이었다. 그러나 그 빠름 속에서 무엇을 잃었는지에 대한 성찰은 여전히 부족하다. 아이들은 숨 돌릴 틈 없이 학원과 경쟁 속을 달리고, 어른들은 퇴근 후에도 손에서 스마트폰을 내려놓지 못한다. 무엇이 우리를 이렇게 몰아세우는 것일까?

과속에 익숙해진 사회는 언젠가 반드시 부작용을 맞이한다. 정신적 공백, 정서적 불안, 관계의 파괴가 그것이다. 우리는 이미 이를 체험하고 있다. 아무리 화려한 도로 위를 최신 자동차가 달려도, 그 운전자의 마음이 고독과 공허로 메말라 있다면 그 속도는 불행을 향해 달려가는 속도일 뿐이다.

이 지점에서 종교가 감당해야 할 몫이 무엇인지를 다시 생각하게 된다. 미래학자 존 나이스비트[4]는 "새로운 밀레니엄에서 종교는 산소와 같은 것"이라고 했다. 숨 가쁘게 달리는 인류에게 산소공급이 끊기면 결국 쓰러지고 만다. 종교가 산소가 된다는 것은, 단지 위로의 말 몇 마디를 건네는 수준이 아니다. 그것은 인간이 인간답게 숨 쉴 수 있도록 돕는 근원적 토양이 되는 것이다.

그러나 종교마저도 속도의 문화에 휘말려 버린다면 어떻게 될까? 수많은 교회와 사찰, 성당이 앞다투어 규모를 확장하고 프로그램을 늘려가는 현실 속에서, 우리는 정작 고요히 앉아 한 사람의 마음을 깊이 들어주는 힘을 잃어버리고 있지 않은가? 숲을 보호하기 위해 숲을 가두어 집 안에 들여놓는 것처럼, 종교가 체제와 제도라는 틀 안에서 스스로를 지키려 할 때, 그것은 더 이상 산소를 내뿜는 숲이 될 수 없다.

21세기의 인간은 점점 더 독립적이고, 개인적이며, 자유를 갈망한다.

4　John Naisbitt. 미국의 미래학자. 『메가트렌드 *Megatrends*』 저자로 유명하다.

그러나 동시에 그 마음 깊은 곳에는 여전히 초월을 향한 욕구가 살아있다. 인간존재에 내재된 초월성에 대해 카를 라너와 에리히 프롬이 말했듯, 인간은 "영원한 가치를 탐구함으로써 자신을 초월하려는 욕구"를 결코 버릴 수 없다. 속도가 아무리 빛을 따라잡더라도, 인간의 내면은 여전히 멈추어 서서 영원을 묻고, 의미를 찾는다.

코로나 팬데믹은 우리 시대의 속도에 제동을 걸었다. 전 세계가 봉쇄와 격리라는 이름으로 멈추었을 때, 우리는 그제야 비로소 '속도를 줄이는 법'을 배워야 했다. 사소한 외출, 가족과의 식사, 이웃과의 짧은 대화가 얼마나 소중한 것이었는지를 새삼 깨달았다. 그러나 동시에 우리는 고립과 단절의 고통을 맛보았다. 빠름에 길들여진 사회가 갑자기 정지했을 때, 얼마나 많은 사람들이 견디지 못하고 불안에 휩싸였는지를 기억한다. 팬데믹은 우리에게 물었다. "너희는 어디로, 무엇을 향해 그렇게 달려왔느냐?"

팬데믹이 지나간 자리를 보라. 여전히 우리는 빛의 속도로 달리는 기계 문명의 한가운데 서 있다. 원격 회의와 온라인 수업, 인공지능과 빅데이터는 더 이상 특별한 것이 아니다. 그러나 사람들의 얼굴은 점점 더 피로에 젖어 있다. 스마트폰은 손에서 떨어지지 않고, 알림은 쉼 없이 울려댄다. 우리는 연결되어 있으나, 정작 누구와도 깊이 만나지 못한다. 속도가 주는 고립, 그것이 오늘 우리가 직면한 새로운 역설이다.

여기에 전쟁과 불평등, 기후위기의 그늘까지 겹쳐진다. 전 세계 곳곳에서 들려오는 총성과 폭발음, 물러설 수 없는 국경 분쟁은 기술의 시대에도 여전히 인간이 본능적인 폭력과 탐욕을 버리지 못했음을 증명한다. 녹아내리는 빙하와 불타는 숲은 우리가 욕망의 속도로 자연을 파괴해 온 대가이다. 아이러니하게도 기술이 빛의 속도로 발전할수록, 인류의 영혼은 점점 더 거칠어지고 있다.

이 속도 경쟁의 한복판에서 우리는 어떤 선택을 해야 할까. 종교가 산소라는 말은 결코 은유적인 표현에 머물지 않는다. 숨 가쁘게 달리는 사회 속에서 종교는 인간에게 '멈춤'을 선물해야 한다. 호흡을 고르고, 눈을 감고, 자신의 내면과 마주할 수 있는 고요한 숲이 되어야 한다. 만일 종교가 그 역할을 포기하고, 오히려 세상 속도에 편승해 더 크고, 더 화려하고, 더 경쟁적인 제도로 변한다면, 그것은 이미 산소공급을 끊어버린 폐쇄 공간과 다르지 않을 것이다.

나는 때때로 동검도 뜨락에서 아이들이 뛰노는 모습을 바라보곤 한다. 그들은 목적지도, 성취도 없이 그저 달린다. 웃으며 넘어지고, 다시 일어나며, 그 순간이 곧 삶의 전부인 듯 기뻐한다. 속도의 본질은 성취에 있지 않다. 순간을 살아내는 자유와 기쁨에 있다. 그러나 어른이 된 우리는 속도를 곧 경쟁과 성과로 환원해 버렸다. 빠른 인터넷, 빠른 배달, 빠른 성공. 하지만 정작 느리게 걸어가며 함께 이야기를 나눌 시간은 잃어버렸다.

종교가 산소가 된다는 것은, 인간에게 다시 그 느림의 의미를 가르쳐 준다는 것이다. 신앙은 서두르지 않는다. 기도는 언제나 기다림 속에 있고, 사랑은 언제나 인내 속에 있다. 하느님은 빛의 속도보다도 느리게, 그러나 더 깊고 확실하게 우리 안에 다가오신다. 이 느림이야말로 우리가 진정으로 회복해야 할 인간의 속도다.

나는 종종 상상한다. 초음속 비행기로 아침에 뉴욕에서 출발해 두 시간 만에 서울에 도착한 사람이 있다고 하자. 그러나 그는 공항에서 나와 곧장 휴대폰에 시선을 빼앗기고, 누구와도 눈을 마주치지 않은 채 집으로 돌아간다. 그가 설령 빛의 속도로 이동할 수 있다 한들, 정작 그의 하루가 아무 의미도 남기지 못한다면, 그 속도는 무슨 소용이 있을까. 반대로, 골목길을 천천히 걸으며 노인의 안부를 묻고, 아이와 눈을 맞추고, 나무에 걸린 햇살을 바라보는 그 느림의 발걸음은, 어쩌면 빛의 속도를 넘어서는 영원의 속도일지도 모른다.

오늘 우리의 과제는 단순하다. 빛의 속도로 발전하는 세상 속에서, 인간만은 빛보다 더 깊은 사랑과 자비를 품어야 한다는 것. 종교는 산소처럼, 그 사랑과 자비를 공급하는 숨결이 되어야 한다. 기술은 우리에게 빠름을 주었지만, 신앙은 우리에게 멈춤과 기다림, 그리고 영원을 준다.

그래서 나는 여전히 믿는다. 인간은 결국 속도의 끝에서 하느님을 찾게 되리라는 것을. 우리가 아무리 빛의 속도로 달려도, 끝내는 멈추어

숨을 고르며, 영원을 묻고, 의미를 찾을 수밖에 없다는 것을. 그리고 그 순간, 종교는 제도나 권위가 아니라, 진정한 산소가 되어 우리의 영혼을 살려낼 것이다.

카우보이, 람보, 그린베레와 2025년

미국 서부의 석양은 언제나 한 인물을 남겼다. 말을 타고 광야를 질주하며, 권총을 허리에 찬 채 무법자를 응징하고, 다시는 돌아보지 않은 채 붉은 노을 속으로 사라지는 카우보이. 그에게 남는 것은 승리의 환호도, 부귀의 보상도 아닌 '정의의 구현'이라는 신화였다.

비록 19세기 개척시대는 역사 속으로 사라졌지만, 카우보이는 죽지 않았다. 그는 영화와 신화 속에서 살아남았고, 20세기의 람보로, 21세기의 특수부대원 그린베레로 환생했다. 권총은 M16으로, 안장은 헬리콥터의 좌석으로 바뀌었을 뿐, 그들의 서사는 여전히 동일하다. 폭력에 맞서는 정의, 응징으로 완결되는 평화.

카우보이의 정의는 단순하다. 악은 반드시 응징되어야 하고, 악당은

씨가 마를 때까지 추격되어야 한다. 이 정의는 구약의 '눈에는 눈'(출애 21.24)이라는 법전의 연장선에 있다. 이 정신은 월남전에서 람보라는 분노한 영웅으로 재현되었고, 9·11 이후에는 무적의 특수부대 그린베레로 이어졌다.

그러나 이러한 정의는 결국 폭력의 순환 고리 안에 갇힌 인간의 법일 뿐이다. 예수님께서 보여주신 정의는 달랐다. 그분은 폭력의 피해자가 됨으로써 폭력의 굴레를 끊으셨고, 악을 선으로, 원수를 사랑으로 바꾸셨다. 하느님의 정의는 보복의 불길이 아니라, 화해의 등불 위에 세워졌다.

2025년의 세계는 여전히 카우보이의 그림자에서 벗어나지 못했다. 러시아의 전차는 여전히 우크라이나의 들판을 짓밟고, 가자지구에서는 폭격과 보복의 굉음이 하루가 멀다고 울려 퍼진다. 미국은 아시아의 바다에서 중국과 대치하고, 사이버 공간에서는 총알 대신 데이터가, 장갑차 대신 서버가 무기가 되었다.

전쟁은 이제 총과 화약에만 의존하지 않는다. 인공지능은 드론을 움직이고, 위성은 전장을 감시하며, 알고리즘은 여론을 조작한다. 냉혹한 현실은 우리에게 힘주어 말한다. 21세기의 전장은 바다와 하늘, 땅만이 아니라 인간의 의식과 상상력까지 포섭하고 있음을. 카우보이가 달리던 대지는 이제 데이터의 사막으로 바뀌었고, 람보가 날리던 화살은 오늘날 사이버 무기로 변형되었다.

2001년 9월 11일의 붕괴현장을 두고 누군가는 기독교 문명과 이슬람 문명의 충돌이라고 말했지만, 사실 그것은 문명과 문명의 대립이 아니라 인간 양심의 붕괴였다. 그리고 그 붕괴는 지금도 계속되고 있다. 러시아와 우크라이나에서, 이스라엘과 팔레스타인에서, 가해자와 피해자의 경계는 점점 흐려지고, 무너지는 것은 건물이 아니라 인간의 존엄 그 자체다.

세계화가 심화할수록, 인류는 점점 더 '부익부 빈익빈'의 전선으로 갈라진다. 오늘날의 전쟁은 단지 국경을 지키는 싸움이 아니라, 탐욕과 증오가 만들어낸 구조적 불평등의 폭발이다. 그렇다면 이것은 문명의 충돌이 아니라, 더없이 냉혹하게 드러난 인류 집단 양심의 실패라 해야 옳다.

영원한 제국은 없다고 역사는 증언한다. 로마의 검투장은 사라졌고, 대영제국의 해는 저물었으며, 냉전의 두 초강대국 중 하나는 무너졌다. 그럼에도 미국은 여전히 카우보이의 총을 쥔 채, 세계의 보안관을 자처한다. 그러나 위르겐 몰트만[5]이 경고했듯, "폭력으로 폭력을 제어할 수 없다." 예수님이 말씀하셨듯, "칼을 쓰는 자는 칼로 망한다"(마태 26.52).

기후위기의 가속화는 또 다른 칼이다. 인간은 기술과 자본의 이름으

---

5   Jürgen Moltmann(1926~2024). 카를 바르트 이후 현대 신학계에 가장 큰 영향력을 끼친 신학자.

로 대지를 파괴하고, 바다를 오염시키며, 하늘을 더럽히고 있다. 이 '생태학적 폭력'은 군사적 폭력 못지않게 인류를 옥죄고 있다. 끝없는 개발과 탐욕은 결국 인간 자신을 향한 칼이 되고 있다.

오늘날 우리는 어느 때보다 절실하게 이 물음을 던져야 한다. 과연 정의 없는 평화가 가능한가? 요한 바오로 2세 교황은 2002년 평화의 날 담화에서 이렇게 말했다. "정의가 없으면 평화도 없고, 용서가 없으면 정의도 없다."

그 말씀은 20여 년이 지난 지금에도 우리를 뼈아프게 흔든다. 전쟁과 폭력, 탐욕과 불평등으로 뒤덮인 세계에서, 우리가 붙들어야 할 유일한 희망은 하느님의 정의, 곧 "악을 선으로, 증오를 사랑으로 바꾸는 화해"의 힘이다.

석양 속 카우보이는 늘 홀로 떠났지만, 오늘의 인류는 함께 서야 한다. 이제는 더 이상 총을 뽑는 보안관의 정의가 아니라, 용서와 화해 위에 세워진 새로운 정의가 필요하다. 그렇지 않다면, 21세기의 인류는 카우보이의 신화 속 석양이 아니라, 자기 파괴의 어둠 속으로 사라질지도 모른다.

기계는 계산하고 인간은 사랑한다

인공지능이라는 이름의 낯선 존재가 우리 앞에 섰다. 사람들은 놀라움과 경외심을 동시에 품고 그 앞에 서 있다. 질문을 던지면 대답이 돌아오고, 이야기를 이어가면 생각이 확장된다. 누군가는 탄식 섞인 목소리로 이렇게 말한다. "정말 사람 같다." 그러나 이 간단한 감탄 뒤에는 보이지 않는 희생과 대가가 숨어 있다.

우리가 "와!" 하고 받아보는 짧은 답변 뒤편에는 수십 대의 고성능 컴퓨터가 밤새 불을 밝히고 있다. 데이터센터는 태양보다 더 뜨거운 열을 토해내고, 엄청난 양의 전기를 마치 고래가 새우 떼를 삼키듯 집어삼킨다. 하나의 언어모델을 훈련하는데 들어가는 전력량은, 미국의 중산층 가정 백여 곳이 꼬박 1년을 버틸 수 있는 전기와 맞먹는다. 그 과정에서 발생하는 탄소 배출은 자동차가 지구를 수십 바퀴나 도는 것과 같다. 우리는 이 진실을 까맣게 잊은 채, 손바닥 위 스마트폰에서 반짝이는 답변을 가볍게 소비한다. 그러나 그 문장은 사실 지구가 불태운 자원의 흔적 위에서만 존재할 수 있는 신기루다.

지금, 이 순간에도 세계 곳곳의 데이터센터는 한순간도 멈추지 않고 돌아가고 있다. 북극해의 차가운 바닷물로 서버의 열을 식히고, 사막 한가운데 태양광 발전기를 늘어놓아 전기를 끌어오고, 산속 깊은 곳에 풍력 발전기를 세우며, 우리는 마치 인류 전체가 '전기 먹는 괴물'을 위해 제단을 차려놓은 듯한 시대를 살고 있다.

인공지능은 이제 단순한 도구가 아니다. 각국 정부와 거대 기업의 손에 쥐어진 무기이며, 권력의 상징이 되었다. 미국은 AI를 군사 작전에 접목해 드론과 위성, 감시 체계 속에 끼워 넣었다. 중국은 빽빽한 CCTV 네트워크와 사회적 통제 시스템에 AI를 심어 넣어 거대한 실험을 이어가고 있다. 한국과 유럽 역시 뒤처지면 죽는다는 절박함으로 연구 개발과 산업화를 서두르고 있다. 구호는 달라도 방향은 같다. 더 빠른 연산, 더 큰 서버, 더 많은 데이터를 확보하는 것. 다시 말해 속도 전쟁이다.

그러나 그 질주의 끝에는 반드시 어두운 그림자가 드리운다. 기술이 전진할수록 인간은 역설적으로 퇴각한다. 빛나는 혁신의 불빛이 찬란할수록, 그림자는 더욱 깊어진다. 기후위기는 눈앞에서 현실이 되고 있다.

지구의 북극 빙하가 녹아내리고, 바닷물이 상승하며, 매년 여름 기록적인 폭염과 산불, 홍수가 반복된다. 인간이 만든 인공지능은 냉철하게 데이터를 분석해 미래를 예측하지만, 정작 그 예측을 바꿀 책임을 지지는 않는다. 그 책임은 결국 우리에게, 인간에게 돌아올 수밖에 없다.

인공지능이 발전하면 할수록 격차는 커진다. 첨단 기술에 접근할 수 있는 사람들은 편리함을 누리지만, 그렇지 못한 이들은 점점 더 소외된다. 농촌과 도시는 더 갈라지고, 북반구와 남반구의 격차는 벌어진다. 전기를 충분히 공급받지 못하는 아프리카의 마을에서 누군가는 밤에도 촛불로 공부해야 하는데, 그와 같은 시간대에 지구 반대편의 데이터센터는 마치 대낮처럼 불을 밝히며 AI 모델을 굴려내고 있다.

이쯤 되면 우리는 묻지 않을 수 없다. 인공지능은 정말 생명을 위한 도구인가? 아니면 인간이 스스로 만들어낸 또 하나의 신격화된 괴물인가? 우리는 답을 쉽게 내리지 못한다. 왜냐면 지금의 질주가 너무 달콤하기 때문이다. 음성비서를 통해 손쉽게 일정이 정리되고, 병원에서는 AI가 암세포를 판독하고, 예술의 영역에서조차 새로운 작품이 태어난다. 편리함은 달콤하고, 그 달콤함은 마치 벌집의 꿀처럼 혀끝에 스며들어 놓을 수 없게 만든다. 그러나 그것은 동시에 벌침을 품고 있다는 것을 잊지 말아야 한다.

성서는 말한다. 하느님께서 흙으로 인간을 빚으시고, 코로 생기를 불어넣으셨다고. 그 생기는 전기가 아니다. 그것은 사랑이며, 숨결이며, 관계의 시작이다. 생명은 연산의 산물이 아니고, 계산의 결과물이 아니다. 기계는 수십억 번의 연산을 통해 답을 내놓을 수 있지만, 공감하지는 못한다. 미래를 예측할 수 있지만, 책임을 지지는 못한다. 언어를 흉내 내고 문장을 완성할 수는 있어도, 인간의 아픔 앞에서 공감의 눈물을 떨구지 않고, 죄책감으로 번민의 밤을 보내지도 않는다.

인간의 존엄은 계산 능력에서 비롯되지 않는다. 인간은 단순히 숫자와 데이터로 환원될 수 없는 존재이다. 의미와 이야기, 관계와 책임을 품고 살아가는 존재이다. 속도의 경쟁 속에서 우리는 오히려 느림 속의 사랑을 배워야 한다. 계산보다 깊은 의미 속에서 서로를 바라보고, 데이터가 아닌 얼굴과 얼굴로 마주해야 한다. 생명의 본질은 빠른 연산에 있지 않고, 느린 사랑에 있다.

그러나 지금 인류는 교만에 사로잡혀 있다. 기술을 신처럼 섬기고, 윤리 없는 진보에 취해 있다. '할 수 있다'는 이유만으로 '해야 한다'라는 결론을 내려버린다. 그러나 할 수 있다는 것과 해야 한다는 것은 결코 같은 뜻이 아니다. 이 구분이 무너지는 곳에서 역사는 언제나 비극을 낳았다. 원자폭탄은 만들 수 있었기에 만들어졌고, 그 결과 히로시마와 나가사키는 잿더미가 되었다. 지금의 인공지능도, 그 길을 무작정 반복하고 있는 것은 아닐까?

만약 이 길이 멈추지 않는다면, 머지않아 돌이킬 수 없는 환경적 파국이 닥쳐올 것이다. 더 이상 되돌릴 수 없는 지점에 이르기 전에 우리는 다시 물어야 한다. 무엇을 위해 이 속도를 유지하고 있는가? 대답은 단순하다. 다시 '생명'을 선택하는 것이다. 그러나 단순하다고 해서 쉽지는 않다. 눈앞의 이익과 편리함, 국가 간의 경쟁, 기술의 속도에 매혹된 인류가 생명을 선택한다는 것은 곧 자기희생과 절제, 새로운 가치의 회복을 의미하기 때문이다.

앞으로도 인공지능은 우리에게 수많은 놀라운 대답을 내놓을 것이다. 그러나 우리가 진정으로 스스로에게 던져야 할 질문은 따로 있다. 이 지능은 누구를 위해 쓰이는가? 이 기술은 생명을 돌보는가, 아니면 착취하는가? 인공지능은 도구인가, 아니면 인간이 만든 또 하나의 우상인가?

기술은 되돌아가지 않는다. 이미 다리를 건넌 우리는 다시 그 이전으로 돌아갈 수 없다. 그러나 그렇다고 해서 인간의 선택 가능성마저 사라진 것은 아니다. 우리는 여전히 선택할 수 있다. 속도가 아니라 숨결을, 계산이 아니라 사랑을, 편리함이 아니라 생명을 택할 수 있다. 바로 그 선택이 인간을 인간답게 할 것이다.

기계는 언제나 빠르고 정밀한 대답을 내놓을 것이다. 그러나 사랑으로 대답할 수 있는 존재는 오직 인간뿐이다. 우리의 응답이 어떤 모습인가에 따라 인류의 미래는 달라질 것이다. 기술이 아니라, 인간의 응답. 그것이 우리의 미래다. 그리고 그 응답이야말로, 인류가 지켜내야 할 길이다.

과학의 끝에서 신비를 만나다

 우리는 모든 것을 측정하고 수치로 바꾸어야만 안심하는 시대에 살고 있다. 체온과 혈압, 주식의 등락, 하루 만 보를 채웠는지를 숫자로 확인해야 마음이 놓인다. 심지어 사랑조차 상대가 메시지를 얼마나 빨리 읽고 답하는가로 평가한다. 인간의 마음의 결마저 데이터와 알고리즘으로 환원할 수 있다고 믿는 듯하다. 그러나 아이러니하게도, 과학이 진보할수록 우리 앞에는 훨씬 더 큰 신비가 펼쳐진다.

 노벨물리학상 수상자 베르너 하이젠베르크[6]는 한 문장으로 이를 요

---

6 Werner Karl Heisenberg(1901~1976), 독일의 이론물리학자. 양자역학 창시자 중 한 명이며 '불확정성 원리'를 제시했다.

약했다. "첫 모금의 과학은 우리를 무신론으로 이끌지만, 잔을 끝까지 비우면 그곳에서 하느님을 발견한다." 과학이 처음에는 인간의 오만을 부추기지만, 끝내 깊이 들어가면 설명할 수 없는 신비에 무릎 꿇게 된다는 뜻이다. 사실 과학은 단순한 확실성의 언어가 아니다. 그것은 끝없이 이어지는 질문의 길이다. 오늘의 답은 내일의 의문으로 변하고, 한 방정식이 풀리면 그 이면에서 또 다른 수수께끼가 모습을 드러낸다.

현대 천체물리학의 발견은 우리의 자만심을 무너뜨린다. 우주의 95%가 암흑물질과 암흑에너지라는 사실이 드러났기 때문이다. 우리가 눈으로 보고 손으로 만질 수 있는 물질은 겨우 5%에 불과하다. 나머지 95%는 정체조차 알 수 없는, 그러나 우주를 지탱하는 진짜 힘이다. 그것은 눈앞에 있으면서도 붙잡을 수 없는 실체이자, 마치 출애굽기의 구름 기둥과 불기둥처럼 우리를 인도하지만 소유할 수 없는 무엇이다. 인간이 손에 쥔 '지식'은 한 줌에 불과하며, 나머지는 무한히 펼쳐진 신비의 바닷속에 잠겨 있다.

양자역학은 더욱 기묘하다. 입자는 동시에 여러 곳에 존재할 수 있으며, 관찰자가 바라보는 순간 비로소 하나의 현실로 수렴한다. 관찰자의 의식이 물리적 세계를 결정한다는 사실은 충격적이다. 이는 창세기의 첫 구절을 현대 물리학의 언어로 다시 쓰는 것과 같다. "하느님이 말씀하시자 빛이 생겼다." 말씀과 인식이 곧 존재의 조건이 되는 순간, 과학은 신학의 심장부에 닿는다.

수학도 예외는 아니다. 오스트리아의 수학자 쿠르트 괴델[7]은 '불완전성 정리'를 통해 모든 수학 체계가 스스로를 완전히 증명할 수 없음을 밝혔다. 아무리 정교한 논리도 끝에는 증명할 수 없는 '공리'[8]가 남는다. 1+1=2라는 단순한 식조차 완전히 증명되지 않는다. 우리는 그것을 믿고 출발할 뿐이다. 수학, 과학, 이성의 최전선에서 발견하는 것은 결국 더 큰 신비다.

믿음은 이성의 적이 아니다. 성 요한 바오로 2세는 믿음과 이성을 "진리를 향해 날아오르는 두 날개"라고 했다. 디트리히 본회퍼[9]는 감옥에서 "믿음은 이성이 끝나는 지점에서 시작되는 용기"라고 적었다. 믿음은 맹목적인 확신이 아니라, 카를 바르트[10]가 말했듯 지식이 아니라 '만남'이다. 우리가 사랑하는 이를 신뢰하는 까닭은 모든 것을 검증했기 때문이 아니라, 함께 웃고 울며 살아낸 시간 때문이다.

현대 신경과학도 이를 뒷받침한다. 깊은 기도와 명상 속에서 자아

---

7 Kurt Friedrich Gödel(1906~1978). 오스트리아 출신 수학자·논리학자. '불완전성 정리'를 통해 수학 체계의 한계를 증명했다.
8 증명 없이 참으로 받아들이는 기본 명제. 모든 수학 이론의 출발점이 됨.
9 Dietrich Bonhoeffer(1906~1945). 독일 루터교 신학자. 나치 정권에 저항하다 1945년 처형됨. 『나를 따르라』 저자.
10 Karl Barth(1886~1968). 스위스의 개혁 교회 목사이며 20세기의 대표적인 신학자.

와 초월의 경계가 흐려지고 '나'와 '너'가 하나로 겹치는 뇌 활동 패턴이 나타난다. 인간의 뇌는 마치 초월적 존재를 기억하도록 설계된 듯 보인다. 플라시보 효과는 더욱 놀랍다. 가짜 약을 먹었는데도 환자의 30~40%에서 실제 치료 효과가 나타난다. 믿음이 뇌의 화학 작용을 바꾸고, 면역체계를 강화하며, 심지어 유전자 발현까지 바꾼다. 과학은 점점 창세기의 선언, "하느님이 자기 형상대로 사람을 창조하시되"라는 말씀을 다른 언어로 확인해 주는 듯하다.

제2차 바티칸 공의회[11]는 "성령께서는 교회 밖에서도 은총을 베푸신다"고 선언했다. 이는 가톨릭 신앙이 결코 배타적이지 않음을 보여준다. 불교의 신심, 달라이 라마의 "맹신하지 말라"는 가르침, 노자의 "도를 말할 수 있다면 참된 도가 아니다"라는 지혜도 결국 같은 신비를 가리킨다. 아인슈타인은 "가장 이해할 수 없는 것은 우주가 이해 가능하다는 사실"이라고 했다. 동서양의 사상가와 과학자가 만나는 지점은 언제나 신비 앞에서의 겸손이다.

그렇기에 "믿으면 모든 게 잘 풀린다"는 말은 거짓이다. 예수는 십자가를 지셨고, 수많은 순교자도 고난 속에서 생을 마감했다. 신학자 위르겐 몰트만은 "부활은 고난이 사라진다는 뜻이 아니라, 고난 속에서도 새

---

11 1962~1965년 가톨릭교회가 개최한 세계 공의회. 현대 세계와 교회의 관계 재정립

로운 가능성이 열린다는 의미"라고 했다. 마틴 루터 킹도 인종차별의 어둠 속에서 그리스도의 사랑과 정의에 대한 믿음으로 끝내 포기하지 않았다. 사도 바오로의 고백, "내게 능력 주시는 자 안에서 내가 모든 것을 할 수 있느니라"라는 말씀은 만능주의가 아니라 끝까지 나아가는 용기였다.

지하철역에서 시각장애인과 안내견을 본 적이 있다. 그는 작은 개의 발걸음에 자신의 생명을 온전히 맡기고 있었고, 그 얼굴에는 평온한 미소가 피어 있었다. 바로 그 순간이 신앙이다. 믿음은 거창한 철학이 아니라 일상의 태도다. 종교적 믿음은 개인의 위안에 머물지 않는다. 공동체를 엮고, 위기 속에서 서로를 버티게 한다. 그래서 종교를 가진 사람들이 더 오래 살고, 더 행복하게 산다는 통계는 전혀 놀랍지 않다.

프랑스 철학자 가브리엘 마르셀은 믿음을 "존재의 신비 앞에서 갖는 겸손한 개방성"이라고 정의했다. 그러나 현대인은 오직 데이터와 분석만 붙잡고 마음의 창을 닫고 살아간다. 하지만 삶의 가장 귀한 것들, 이를테면 사랑과 아름다움, 의미와 희망은 모두 측정 불가능한 것들이다. 막스 플랑크[12]는 "과학은 종교를 대체할 수 없다. 과학은 '어떻게'에 답하지만, 종교는 '왜'와 '무엇을 위해'에 답한다"라고 말했다. 과학이 발

---

12 Max Planck(1858~1947), 독일 물리학자. 양자론 창시자이자 1918년 노벨물리학상 수상자.

전할수록 우리는 더 큰 신비 앞에 선다.

그 신비의 중심에 계신 분이 바로 예수 그리스도다. "나는 길이요, 진리요, 생명이다"(요 14.6)라는 선언은 여전히 우리를 향해 울린다. 아인슈타인은 또 이렇게 말했다. "가장 아름다운 감정은 신비를 경험하는 것이다. 그것이 모든 참된 과학과 예술의 근원이다." 과학의 끝에서 우리가 발견하는 것은 무신론이 아니다. 오히려 사랑과 신비 앞에서 무릎 꿇는 겸손한 믿음이다.

가장 이성적인 태도란, 이성의 한계를 인정하는 것이다. 계시의 빛에 마음을 여는 것이다. "보라, 내가 문밖에 서서 두드리노니, 누구든지 내 음성을 듣고 문을 열면 내가 그에게로 들어가 그와 함께 먹고 그는 나와 함께 먹으리라"라는 묵시록의 말씀은 지금도 유효하다. 데이터와 그래프, 수식과 분석으로 무장한 21세기의 현대인일수록 오히려 더 용기 있게 그 문을 열어야 한다.

그 문 너머에는 이성으로는 결코 닿을 수 없지만, 우리의 삶을 진정으로 풍요롭게 하는 무한한 사랑이 기다리고 있다. 그 사랑은 측정되지 않지만, 모든 것의 토대이며, 우리가 그토록 갈망하면서도 두려워하는 '영원의 빛'이다.

아픔 없는 삶의 역설

고통을 겪지 않은 자는 진정으로 산 것이 아니다.

현대문명이 우리에게 속삭이는 가장 큰 환상은 '아픔 없는 삶'이다. 병원을 가면 고통을 없애주겠다고 하고, 약국의 진열대마다 통증을 잊게 하는 약들이 가득하다. 심리학은 불안을 안정시키는 기술을 개발했고, 기술 문명은 불편함을 제거하기 위해 눈부시게 발달했다. 그러나 이상하게도 우리는 점점 더 불안하다. 고통을 몰아내려 할수록 오히려 삶은 텅 빈 그릇처럼 공허해지고, 마음속 절망은 더 깊어졌다. 혹시 우리는 고통을 제거하려다가 인간성 자체를 함께 제거해버린 것은 아닐까?

요즘 세대의 아이들을 보면 잘 알 수 있다. 부모는 자녀 앞의 모든 장애물을 치워준다. 넘어지기 전에 손을 내밀어 잡아주고, 실패하기 전에 길을 바꿔준다. 눈물이 날 새도 없이 곁에서 닦아준다. 하지만 아이는 자라면서 세상 앞에 더 약해진다. 작은 좌절에도 쉽게 무너지고, 사소한 비판에도 패닉에 빠진다. 마치 무균실에서만 지내던 아이가 문을 나서자마자 작은 세균에도 치명적인 병에 걸리는 것과 같다. 고통을 겪어보지 않은 자는 고통을 견디는 면역력을 갖추지 못한다. 사랑은 모든 눈물을 대신 닦아주는 것이 아니라, 함께 울며 곁에 머무는 일임을 우리는 잊고 있는지도 모른다.

현대 사회는 또 다른 압력을 가한다. "항상 웃어라, 긍정적으로 생각하라"라는 구호가 도처에 붙어 있다. 슬픔, 분노, 절망 같은 감정은 모두 비정상으로 낙인찍히고, 언제나 웃어야 한다는 강박은 사람들을 더 지치게 만든다. 하지만 생각해보라. 아픈 죽음을 목격하면서, 억울한 불의를 마주하면서, 무고한 상실 앞에서 어떻게 웃기만 할 수 있겠는가? 언제나 웃고 있는 사람은 어쩌면 섬뜩하다. 진정한 비정상은 오히려 어떤 상황에서도 억지로 웃는 사람들일지도 모른다.

신앙마저 이 '긍정의 파시즘'에 감염되었다. "기도하면 문제가 다 해결됩니다. 믿으면 복을 받습니다." 값싼 보험처럼 신앙을 팔아치우는 목소리가 넘쳐난다. 그러나 그것은 복음이 아니다. 그런 말은 사기다. 우리가 믿는 하느님은 십자가 위에서 "나의 하느님, 나의 하느님, 어찌하여 저를 버리셨나이까"(마태 27.46)라며 절규하신 분이다. 겟세마네 동산에서조차 예수님은 "이 잔을 내게서 거두어 주십시오"(마태 26.39)라고 간청하셨다. 그러나 그 고통은 제거되지 않았다. 오히려 십자가로 향했다. 십자가 없는 부활은 없고, 고난 없는 영광은 허상이다. 신앙의 신비는 바로 고통의 신비 안에 숨어 있다.

고통은 우리의 교만을 부순다. 세상을 내 뜻대로 통제할 수 있다는 착각을 깨뜨리고, 유한한 존재임을 인정하게 만든다. 고통은 우리를 겸손하게 한다. 또 고통은 타인을 이해하는 창이 되기도 한다. 같은 고통을 겪어본 사람은 말없이도 서로의 눈빛만으로 이해하기 마련이다. 그러므로 고통을 통과한 자만이 다른 이의 눈물을 닦을 수 있다. 겪지 않은 고통으로 건네는 위로는 때로 폭력이 되기도 하는 것이다.

철학자 한병철은 『고통 없는 사회』에서 이렇게 말한다. 현대 사회는 고통을 제거하는 데 집착한 나머지, 오히려 삶의 깊이와 의미를 상실했다. 고통은 타인과 연결되는 다리가 되는데, 그것을 부정하면 결국 인간성마저 잃어버린다. 그는 고통을 찬양하지 않았다. 다만 고통을 삶에서 완전히 배제하려는 태도가 인간을 공허하게 만든다고 경고했다.

돌이켜보면 인류의 위대한 예술 작품들은 모두 고통에서 태어났다. 미켈란젤로의 〈피에타〉는 십자가에서 내려온 아들의 시신을 안은 성모의 깊은 슬픔을 담고 있다. 바흐의 〈마태 수난곡〉[13]은 고난 주간의 절규를 음악으로 풀어냈다. 반 고흐의 〈자화상〉은 병과 외로움 속에서 그린 영혼의 비명이다. 행복에 겨운 사람이 쓴 불멸의 시가 어디 있는가? 예술은 고통의 또 다른 이름이다.

관계도 마찬가지다. 함께 웃는 건 쉽다. 그러나 함께 우는 것은 어렵다. 진정한 사랑은 상대방의 고통을 함께 짊어지는 것이다. 성경도 말하지 않는가. "기뻐하는 이들과 함께 기뻐하고, 우는 이들과 함께 우십시오"(로마 12.15)라고. 피상적인 관계와 깊은 관계의 차이는 함께 겪은 고통의 깊이에 달려 있다.

아이와 어른의 차이도 고통을 견디는 능력에 있다. 고통을 피하려는 이는 언제까지나 어린아이로 남는다. 고통을 받아들이고 함께 살아가는 법을 배운 사람만이 비로소 어른이 된다. 그래서 현대에 만연한 공황장애와 불안은 우연이 아니다. 모든 위험을 제거하고, 모든 불편을 없애려는 강박이 결국에는 더 큰 불안을 낳는다. 완벽한 안전을 추구하는 사람은 오히려 완벽한 공포에 갇히고야 마는 것이다.

예수님의 부활은 상처를 지워버린 것이 아니었다. 부활하신 주님은 여전히 못 자국을 가지고 계셨다. 도마에게 "네 손가락을 내 손에 넣어 보아라"(요한 20.27)라고 말씀하셨다. 상처는 치워야 할 수치가 아니라,

---

13 바흐가 1727년경에 작곡한 대규모 성악곡. 예수의 수난을 음악적으로 표현한 기독교 음악사의 걸작.

살아있다는 표지이며, 사랑했다는 증거다. 따라서 상처 없는 인생은 아무것도 하지 않은 인생이다.

그러니 고통을 무조건 제거하려 하지 말자. 고통을 저주하지도 말자. 고통을 피하기보다 그것을 통과하며 배우자. 진정한 용기는 고통을 느끼지 않는 것이 아니라, 고통을 느끼면서도 한 발 앞으로 내딛는 것이다. 우리는 불완전하기에 사랑할 수 있고, 상처받을 수 있기에 서로를 깊이 품을 수 있다. 실패할 수 있기에 도전할 수 있으며, 죽을 수 있기에 삶은 더 빛난다.

물론 이 말을 쉽게 할 수는 없다. 지금, 이 순간에도 전쟁터에서 무고한 이들이 피 흘리고 있고, 자연재해로 하루아침에 모든 것을 잃은 이웃이 있다. 감당할 수 없는 고통 앞에서 우리는 쉽게 말할 수 없다. 고통을 미화하거나 찬양하는 것은 잔인한 폭력이 될 수 있다. 그럼에도 불구하고 신앙은 속삭인다. 고통은 어둠의 신비이지만, 그 안에 빛의 신비가 숨어 있다고. 고통의 깊은 어둠 속에서 우리는 하느님의 신비를 더 선명히 만난다. 십자가와 부활이 언제나 함께 있듯이.

아픔이 전혀 없는 삶? 그것은 삶이 아니라 죽음이다. 살아있다는 것은 아프다는 것이고, 사랑한다는 것은 상처받을 준비가 되어 있다는 것이다. 성숙해진다는 것은 고통과 친구가 된다는 것이다. 고통은 신비다. 설명할 수 없는 어둠의 신비. 그러나 그 신비 안에서 신앙의 신비가 피어난다. 바로 그곳에서 우리는 십자가와 부활을 동시에 경험한다.

소음의 시대에
침묵을 배우다

겨울의 문턱은 언제나 정갈하고 쓸쓸하다. 섬돌 밑 풀벌레 한 마리가 마지막 남은 힘으로 어둠을 향해 긴 신호를 보낸다. 차갑고 무거운 11월의 공기 속, 그 소리는 마치 영혼의 맥박처럼 애절하다. 도심은 깊은 밤에 잠겼고, 차가운 어둠은 죽음처럼 적막하다. 그 적막 속에서 풀벌레는 멈추지 않는다. 어쩌면 그것은 마지막 순간까지 꺼지지 않으려는 생명의 작은 저항일지도 모른다. 나는 문득, 인간의 삶 또한 이와 다르지 않음을 깨닫는다. 모든 존재는 거대한 침묵을 향해 끊임없이 신호를 보내다가, 마침내 침묵 속에 사라지는 것이 아닐까. 언젠가 내 의식이 소멸하는 그날, 내 영혼 또한 허공을 향해 마지막 교신을 보내지 않겠는가.

그러나 오늘의 인간은 침묵을 잃었다. 문명이 만든 소음 속에서, 도

피할 길 없는 포로가 되었다. 자동차의 경적, 스마트폰의 알람, 영상 플랫폼의 끝없는 소리, 온라인 회의의 중첩된 잡음. 이 모든 소리가 우리를 지배한다. 사람들은 소음에 길들여져 이제 침묵을 견디지 못한다. 정적이 흐르는 순간, 불안이 찾아온다. 그래서 더 많은 소음을 자발적으로 만들어낸다. 음악을 끊임없이 틀어놓고, SNS로 말을 흘려보내며, 기계의 진동으로 마음의 빈틈을 채운다. "나는 소음 속에 있으므로 존재한다"는 자조적 진실이 우리 시대의 슬픈 초상이다.

풀벌레의 가냘픈 소리는 그래서 더 큰 질문이 된다. 그것은 침묵을 잃어버린 인간에게 보내는 경고가 아닐까. 고요가 얼마나 소중한지, 우리가 무엇을 잃어버렸는지 알리기 위해 밤새 불면의 언저리에서 울고 있는 것은 아닐까. 그 소리는 마치 하늘이 보낸 작은 사신 같았다.

21세기 문명의 실재는 폭력과 파괴다. 기후위기는 태풍과 홍수로 도시를 삼키고, 전쟁터의 미사일은 하늘을 가르며 아이들의 꿈을 파괴한다. 가상공간은 혐오와 거짓 뉴스로 사람들을 갈라놓고, 인간관계는 소음 속에서 점점 더 파편화된다. 회복을 위해 종교가 해야 할 가장 중요한 과업은 바로 침묵의 가치를 다시 일깨우는 것이다. 침묵을 통해서만 인간은 자신을 되돌아보고, 하느님과 이웃을 바라볼 수 있다.

역사를 보라. 침묵을 잃은 종교는 늘 두려움을 강조했다. 두려움으로 사람들을 묶어놓은 신앙은 결국 껍데기뿐이었다. 웅장한 사원은 남았으나, 그곳에 하느님의 음성은 머물지 못했다. 지나친 말은 오히려 하느님의 말씀을 가로막았다. 인간의 언어가 과잉일 때, 신의 언어는 사라진다.

침묵은 단순히 말을 멈추는 것이 아니다. 그것은 하느님과 이웃을 듣기 위한 순수한 기다림이다. 불필요한 말을 삼가고, 사랑의 신뢰 속에서 귀를 여는 것이다. 침묵하는 사람만이 진정 들을 수 있고, 듣는 사람만이 참으로 말할 수 있다. 그래서 말하기 위해서는 먼저 긴 침묵의 훈련이 필요하다. 침묵은 말의 모태다. 침묵을 잃은 사람은 결국 말할 능력도 잃는다.

기도 또한 침묵을 전제로 한다. 누군가 진정 기도하는 사람인지를 분별하고 싶다면, 그는 어떻게 침묵하는가를 보라. 그의 침묵 속에 하느님의 자비를 기다리는 심장이 뛰고 있는가. 참된 사랑과 기도는 모두 침묵 속에서 자란다. 말과 욕망이 잦아든 자리에 영원한 사랑이 싹튼다.

침묵은 기쁨과 평화를 잉태하는 지혜의 어머니이며, 죄와 싸우는 자의 겸손한 무기다. 마이스터 에크하르트가 "하느님의 속성은 침묵이다"[14]라고 말한 것도 이 때문이다. 토마스 머튼 또한 말했다. "선하신 하느님의 자비를 믿는다면, 다가오는 겨울을 두려워하지 말라. 나무가 아무 말 없이 겨울을 견디듯, 너도 그 침묵을 사랑하라."[15] 침묵 속에 생명

---

14   Meister Eckhart(1260년경~1327년경), 『설교집』 중에서.

15   Thomas Merton(1915~1968), 『명상의 씨 Seeds of Contemplation』.

의 불씨를 간직한 자만이 참된 기쁨을 맛본다.

그러나 오늘의 세계는 침묵을 허락하지 않는다. SNS는 우리를 잠시도 비워두지 않는다. 하루 수백 번 울리는 알림 속에서, 우리는 서로의 목소리를 듣는 듯하지만 정작 아무도 듣지 못한다. 인공지능은 우리의 관심을 읽지만, 우리의 고통은 듣지 못한다. 소리는 넘치는데 귀는 닫혀 있다.

이 시대의 번아웃 증후군Burnout Syndrome과 우울은 어쩌면 침묵의 부재에서 비롯된다. 끊임없는 경쟁과 소음 속에서 우리는 자신을 돌아볼 여유를 잃었다. 깊은 침묵이야말로 마음을 회복시키는 가장 단순하면서도 근원적인 처방이다. 유럽의 수도원 전통이 지켜온 '그랜드 사일런스Grand Silence', 밤 9시 이후 모든 말을 멈추고 하느님 앞에 고요히 서는 전통은 그래서 더욱 빛난다. 오늘의 도시인들에게도 필요한 것은 거대한 프로그램이 아니라 작은 침묵의 습관일 것이다. 하루 10분이라도 휴대폰을 내려놓고, 침묵 속에 귀 기울일 수 있다면, 잃어버린 자아와 이웃을 다시 만날 수 있지 않겠는가.

나는 겨울밤, 성당의 촛불 앞에 앉아 귀 기울인다. 풀벌레의 마지막 노래처럼, 세상 속에 묻힌 작은 목소리를 듣기 위해. 난민의 신음, 노숙자의 한숨, 어린아이의 울음, 지구의 비명을. 침묵 속에서야 비로소 깨닫는다. 신은 큰소리로 외치지 않는다. 고요히, 그러나 분명히 우리 곁에 계신다.

침묵은 회피가 아니다. 침묵은 혁명이다. 그것은 세상의 소음을 거슬러, 가장 근원적인 진리를 붙잡는 용기다. 침묵은 절망을 꿰뚫고 희망을 길어 올린다. 침묵은 독선을 무너뜨리고 사랑을 세운다. 침묵은 인간의 오만을 잠재우고, 하느님의 은총을 열어젖힌다.

겨울 들판의 나무처럼, 우리도 침묵으로 생명의 불씨를 간직해야 한다. 소음 속에서 길을 잃은 시대, 침묵은 가장 혁명적인 언어다. 침묵을 잃은 세계에서, 침묵을 회복하는 것. 그것이야말로 인간이 다시 인간답게 사는 길이며, 하느님의 음성을 되찾는 길이다.

어월리의
겨울 바다

오래전의 기억이다. 유난히 추웠던 그해 겨울, 창백한 하늘 아래로 엄동의 마지막 햇살이 애처롭게 빛나던 시각이면 우리를 기다리던 완행버스는 어김없이 어월리 산언덕을 넘어오고 있었다. 잔설을 머리에 이고 조심스럽게 빙판길을 내려온 그 마지막 버스에 올라타면 성에 낀 차창 너머로 망망한 겨울 바다가 어둠 속에 묻히고, 매서운 칼바람 우는 소리 속에서도 어월리 산자락에는 연산홍 같은 등불이 피어나곤 했다.

고등학교 2학년 무렵, 한 달 보름의 겨울방학을 어월리('어달리'라고도 불렸다)라는 작은 어촌에서 보낸 적이 있었다. 동해 정동진에서 남쪽으로 스무 킬로 남짓 떨어진 그 마을은, 월남한 사람들이 맨손으로 일궈낸 가난한 포구였다. 유난히 해난 사고가 잦아 과부가 많은 마을이기도 했다. 그 산자락 한쪽을 허물어 항만 매립공사가 시작되던 1960년대 말, 나는 그 채석장에서 일용 노무자로 일했다. 숙련되지 않으면 감히 들어갈 수 없는 현장이었으나 작업반장의 배려 덕에 자리를 얻을 수 있었다.

사실 그 선택에는 단순한 학비 문제 이상의 사연이 있었다. 가톨릭에 입문한 지 불과 1년, 풋내기 신자였던 나는 이미 내심으로 사제의 길을 가리라 결심하고 있었다. 그러나 그 결심은 확신보다는 불안에 가까웠다. 신앙의 신뢰보다는 세속적 미련이 내 발목을 잡았다. 그래서 나는 내 삶의 미련과 불안을 벗기 위해, 육체적으로 가장 고통스럽고 위험한 노동 현장으로 나 자신을 내던졌다. 마치 혹독한 고행을 통해 하느님 앞에서 내 결심을 확인하고 싶었던 것이다.

장비가 변변치 않던 시절, 수십 명의 인부가 산 위에서 돌을 떠내려 굴리면 그것을 리어카에 담아 바다에 쏟아부었다. 목숨을 건 미련한 작업이었다. 커다란 돌덩이가 굴러오면 언제라도 치여 죽을 수 있었다. 아직 몸에 일이 배지 않은 나로서는 매 순간이 공포였다. 어느 날, 중년의 노련한 노동자가 다가와 내 어깨를 두드리며 말했다. "여보게, 학생. 사람이 돌을 피하는 게 아니야. 돌이 사람을 피하지."

그 말은 내 생애 가장 단순하면서도 깊은 가르침으로 남았다. 돌을 피할 수 없듯, 인생의 고통과 시련은 피하는 것이 아니라 정면으로 맞설 때 비켜 간다는 진리를 나는 그때 알았다. 그 겨우내 나는 코피를 쏟고,

밤마다 악몽에 시달리면서도 현장을 지켰다. 임금 지급일, 한 움큼의 전표를 들고 찾아간 작업장에서 우리는 임금의 절반을 떼이고 나머지를 겨우 받을 수 있었다. 굶주린 아내를 잃고 흐느끼던 초로의 노동자와 함께 울분을 삼키던 그 순간은, 세상의 가장 적나라한 얼굴을 처음 본 순간이었다.

세월은 흘렀다. 오랜 시간이 지나 다시 찾은 어월리 바닷가는 달라져 있었다. 가난한 오막살이 대신 화려한 횟집들이 줄지어 있었고, 불빛은 번쩍였으나 사람들의 얼굴에는 더 깊은 그늘이 드리워져 있었다. 그러나 바다만은 변하지 않았다. 차갑고 냉엄한 겨울 바다, 칼바람 속에서 울부짖는 파도는 여전히 어둠을 향해 몰아치고 있었다.

한 세대가 지나고 또 다른 세대가 왔다. 그러나 세대가 달라져도 청춘이 직면한 근원적 물음은 달라지지 않는다. 오늘날 젊은이들은 또 다른 어월리 앞에 서 있다. IMF 외환위기를 겪은 부모 세대의 상처를 기억하지 못한 채, 2008년 금융위기와 코로나 팬데믹을 통과하며, 인공지능과 플랫폼 자본주의 속에서 자신들의 자리를 찾으려 몸부림친다. 스타트업에서 밤새워 코드를 짜던 청년이 어느 날 과로로 세상을 떠나고, 편의점 아르바이트로 생계를 이어가던 대학생이 빚의 무게에 짓눌려 스스로를 포기한다. 그들의 바다는 스마트폰 화면 속에서, 빚으로 얼룩진 통장 속에서, 경쟁에 지친 어깨 위에서 출렁이고 있다.

그러나 본질은 변하지 않는다. "불처럼 뜨거운 생명의 열과 에너지를 무엇에 소진할 것인가?" 이 물음은 1960년대 어월리의 가난한 노동자들에게나, 2020년대 메타버스 세상에서 살아가는 청년들에게나 동일하다. 인생은 결코 피할 수 없는 돌덩이 앞에 서 있는 것과 같다. 돌을 피하려고 도망칠수록 더 큰 돌이 굴러오지만, 그것을 정면으로 받아낼 때 돌은 오히려 우리를 피해 간다.

오늘 우리는 변덕스러운 세계의 바람 속에 흔들리며 살아간다. 기후 위기의 파도는 국경을 넘어 몰아치고, 전쟁의 불길은 다시 유럽과 중동의 하늘을 붉게 물들인다. 빅데이터와 인공지능의 시대에도, 인간은 여전히 외롭고, 가난하며, 사랑을 갈구한다. 결국 우리가 직면한 바다는 어월리의 겨울 바다와 다르지 않다.

나는 지금도 그 바다를 기억한다. 가난한 아비를 삼키고, 가난한 아낙의 아들을 삼켰던 바다. 그러나 동시에 내 인생의 첫 빗장을 열어젖히고, 하느님 앞에 서게 한 바다. 그날 밤 칠흑 같은 어둠 속에서 소금처럼 하얗게 쌓이던 눈발은, 아직도 내 가슴 깊은 곳에서 사제의 길을 밝히는 별빛으로 흩날리고 있다.

젊음은 언제나 불면의 바다를 건너야 한다. 어월리의 겨울 바다처럼 차갑고도 거센 파도를. 그러나 그 바다는 끝내 절망의 바다가 아니다. 그것은 우리를 하느님께로, 진리와 사랑으로 밀어 올리는, 영혼의 바다다. 그리고 오늘의 청년들이 직면한 디지털의 파도, 기후의 파도, 전쟁과 불평등의 파도도 결국 같은 성격의 것이다. 바다는 늘 우리를 삼키려 하지만, 동시에 우리를 일깨우는 스승이기도 하다.

  그날 밤, 어월리의 어둠 속에서 흰 눈이 소금처럼 쌓이고 있었다. 지금도 그 눈은 내 기억 속에서 내리며, 젊은이들의 가슴에도 내리고 있으리라. 바다가 울부짖는 소리 속에서, 우리는 여전히 삶의 빗장을 열고 있다.

열려버린
판도라의
상자 앞에서

 오늘날의 인류는 또 다른 불안과 동요로 흔들리고 있다. 20여 년 전 광우병 소동으로 온 세계가 술렁였듯, 오늘의 지구촌은 코로나-19 팬데믹의 후유증, AI 확산으로 인한 일자리 소멸, 그리고 기후 재난이 뒤섞인 소용돌이 속에 있다. 수만 년 동안 초식을 하며 진화한 소에게 육식을 강요하던 인간의 욕망이 결국 광우병이라는 파국을 낳았듯, 이제는 유전자 편집을 넘어 인간 배아 조작과 인공지능 자율무기의 단계까지 나아가고 있다.
 한때 신화 속 이야기라 여겼던 판도라의 상자는 이미 열렸고, 그 상자 속에서 쏟아져 나온 것은 단순한 병마가 아니라, 인간이 스스로 감당하기 어려운 기술적 욕망의 화신들이다. 코로나-19 팬데믹은 인류에게 한순간에 모든 국경과 제도가 무력해질 수 있음을 보여주었다. 기후위기는 이미 더 이상 예언이 아니라, 매해 여름마다 전 세계를 불태우는 산불과 매년 가을마다 수천 명의 목숨을 앗아가는 홍수로 현실이 되었다. 그리고 이제 인공지능은 우리의 손끝에서 '도구'의 자리를 넘어, 의사결정의 주체로 나아가고 있다. 누구도 멈출 수 없고, 누구도 완전히 통제하지 못하는 이 거대한 흐름은 21세기의 새로운 판도라적 풍경이다.

 그 뚜껑은 이미 열렸다. 문제는 이제 누가 그 상자 속을 관리할 것인가가 아니라, 인간이 스스로 무엇을 희망으로 붙잡을 수 있을 것인가이다. 판도라의 상자가 마지막으로 남긴 희망은, 오늘의 세계에서 '기술적 구원'이라는 이름으로 포장되어 있다. 그러나 인공지능의 위대한 계산 능력도, 유전자 공학의 정밀한 가위질도, 인간의 근본적인 외로움과 죽음에 대한 두려움을 해소하지는 못한다.

 오늘의 인류는 '세계화'라는 이름의 마법 아래 철저히 조직화되고 감시받는 삶을 살아가고 있다. IMF, 세계은행, WHO에서 이제는 국제 빅데이터 기업과 생명공학 스타트업, 그리고 AI 거대 플랫폼들이 세계 질서를 재편하고 있다. 그들은 모두 합법과 합리라는 이름으로 인류에게 '편리함'과 '발전'을 약속하지만, 실상은 '돈벌이'라는 단 하나의 목적을 위해 움직인다. 인류는 지금, 낙원 한가운데 매혹적인 뱀이 들이미는 황홀한 열매를 한입 베어 물고 있는 셈이다.

풍요로워 보이는 이 시대에, 인간은 더욱 결핍과 소외를 깊이 체험한다. 스마트폰은 지구 반대편의 소식조차 순식간에 보여주지만, 정작 내 옆자리 사람의 침묵은 듣지 못한다. 메타버스 공간에서는 수십만의 아바타가 군중을 이뤄 축제를 벌이지만, 현실 속 청년은 고독사라는 이름으로 쓸쓸히 죽어간다. 오아시스에 서 있으면서 목이 말라 죽는 사람처럼, 우리는 끝없는 자극과 정보의 바다에서 갈증을 느끼며 살아가고 있다.

그렇기에 오늘의 인간은 제도와 조직의 억압에서 벗어나기를, 그 어디에서도 간섭받지 않기를, 자유롭고 독립적인 존재가 되기를 갈망한다. 그러나 역설적으로, 제도권 교회는 여전히 굳어진 구조 안에서 그들의 갈망을 충분히 품어주지 못한다. "예수는 좋다. 그러나 교회는 싫다."[16] 20세기 후반 유럽에서 울려 퍼지던 이 말은 이제 변형되어, "종교는 그럭저럭 괜찮지만, 인격적인 하느님은 믿기 어렵다"라는 현대인의 심성으로 번졌다.

실제로 한국 사회만 봐도, 주일 미사에 참여하는 가톨릭 신자의 비율은 등록 신자의 20% 안팎으로 떨어져 있다. 젊은이들의 발길은 점점 교회에서 멀어지고, 대신 명상 앱, 치유 워크숍, '영성 코칭' 프로그램, 혹은 무속이나 점성술로 향하고 있다. 과거 서양의 뉴에이지 운동, 일본의 옴진리교와 같은 집단적 현상은, 오늘날 한국에서는 '힐링', '마음챙

---

16 20세기 후반 서구에서 제도 교회에 대한 비판적 정서를 드러내며 유행했던 표현.

김', '에너지 수련', 혹은 AI를 통한 디지털 영성 체험이라는 이름으로 변주되고 있다. 사람들은 더 이상 교리나 제도에서 위로를 찾지 않는다. 대신 개인적이고 감각적인 영적 경험에서 위안을 얻으려 한다.

신학자 메다르트 켈[17]이 말했듯, 교회가 이 시대를 악마화하며 등을 돌린다면 교회 스스로가 게토로 전락할 것이다. 오히려 교회는 이 도전을 창조적으로 수용해야 한다. 기술 문명과 신흥 종교적 감수성 속에도 인간학적이고 윤리적인 보편적 가치가 여전히 살아있음을 발견해야 한다. 그 안에서 복음은 여전히 새로운 언어로 번역될 수 있다.

오늘 교회가 진정 물어야 할 질문은 이것이다. "오늘의 젊은이들은 무엇을 두려워하며, 무엇을 희망으로 붙들고 있는가?"

AI가 대신 일자리를 빼앗을지 모른다는 불안, 기후위기 속에서 자식 세대가 살 수 있을까 하는 두려움, 언제 또다시 팬데믹이 찾아올지 모른다는 공포. 그러나 동시에 그들은 여전히 사랑을 꿈꾸고, 진정한 공동체를 갈망하며, 언젠가는 의미 있는 삶을 살 수 있으리라 희망한다. 교회는 바로 그 언어, 그 감수성 안으로 들어가야 한다.

한스 퀑[18]은 교회의 제도적 과오와 경직성을 거침없이 비판하며 새로

---

17 Medard Kehl(1942~2014), 독일 예수회 신학자. 현대 교회와 문화의 관계를 연구했다.
18 Hans Küng(1928~2021), 스위스 출신 가톨릭 신학자로 교회제도의 개혁과 종교 간 대화의 필요성을 주장했다.

운 길을 촉구했지만, 중요한 것은 파괴가 아니다. 교회는 여전히 성령의 신비체로서, 제도적 약점에도 불구하고 복음을 품고 있는 그릇이다. 다만 그 그릇이 생명력을 지니려면, 사랑의 본질로 다시 돌아가야 한다. 바오로 사도가 고린토 신자들에게 외쳤던 것처럼, "모든 것을 믿고, 모든 것을 바라는 사랑"(1코린 13.7)으로 다가가지 않는다면, 교회는 결국 별 볼 일 없는 게토로 남을 뿐이다.

판도라의 상자는 이미 열렸다. 생명공학, 인공지능, 기후위기, 팬데믹의 그림자가 교회를 향해 드리워져 있다. 그러나 희망은 여전히 남아 있다. 그 희망은 행복해지고 싶고, 사랑받고 싶고, 의미를 찾고 싶다는 인간의 근본적 갈망 그 자체에 있다. 교회가 해야 할 일은 단순하다. 그 갈망을 함께 들어주고, 그 언어로 복음을 다시 말하는 것.

아직도 늦지 않았다. 교회는 이제 다시 허리를 굽혀야 한다. 예수가 그러하셨듯이, 성전의 안락함을 벗어나 거리와 광장과 디지털 공간으로 나아가야 한다. 방황하는 젊은이, 절망하는 난민, AI 앞에서 불안을 느끼는 직장인, 기후위기로 삶의 터전을 잃은 농부의 목소리 속에서 우리는 복음을 다시 들어야 한다. 그리고 그들의 문화와 언어 속에서, 교회는 다시 사랑을 말해야 한다.

그것이 바로 판도라의 상자 속에서 여전히 남아 있는 마지막 희망, 곧 하느님의 나라를 향한 갈망을 불러일으키는 교회의 사명일 것이다.

깨어나는 우주,
깨어나는 인간

우주는 지금, 이 순간에도 팽창하고 있다. 눈에 보이지 않는 차원에서, 그러나 우리의 존재를 근본부터 지탱하는 깊은 차원에서, 고요한 확장의 숨결은 쉼 없이 이어진다. 천문학자들은 이를 수학적 공식과 정밀한 그래프로 묘사하지만, 나는 그것을 창조주의 심장박동이라 부르고 싶다. 광막한 하늘을 올려다볼 때 반짝이는 별빛은 단순한 물리적 산물이 아니다. 그것은 우주가 끊임없이 우리에게 들려주는 무언의 노래다. 인간의 귀로는 들리지 않지만, 그 울림은 우리의 영혼을 흔들며, 가만히 우리를 깨운다. 별빛은 과거에서 온 메시지이고, 동시에 미래를 비추는 등불이다.

그 우주 안에서 전혀 예상치 못한 기적이 일어났다. 무생물의 단순한 결합 속에서 생명이 피어났고, 그 생명 가운데서 의식을 가진 존재가 등장했다. 인간이다. 인간은 단순히 먹고 자라나는 동물이 아니다. 인간은 자기 자신을 성찰하며 '나는 누구인가?'라는 질문을 던지고, 삶의 의미를 묻고, 죽음을 넘어서는 것을 갈망한다. 흙에서 왔으나 흙에 머무르지 않고, 유한한 몸에 갇혀 있으면서도 무한을 향해 팔을 벌린다. 그 갈망이야말로 인간을 다른 모든 생명체와 구별하는 불꽃이다.

많은 과학자는 이 과정을 우연이라 설명한다. 원자와 분자가 우연히 결합하여 생명이 탄생했다고 말한다. 진화론의 언어는 자연 선택과 적응이라는 틀로 모든 것을 설명하려 한다. 그러나 그것만으로는 충분치 않다. 그 안에는 여전히 해명할 수 없는 신비가 도사린다. 우주는 단순히 무작위로 흩어지는 운동이 아니라, 보이지 않는 중심을 향해 모여드는 흐름을 품고 있다. 마치 강물이 산에서 흘러내려 결국 바다로 모이듯, 우주의 흐름도 하나의 목적지를 향하고 있다. 그리고 그 흐름 안에는 사랑이라는 힘이 있다. 사랑은 단순한 감정이 아니라, 모든 생명을 살아가게 하는 원초적 에너지다. 인간이 의식을 지니게 된 것은 우주의 위대한 전환점이며, 창조주의 손길이 새긴 가장 큰 기적이다.

프랑스의 사제이자 인류학자, 사상가였던 테야르 드 샤르댕[19]은 이

---

19 Pierre Teilhard de Chardin(1881~1955). 프랑스 예수회 사제·인류학자·사상가.

신비를 누구보다도 깊이 성찰했다. 그는 북경에서 원시 인류의 흔적을 발굴하며 인류의 기원을 과학적으로 확인했다. 그러나 그에게 그것은 단순한 뼈와 돌의 발견이 아니었다. 그는 그 흔적 속에서 하느님의 숨결을 보았다. 인간은 흙으로 빚어졌지만, 그 흙은 창조주의 입김을 담은 흙이라는 사실. 그는 그것을 보았던 것이다.

샤르댕에게 우주는 단순한 물질의 집합체가 아니었다. 그것은 살아있는 전체였다. 은하와 별이 흩뿌려지고 복잡한 체계로 움직이는 거대한 기계적 공간이 아니라, 사랑을 향해 진화하는 유기체였다. 그는 인류와 모든 피조물이 궁극적으로 하나의 중심을 향해 나아가고 있다고 보았다. 그리고 그 중심을 '오메가 포인트'[20]라 불렀다. 오메가는 단순한 끝이 아니다. 그것은 모든 것이 완성되는 자리, 인류와 피조물이 그리스도 안에서 하나가 되는 자리다. 그는 "우리는 단지 진화하는 것이 아니라, 수렴하고 있다"라고 말했다. 진화는 흩어지는 과정이 아니라, 하나의 중심을 향해 모여드는 운동이라는 것이다.

빅뱅으로 시작된 우주는 무질서에서 질서로, 무의식에서 의식으로, 단순한 생명에서 사랑을 아는 존재로 나아가고 있다. 과학은 이를 유전자, 분자, 적응의 언어로 설명한다. 그러나 신앙은 그 과정에서 더 깊은 진리를 읽어낸다. 그것은 곧 하느님을 향한 구심적 운동이다. 인간은 언

---

20 인류와 우주의 진화가 그리스도 안에서 완성된다는 테야르 드 샤르댕의 핵심 사상.

제나 더 깊은 삶을 갈망해 왔다. 불 속에서도, 전쟁의 잿더미 속에서도, 기아와 재난의 참혹함 속에서도, 인간은 더 큰 진리를 향해 눈을 들었다. 이 불타는 그리움이야말로 하느님께서 우리 마음 안에 심어주신 불씨다.

사도 바오로는 선언한다. "만물이 그리스도 안에서 통합되고, 그리스도는 만물을 당신 안에 화해시키시는 분이십니다." 오메가는 종착지가 아니라 사랑의 완성이다. 인류와 모든 피조물이 그리스도 안에서 하나 되어 울려 퍼지는 순간, 그것이 우주의 목표다. 우리는 그 여정을 걷는 순례자다.

현대 물리학자 슈뢰딩거[21]는 생명을 "질서를 창출하는 질서"라 불렀다. 그러나 샤르댕은 한 걸음 더 나아가 그 질서의 근원을 사랑으로 보았다. 사랑은 단순한 정서가 아니라 창조의 에너지다. 과학이 세상이 어떻게 작동하는지를 보여준다면, 신앙은 그 작동 속에 담긴 의미를 밝혀준다. 과학은 눈을 열고, 신앙은 마음을 연다. 두 길이 만날 때 우리는 온전한 진리에 가까워진다.

인간은 별의 먼지로 이루어졌다. 우리 몸을 구성하는 원소는 태초의 별에서 왔다. 그러나 우리는 단순한 물질의 조합이 아니다. 우리는 의미

---

21 Erwin Schrödinger(1887~1961), 오스트리아 물리학자, 양자역학의 창시자 중 한 사람.

를 갈망하는 존재다. 유한한 육체를 지녔지만, 무한을 향해 팔을 벌리고, 끝을 알면서도 영원을 찾는다. 이 긴장과 열망 속에서 우리는 오메가를 향해 나아가고 있다.

가톨릭 신앙은 역사를 무의미한 시간의 흐름으로 보지 않는다. 시간은 하느님의 은총이 개입하는 무대다. 구원은 시간 속에서 이루어진다. 인류의 역사는 곧 하느님의 역사이며, 그분의 몸 안에서 성숙해 가는 과정이다. 물론 역사는 빛만으로 가득하지 않다. 전쟁과 분열, 불의와 탐욕이 끊임없이 반복된다. 그러나 그 안에서도 하느님은 우리를 부르신다. 서로를 원수가 아니라 형제로 맞이하라고, 증오가 아니라 사랑으로 성장하라고 부르신다.

우리는 여전히 불완전하다. 탐욕과 질투, 미움이 우리 안에 자리한다. 그러나 그리스도께서 이미 오메가로 계시며 우리를 기다리신다는 믿음이 희망이다. 그분의 사랑은 단순히 우리를 바라보는 것이 아니라, 우리를 있게 하는 사랑이다. 아직 도달하지 못한 미래로 우리를 이끄는 사랑이다. 우리는 넘어지지만, 그 넘어짐 속에서 자라고 있다. 상처받지만, 그 상처 속에서도 치유받고 있다. 쓰러지지만, 그 쓰러짐 속에서도 다시 일어난다. 왜냐면 오메가이신 그리스도께서 우리 앞에 계시기 때문이다.

그래서 우리의 기도는 결국 묵시록의 마지막 고백으로 귀결된다. "아멘, 오소서 주 예수여!" 이 기도는 단순히 인간의 외침이 아니다. 온 우주가 함께 부르는 노래다. 별과 은하, 바람과 나무, 새와 강물, 인간과 모든 피조물이 하나 되어 부르는 합창이다. 이 기도 안에서 우리는 단순히 미래를 기다리는 것이 아니라, 이미 현재 속에서 그 미래를 살기 시작한다.

　우리는 지금 깨어나는 우주 안에 살고 있다. 동시에 우리 자신도 깨어나야 한다. 무관심에서 깨어나고, 자기중심에서 깨어나며, 두려움과 절망에서 깨어나야 한다. 깨어나는 인간만이 깨어나는 우주와 함께 춤출 수 있다. 하느님은 우리를 어둠 속에 두지 않으시고, 늘 빛으로 불러주신다. 우리가 눈을 뜨고 귀를 열면, 우리는 우주의 진정한 노래를 듣게 된다. 그 노래는 언제나 사랑으로 우리를 초대한다.

2장 더불어 살기 위한 회복의 윤리

깨어진 관계, 무너진 공동체는 다시 회복되어야 한다.

서로의 상처를 외면하는 순간, 사회는 뿌리를 잃는다.

우리는 다시 깊게 성찰하고 아프게 비판해야 한다.

공동체의 윤리는 곧 사회의 숨결이기 때문이다.

인간은
인간에게 늑대인가

2025년 6월 13일 새벽 4시, 이스라엘 전투기 200대가 이란 상공을 덮쳤다. 테헤란 근교의 핵시설이 불길에 휩싸이고, 246명이 목숨을 잃었다. 이란은 곧바로 미사일 150발을 텔아비브로 퍼부었고, 280명이 죽거나 다쳤다. 2025년, 인류는 여전히 피의 카니발을 멈추지 못하고 있다. 러시아와 우크라이나는 세 해째 끝나지 않는 참호전을 이어가며 서로를 '괴물'이라 부르고, 이스라엘과 팔레스타인은 75년 동안 같은 땅에서 피로 답해왔다. 예수가 태어나고 십자가에 매달리며 "사랑하라" 외쳤던 그 땅이, 오늘은 가장 잔혹한 전쟁터가 되어 있다. 아이러니가 아니라, 차라리 비극의 풍자 같다.

그런데 잘 들여다보면, 이 싸움의 얼굴은 낯설지 않다. 회사 회의실에서 동료의 아이디어를 가로채려 눈치를 살피던 장면, 가족끼리도 입을 닫고 스마트폰만 만지던 저녁 식탁, 운전석에서 차선을 놓고 윽박지르던 순간. 총 대신 폭언으로, 폭탄 대신 무관심으로, 우리는 매일 작은 전쟁을 치른다.

형제의 싸움은 세상에서 가장 슬픈 풍경이다. 그런데 역설적이게도 오늘날의 모든 전쟁은 형제간의 전쟁이다. 러시아와 우크라이나는 천년 넘게 같은 뿌리를 나누어 온 슬라브 형제다. 이스라엘과 팔레스타인은 모두 아브라함의 피를 이은 형제다. 이란과 이스라엘은 불과 반세기 전까지만 해도 친구였다. 중국과 대만은 같은 한족의 뿌리에서 나왔고, 남북한은 5천 년을 함께 살아온 한 핏줄이다.

왜 가장 가까운 사이가 가장 치열하게 싸우는가? 아이러니하게도, 그 답은 '닮음' 속에 있다. 형제는 나와 너무 닮았다. 그래서 작은 차이 하나가 더 큰 위협으로 다가온다. 심리학자 르네 지라르[22]가 말한 '모방적 욕망'이 바로 이 현상을 설명한다. 형제는 비슷하기 때문에 같은 것을 욕망하고, 그 욕망이 충돌할 때 증오는 불길처럼 번져간다.

성경이 증언하듯, 인류 최초의 살인은 형제 살해였다. 카인이 아벨을

---

[22] René Girard(1923~2015), 프랑스 철학자·인류학자. 인간의 욕망은 타인의 욕망을 모방하는 과정에서 생긴다고 주장했다.

돌로 쳐 죽인 후, 하느님이 물었다. "네 형제가 어디 있느냐?" 카인의 대답은 차갑다. "제가 제 형제의 보호자입니까?" 오늘 이 말은 다시 울려 퍼진다. 푸틴이 우크라이나에, 네타냐후가 팔레스타인에, 하메네이가 이스라엘에, 시진핑이 대만에, 김정은이 남한에. 그리고 어쩌면 우리 일상에서, 내가 불편한 이웃에게 던지는 말이기도 하다.

더 끔찍한 것은, 종교가 형제 살해를 정당화하는 데 쓰인다는 사실이다. 이란은 '알라의 이름으로' 이스라엘을 파괴하겠다고 외친다. 이스라엘의 극우파는 '하느님의 약속'이라며 팔레스타인을 몰아낸다. 러시아 정교회는 우크라이나 침공을 '성전'이라 칭한다. 사랑을 가르친 종교가 증오의 무기로 전락하는 것보다 더 큰 신성모독이 어디 있겠는가?

증오는 단계적으로 성장한다. 처음에는 작은 서운함이다. 그다음엔 불신이 다가온다. 이어 두려움이 닥쳐온다. 그리고 마지막엔 치명적인 결론. "저들은 없어져야 해!"

이 과정은 놀랍도록 '전염성'이 강하다. 상대도 똑같은 변화를 겪는다. 증오는 거울처럼 서로를 비추며 확대 재생산된다. 게다가 현대의 미디어는 이 증오를 기름 부은 불길처럼 퍼뜨린다. 러시아 방송은 "우크라이나는 나치"라 외치고, 우크라이나 언론은 "러시아인은 괴물"이라 되받는다. 이란 방송은 "이스라엘은 작은 사탄"이라 하고, 이스라엘 방송은 "팔레스타인은 테러리스트"라 외친다. 처음엔 과장이라 생각하다가,

매일 듣다 보면 진실로 믿게 된다.

정치인들은 이 증오의 화염에 장작을 던진다. 푸틴은 "서방이 우리를 파괴하려 한다. 그러니 내가 필요하다"고, 네타냐후는 "이란이 우리를 없애려 한다. 그러니 강경한 내가 필요하다"고, 하메네이는 "미국과 이스라엘이 우리를 공격한다. 그러니 신정체제가 필요하다"고 외친다. 증오를 부추겨야 표를 얻는다. 평화를 말하면 표를 잃는다. 그러니 증오는 정권 유지의 비밀 병기가 된다.

문제는 증오가 결코 혼자, 저절로 끝나지 않는다는 점이다. 이스라엘이 이란을 공격하면, 이란이 보복한다. 보복이 돌아오면 이스라엘은 더 강하게 응수한다. 러시아가 우크라이나를 침공하면, 우크라이나는 저항한다. 저항이 거세질수록 러시아는 더 잔혹해진다. 증오는 나선형으로 상승하며, 마침내 모두를 집어삼킨다.

그 과정에서 남는 건 트라우마다. 우크라이나인들은 폭격으로 가족을 잃었고, 러시아는 그들에게 영원한 적이 된다. 이스라엘인들은 홀로코스트의 상처 때문에 팔레스타인의 공격을 또 다른 홀로코스트로 느낀다. 팔레스타인인들은 75년간 고향을 빼앗기고 난민 생활을 하며, 상실의 아픔이 증오로 굳어졌다. 트라우마는 세대를 건너간다. 할아버지의 증오가 손자에게까지 이어진다.

그러나 역사는 말한다. 증오도 끝낼 수 있다고. 독일과 프랑스는 수백

년간 원수였지만 지금은 가장 가까운 친구가 되었다. 남아프리카공화국은 인종차별 아파르트헤이트를 평화적으로 넘어섰다. 북아일랜드는 '30년의 분쟁'[23] 끝에 협정을 맺었다. 불가능해 보이는 평화도 가능하다. 단, 조건이 있다. 용기 있는 리더십이 있어야 한다.

증오를 먹고 사는 정치인이 물러나고, 화해를 선택하는 지도자가 나서야 한다. 경제적 상호의존도 중요하다. 총보다 무역이 더 이익이 되게 만들어야 한다. 시민사회가 나서야 한다. 정치가 침묵할 때, 예술가와 종교인, 지식인이 평화의 목소리를 내야 한다. 교육이 바뀌어야 한다. '우리만 피해자'라는 독선을 버리고, 상대의 고통도 인정해야 한다.

성경은 말한다. 카인이 아벨을 죽인 후, 땅이 피를 마셨다고. 오늘도 우크라이나의 들판이, 가자지구의 골목이, 이란의 사막이, 대만해협이, 그리고 한반도의 휴전선이 피를 마시고 있다. 언제까지 형제의 피로 땅을 적실 것인가?

형제를 죽이는 것은 인간의 어둠이다. 형제를 끌어안는 것은 인간의 빛이다. 증오의 시대를 끝낼 것인가, 사랑의 시대를 시작할 것인가. 답은 거창한 정치 회담에만 있지 않다. 우리 일상의 작은 선택 속에 있다. 운전대 앞에서 양보할 때, 회의실에서 남의 공로를 인정할 때, 식탁에서

23　가톨릭계와 개신교계 사이의 종교·정치적 갈등으로 30년간 폭력과 테러가 이어졌으며, 1998년 '벨파스트 협정'으로 종식되었다.

먼저 대화를 여는 순간에 있다.

  늑대가 늑대를 잡아먹듯, 인간이 인간을 잡아먹는 세상은 이미 충분히 보았다. 이제는 물어뜯는 송곳니 대신 서로를 감싸는 품이 필요하다. 인간은 인간에게 늑대일 수도 있다. 그러나 동시에 인간은 인간에게 유일한 피난처이기도 하다. 그 선택은 지금, 우리의 마음에 달려 있다.

마구간은 여전히 폐허 속에 있다

　우리는 새천년을 맞던 2000년의 밤하늘을 아직 기억한다. 도시마다 광장마다 불꽃놀이가 터졌다. 인류의 번영과 평화를 기원하는 수많은 함성이 지구촌을 메웠다. 그날의 불꽃은 사람들에게 새로운 세기의 시작을 알리는 희망의 언어였다. 그러나 불과 1년이 지나기도 전에 우리는 TV 화면 속에서 불꽃놀이가 아니라 미사일이 하늘을 가르며 도시를 초토화하는 장면을 매일 밤 보아야 했다. 화려한 불꽃이 사라진 자리에 남은 것은 화염과 절망, 그리고 흔적 없는 폐허였다.

　그때 무너진 것은 건물만이 아니었다. 인간이 자랑하던 번영과 힘의 상징, 그리고 안전하다고 믿었던 세계관이 함께 무너졌다. 2001년 9월 11일, 뉴욕의 세계무역센터와 워싱턴 펜타곤이 공격받았다. 수천 명의 생명이 한순간에 사라졌다. 한 나라의 심장부가 피로 물들었고, 전 세계가 충격과 공포에 휩싸였다. 미국은 곧장 아프가니스탄을 향해 보복을 개시했고, 거대한 B52 폭격기가 하늘을 덮었다. '테러와의 전쟁'이라는 이름으로 시작된 그 전쟁은 오늘날까지 끝나지 않은 채 새로운 이름과 얼굴로 되살아나고 있다.

9·11 사태 이후 스무 해가 넘는 동안 수많은 아프가니스탄의 아이들이 성탄절에도 무너진 흙벽 속에서 태어났고, 그들의 울음은 세계의 무관심 속에 사라졌다. 유모차 대신 폐허의 벽돌 더미를 밀며, 포대기에 싸인 아기를 안은 채 먼지를 뒤집어쓴 채 피난길에 오른 여인들. 그들의 눈빛 속 성탄은 언제나 멀리 있었다.

그때로부터 스무 해 넘게 지나 성탄절은 또다시 다가올 것이지만, 세상은 여전히 평화롭지 않다. 우크라이나의 하르키우와 도네츠크 상공에는 미사일 굉음이 가득하다. 전쟁의 밤은 별빛 대신 폭발의 섬광으로 물들고, 아이들은 학교가 아니라 지하 방공호에서 크리스마스를 기다린다. 전기조차 끊겨 촛불 하나 켜기 힘든 방공호 속, 그곳에서 태어나는 아기는 마리아와 요셉이 헤롯의 칼날을 피해 허겁지겁 피신했던 그 베들레헴의 아기와 다르지 않다.

가자지구에서도 마찬가지다. 연일 쏟아지는 포탄 속에서 부모를 잃은 아이들이 폐허 위에 웅크려 있다. 성탄은 평화의 상징이어야 하지만, 그 땅에서는 하느님의 아들도 숨을 곳이 없다. 초라한 움막조차 남지 않은 땅에서 아기 예수는 어디에 눕혀져야 하는가? 구유가 아니라, 부서진 콘크리트 잔해 위에, 천사가 아니라 무인 드론이 하늘을 떠도는 그곳에서 태어나야 하는가?

학자들은 여전히 9·11 사태 이후의 전쟁을 설명하기 위해 두 가지 틀을 들이댄다. 하나는 새뮤얼 헌팅턴[24]이 말한 '문명의 충돌'이다. 그는 탈냉전 시대에는 이념이 아니라 문명이 갈등의 근본 원인이 될 것이라 보았다. 종교가 문명의 경계를 가르고, 결국 이슬람과 비이슬람 세계의 충돌이 불가피하다고 예견했다.

다른 하나는 하랄트 뮐러[25]가 내세운 '문명의 공존'이다. 그는 종교보다 정치 경제적 불평등이 전쟁의 뿌리라 주장했다. 부와 권력이 집중된 곳에서 갈등이 싹트며, 그것이 종교의 언어를 빌려 폭발할 뿐이라고 분석했다. 그러나 어떤 학자의 주장이 옳든, 분명한 것은 전쟁의 불씨는 인간의 독선과 탐욕에서 비롯된다는 사실이다. 자기 종교만 구원이라 믿고, 자기 문화만 우월하다 여기며, 자국의 이익만을 극대화하는 이기심. 그것이 21세기 전쟁의 연료였다.

24　Samuel Huntington(1927~2008), 하버드대학 교수를 역임한 미국의 정치학자.
25　Harald Muller, 프랑크푸르트대학 국제관계학 교수, 헤센 평화 및 갈등연구소(HSFK) 연구소장.

2020년대에 들어선 지금, 전쟁의 양상은 더욱 다면적이다. 미사일만이 아니라, 식량 무기화와 에너지 전쟁, 그리고 정보와 AI가 새로운 무기가 되었다. 드론 폭격은 빈민가의 결혼식장을 순식간에 무덤으로 만들고, 인공지능으로 설계된 가짜 뉴스는 전쟁 못지않게 공동체를 갈라놓는다. 보이지 않는 코드 속에서 사람의 생사가 결정된다. 한 줄의 프로그램 오류가 도시 전체의 전기를 끊고, 병원의 인공호흡기를 멈추게 한다. '전쟁 없는 성탄'은 점점 더 아득한 꿈처럼 멀어진다.

이러한 비극의 뿌리는 성서의 시대와 다르지 않다. 당시 유대 종교 지도자들은 가난하고 소외된 자들을 구원목록에서 배제했다. 율법과 경건이라는 이름으로, 그들은 선택된 소수만을 하느님의 백성이라 선언했다. 그러나 예수는 그들로부터 버림받은 이방인, 거리의 눈먼 거지, 창녀, 절름발이에게 다가가셨다. 그는 "오늘 너희에게 하느님의 나라가 임하였다"라고 선포하셨다. 그들의 두려움의 족쇄를 풀어주셨다.

예수의 말씀은 지도자들에게는 도저히 수용할 수 없는 혁명이었다. 그래서 그는 그들로부터 철저히 배척당했다. '왕따'는 오늘날의 말이지만, 그 배척의 깊이는 그 시대에도 다르지 않았다. 성탄은 권력자의 집이 아니라, 배척당한 이들의 집에서 시작되었다.

올해도 어김없이 성탄이 다가온다. 그러나 화려한 트리와 캐럴의 뒤편에서 예수는 다시 묻는다. "나는 오늘 어디에서 태어나야 하는가?"

그 물음은 단순한 수사가 아니라, 우리 시대의 가장 날카로운 질문이다.

전쟁의 화염 속에서, 기후 재난으로 삶의 터전을 잃고 남쪽으로 떠도는 난민들의 행렬 속에서, 빈곤과 질병으로 고통받는 아프리카 아이들의 눈물 속에서. 오늘 태어나는 아기는 마구간조차 아닌, 바닷가 난민 보트 위에서, 혹은 폐허가 된 건물의 잔해 속에서 태어난다.

북녘의 굶주린 동포들을 떠올려보자. 화려한 궁전 속에서 권력을 붙들고 있는 자들이 있는 한편, 그 아래에서는 성탄조차 모르는 채 배고픔을 견뎌야 하는 이들이 있다. 남녘의 도시 거리에서는 AI 산업과 주식으로 막대한 부를 쌓은 사람들이 연말을 즐기는 동안, 다른 한편에서는 노숙자들이 차가운 겨울바람에 몸을 떨고 있다.

예수의 성탄은 바로 그 극단의 빈자리에서 일어난다. 화려한 궁전과 쇼핑몰이 아니라, 노숙자의 골목과 전쟁의 잿더미 위에서 다시 태어나신다. 만약 우리가 그분을 찾으려 한다면, 성탄 트리 불빛이 아니라, 난민의 눈물, 아이의 울음, 억눌린 자의 한숨 속에서 찾아야 할 것이다.

성탄은 축제가 아니다. 성탄은 도전이다. 그것은 우리가 붙들고 있는 모든 독선과 이기심을 내려놓고, 새로운 세계를 열라는 초대이다. 하느님의 아들이 마구간에서 태어나셨다는 사실은, 인간의 모든 권력과 영광이 허물어져야 한다는 선언이었다. 그리고 그 선언은 오늘도 여전히 유효하다. 그러므로 성탄은 화려한 불빛이 아니라 어둠 속 작은 촛불이어야 한다. 전쟁과 기아와 절망 속에서 살아가는 이들에게 내미는 따뜻한 손길이어야 한다. 오늘 우리가 진정 그분을 맞이한다면, 융단폭격의 그림자가 아니라, 평화의 빛으로 세상을 덮어야 하지 않겠는가.

성탄의 밤, 천사가 노래하던 "땅에는 평화"라는 선언은 여전히 미완성이다. 그 평화는 하늘에서 떨어지지 않는다. 우리가 서로를 향해 내미는 작은 손길, 서로를 지켜내려는 용기, 약자를 끌어안는 연대에서 시작된다. 그 평화를 살아내는 사람에게, 아기 예수는 다시 태어나신다.

비극의 강물 속,
푸른 하늘 은하수

20여 년 전, 필리핀 수도 마닐라에서 큰 시위가 일어났다. 공금횡령으로 수감된 에스트라다 전 대통령 지지자들의 집회가 폭력적으로 번진 탓이다. 수만 명의 사람이 거리로 몰려나와 아로요 대통령의 사임을 외쳤고, 돌과 화염병이 날아다녔다. 신문은 그들을 가리켜 '폭도'라 했지만, 그들 대다수는 하루 벌어 하루 연명하는 도시 빈민들이었다. 대통령궁 앞에서 불타오른 화염은 단순히 권력을 둘러싼 정치 싸움의 불꽃이 아니라, 누적된 불평등과 좌절의 불씨가 터져 나온 것이었다. 정통 엘리트 계층의 상징인 아로요와 민중의 열망을 업고 권좌에 올랐다가 추락한 에스트라다의 대립은 단순한 개인 간 권력 다툼이 아니라 필리핀 사회에 뿌리 깊이 박힌 구조적 균열의 표면적 증상이었다.

그 소식을 들었을 때, 1979년 여름, 필리핀의 달동네 산타 안나[26]에서 보냈던 며칠 밤을 떠올렸다. 그때 나는 막 서품을 받은 서른두 살의 젊은 사제로서, 아테네오대학에서 연수를 받던 중 도시 빈민촌에서 일주일 동안 함께 살아보는 프로그램에 참여했었다. 삐걱거리는 판잣집 마루 밑으로 들쥐가 드나들고, 시궁창 냄새가 코를 찔렀다. 천장이라 부르기도 민망한 얇은 양철판은 빗줄기를 온전히 막아내지 못했고, 바람이 불면 집 전체가 흔들렸다. 그곳에서 만난 한 부부는 도시로 나가 행상을 하며 두 딸을 키우고 있었다. 그들의 순박한 웃음 뒤에는 오늘 하루 장사가 잘되지 않으면 내일의 끼니를 보장할 수 없다는 불안이 도사리고 있었다.

첫날 저녁, 여인이 내어준 식사는 흰 쌀밥 한 그릇과 초라한 청어 한 마리였다. 향신료도 없이 식초에 절인 생선. 나는 웬만한 음식은 가리지 않는다고 자부했지만, 그날만큼은 역겨운 냄새가 자꾸 목구멍을 막았다. 그러나 그 음식을 거절할 수는 없었다. 땔감조차 구하기 힘든 가난 속에서 손님을 위해 마련한 진심 어린 밥상, 그것을 거절한다는 것은 그들의 존엄을 짓밟는 일이 될 터였다. 나는 얼른 간장을 부탁해, 마치 우리 집안의 여름 풍습인 양 밥에 간장을 말아먹었다. 순진한 여인은 내 말을 곧이곧대로 믿었고, 나는 간장밥 한 그릇을 순식간에 비웠다. 이후

---

26 Santa Ana, 필리핀 마닐라의 대표적 달동네 중 하나. 극심한 빈곤 지역.

그 집에서의 일주일은 내게 간장밥의 연속이었다.

그러나 식사보다 더 곤혹스러운 것은 화장실의 부재였다. 그 마을에는 공공 화장실조차 없었다. 오물은 신문지에 싸서 아침마다 수거 차량에 던져 넣는 것이 전부였다. 2천 명 가까운 사람이 모여 사는 마을이었지만, 인간의 기본적 존엄을 지켜줄 최소한의 시설조차 없었다. 나는 그곳에서, 가난이란 단순한 경제적 결핍이 아니라 인간의 존엄을 송두리째 파괴하는 구조적 죄악임을 온몸으로 배웠다.

그 마지막 밤, 집 앞에서 청년들의 웅성거림이 들려왔다. 낯선 이방인인 내가 사진기를 들고 다니는 것을 못마땅하게 여긴 것이 아닐까, 두려움이 몰려왔다. 혹시나 폭행을 당하지 않을까 긴장하며 옷을 갈아입던 순간, 주인이 문을 두드렸다. "청년들이 신부님을 뵙고 싶어 합니다." 나는 모든 것을 체념하고 밖으로 나섰다. 그러나 나를 기다리고 있던 것은 매서운 주먹이 아니라, 부드러운 기타 선율이었다. 그들은 필리핀 전통에 따라, 귀한 손님이 떠날 때 한밤중에 작별의 노래를 불러주는 것이라고 했다. 그들의 목소리는 달빛에 씻긴 강물처럼 투명했고, 타갈로그어로 부르는 슬픈 연가는 내 가슴 깊은 곳을 흔들었다. 나는 답가로 〈푸른 하늘 은하수〉를 불렀다. 달빛에 비친 청년들의 얼굴 위로 은빛 물결이 출렁였고, 내 눈시울도 젖어 들었다. 그 순간, 빈곤의 현실은 사라지고 오직 인간의 영혼이 만들어내는 순수한 노래만이 남아 있었다.

그로부터 며칠 뒤, 나는 우연히 정반대의 풍경 속에 서 있었다. 필리핀의 한 은행장이 연 파티에 초대된 것이다. 거대한 저택의 벽 전체가 수족관으로 꾸며져 있었고, 잔디밭에는 수십 명의 악단이 연주를 했다. 온갖 진귀한 음식이 차려져 있었고, 정원에는 은은한 음악이 흐르고 있었다. 그 호화로움은 산타 안나의 판잣집과 불과 몇 킬로미터도 떨어지지 않은 곳에서 펼쳐지고 있었다. 나는 귀가하는 길에, 저 멀리 깜박이는 산타 안나의 불빛을 몇 번이나 되돌아보았다. 같은 하늘 아래 살아가면서도, 부자와 가난한 자 사이에는 결코 건널 수 없는 구렁이 있음을 뼈저리게 깨달았다. 루가복음의 이야기처럼, 부자가 죽은 뒤 아브라함에게 "나자로의 손가락 끝에 물 한 방울 적셔 보내 달라"고 애원했을 때, "우리와 너희 사이에는 건널 수 없는 구렁이 놓여 있다"라는 그 말씀이 바로 눈앞에서 현실이 되어 있었다.

그로부터 20여 년이 흘러, 나는 뉴스 속에서 필리핀의 불타는 시위 장면을 지켜본 것이다. 청년들의 노래 대신 화염과 최루탄이 하늘을 메우고 있었다. 그러나 그날 밤 달빛 속에서 부르던 애절한 타갈로그 연가[27]가 여전히 내 귀에는 맴돈다. 그 멜로디 속에는 스페인 식민통치 수백 년의 상처, 미국과 일본 제국주의의 압박, 그리고 엘리트와 빈민 사이의 오랜 격차가 모두 녹아 흐르고 있었다. 그 노래는 단순한 연가가 아니

---

27 필리핀의 대표 언어인 타갈로그Tagalog어로 부르는 전통적 서정 노래.

라, 비극의 강을 따라 흘러내려 온 민중의 눈물이었다.

오늘날 우리는 필리핀만이 아니라 전 세계에서 똑같은 '비극의 강'을 목격한다. 가자지구에서는 연일 포탄이 쏟아지고, 아이들은 학교가 아니라 폐허 속에서 숨죽이고 있다. 우크라이나의 하르키우와 도네츠크에서는 지하 방공호가 아이들의 교실이 되었다. 아프리카 사헬 지역에서는 기후 변화로 초토화된 땅 위에서 수백만 명이 굶주린다. 바다 건너 유럽으로 향하는 난민 보트는 뒤집혀 수많은 이들이 지중해 바닥으로 가라앉는다. 그 모든 장면은 결국 하나의 강으로 이어진다. 그것은 인간이 만든 불의와 탐욕의 강, 건널 수 없는 비극의 강이다.

한국이라고 예외는 아니다. 강남과 강북, 서울과 지방 사이의 극심한 불균형, 청년들이 원룸과 고시원에서 내일을 기약하지 못한 채 살아가는 현실은 또 다른 '현대판 산타 안나'다. 빌딩 숲 사이의 불빛이 화려할수록 그 그림자는 더 짙다. 연말이면 화려한 불꽃놀이가 도시의 하늘을 수놓지만, 그 불빛 아래 고독사하는 이들의 방은 차갑게 식어간다.

그러나 나는 여전히 그 밤의 노래를 기억한다. 가난한 청년들이 달빛 아래서 부르던 타갈로그 연가, 그리고 내가 답가로 불렀던 〈푸른 하늘 은하수〉. 그것은 단순한 노래가 아니었다. 그것은 비극의 강을 건너게 하는 다리였다. 인간의 탐욕과 권력으로는 건너지 못하는 그 강을, 오직 노래와 눈물과 사랑만이 건널 수 있었다.

오늘도 서울의 밤하늘에는 초승달이 걸려 있다. 은하수는 눈에 보이지 않지만, 나는 마음속으로 〈푸른 하늘 은하수〉를 불러본다. "가기도 잘도 간다, 서쪽 나라로." 이 단순한 동요가 내게는 여전히 복음의 울림으로 다가온다. 마닐라의 밤하늘에서 보았던 달과 지금 남산 위에 걸린 달은 다르지 않다. 세월은 흐르고 역사는 어디론가 흘러가지만, 하느님은 여전히 그 비극의 강물 위에 구원의 배를 띄우고 계신다. 은하수처럼 흘러내리는 빛은 우리를 건너게 할 길을 열고 계신다.

건널 수 없는 구렁이라 말했던 그 자리에, 노래하는 사람들의 순수한 눈빛이 다리를 놓는다. 오늘도 수많은 이들이 그 강가에서 서성인다. 그러나 나는 믿는다. 하느님은 그 강을 건널 수 있는 은하수를 이미 우리 마음속에 흘려보내셨다고. 비극의 강물 속에도, 여전히 '푸른 하늘 은하수'는 흐르고 있다.

별빛과
촛불 사이에서

1989년 베를린 장벽이 무너지던 그해, 나는 서독 뉘른베르크에서 살고 있었다. 그해는 동독 건국 50주년이기도 했다. 텔레비전에서는 매일같이 동독 수상 호네커가 특유의 날카로운 웅변으로 베를린 장벽은 앞으로 100년 동안 무너지지 않을 것이며, 썩어빠진 자본주의로부터 동독을 지켜낼 것이라고 호언장담하는 장면을 방영하곤 했다. 그러나 역사는 그의 언변보다 훨씬 더 신속하고 격렬하게 움직였다.

같은 해 여름, 동독 시민 수백 명이 목숨을 걸고 헝가리 국경을 넘어 서독으로 탈출했고, 라이프치히[28]를 비롯한 여러 도시에서는 수십만 명

---

28 Leipzig, 독일 동부의 도시. 통일의 중심지로 1989년 '월요 촛불시위'가 시작된 곳.

의 시민들이 자유를 요구하는 시위를 벌였다. 그 촛불은 결국 수백만의 파도 같은 행진으로 이어졌고, 무자비한 총성과 탱크로도 막을 수 없을 것 같던 장벽은, 그러나 피 한 방울 흘리지 않은 무혈혁명으로 무너져 내렸다. 그리고 그 이듬해, 동독은 세계지도 위에 존재하지 않게 되었다.

나는 독일 통일 직전, 독일인 친구와 함께 동독으로 여행을 갔다. 아직 법적으로는 비자 발급이 필요했지만, 국경의 군인들은 우리를 통제하지 않았다. 우리는 국경을 지나 라이프치히로 향했다. 음악의 도시, 바흐와 괴테, 바그너가 걸었던 길이 남아 있는 곳. 그러나 우리가 찾고자 했던 것은 위대한 음악가의 흔적이 아니라, 통일의 원동력이 되었던 니콜라이 교회였다. 그 교회 앞에 섰을 때 나는 놀라움을 금치 못했다. 웅장하거나 위압적인 것이 아니라, 다만 조용하고 평온했다. 문은 활짝 열려 있었고, 입구 옆에는 '모든 이에게 열린 니콜라이 교회'라는 작은 팻말이 붙어 있었다. 더 안쪽으로 들어가자 "원하시는 분은 제단 가까이 들어오십시오"라는 또 다른 팻말이 놓여 있었다. 다른 유럽의 교회들에서 흔히 보던 '출입금지'라는 팻말과는 너무도 달랐다. 열린 문, 열린 제단, 열린 공간. 그것이 이 교회가 가진 가장 위대한 힘이었다. 그리고 나는 수백만 시민들을 불러 모아 피 한 방울 흘리지 않고 장벽을 무너뜨린 힘이 바로 여기서 시작되었다는 것을 알 수 있었다.

1988년부터 몇 명의 신자들이 모여 시작한 '월요 촛불 기도회'는 하느님께 자유와 해방을 청하는 작은 모임이었다. 그 작은 불빛은 마침내 온 나라를 촛불의 바다로 만들었고, 총성 한 번 울리지 않고도 역사를 바꾸었다. 독일 소설가 에리히 뢰스트[29]는 "독재자들은 모든 권력과 무력을 가졌지만, 단 하나, 촛불과 기도는 갖지 못했다"라고 썼다. 총 대신 촛불, 구호 대신 기도와 성가. 그것이 세상을 바꾼 것이다. 마치 어린 소녀의 몸으로 프랑스를 구했던 잔 다르크가 그러했듯이, 기적은 지금도 역사 속에서 이어지고 있었다.

월요 촛불 기도회의 슬로건은 "믿음 안에서 사랑하기를 두려워하지 말자"였다. 그 말은 당시 동독 사회를 지배하던 공포를 정면으로 부수는 선언이었다. 위정자들도, 백성들도 모두 진실을 밝히는 것, 변화를 받아들이는 것을 두려워했다. 그러나 그들은 알았다. 사랑의 반대는 미움이 아니라 두려움이라는 것을. 두려움은 인간을 침묵하게 만들고 자신을 속인다. 하느님을 향한 신뢰는 두려움의 반대편에서 시작되며, 그때 비로소 인간은 자유로워진다.

나는 그 현장을 지켜보며, 오늘 우리 사회와 교회를 떠올리지 않을 수 없었다. 우리 또한 끊임없는 두려움에 묶여 있다. 새로운 것을 받아들일 때, 타인의 다름을 인정할 때, 실패와 손해를 감수할 때 우리는 두려워

---

29 Erich Loest(1926~2013), 동독의 민주화 과정을 문학적으로 기록했다.

한다. 교회마저 눈에 보이는 성공과 외형적 성장에 집착하며 두려움에 갇혀 있다. 예수의 십자가는 인간의 눈에는 실패였으나, 그 실패 안에서 세상의 구원이 시작되었다. 오늘 우리가 실패를 두려워해 외형적 성과만 좇는다면, 교회는 하느님의 표상이 아니라 또 하나의 이기적 집단으로 전락할 것이다. 사랑 없는 헌신은 울리는 꽹과리에 지나지 않는다.

여름이 끝난 바닷가는 잔치가 끝난 앞마당처럼 스산하다. 한여름의 열기가 잦아든 모래사장에는 수많은 발자국만 남아 있고, 인적 끊긴 해변에는 적막만이 내려앉는다. 나는 매년 휴가철이 지나면 이런 한적한 바닷가를 찾는다. 낭만이나 추억 때문이 아니다. 오직, 홀로 있을 수 있기 때문이다. 담요 하나 깔고 모래에 앉아 수평선을 바라보는 시간은 내게 또 다른 성사의 시간이다. 출가를 결심하던 젊은 날의 불안과 결단을 다시 떠올리며, 홀로 바다와 마주하는 시간 속에서 나는 하느님과 대화한다.

바닷가의 초저녁은 신비롭다. 작열하던 태양은 저물고, 청록빛 하늘에는 별빛이 쏟아진다. 파도는 쉼 없이 밀려와 부서지고, 다시 바다로 돌아간다. 그 소리는 고독 속에 앉은 이에게 위로이자 고백이다. 살아있는 이의 믿음은 언제나 어둠 속에서 체험된다. 그러나 죽음 같은, 고독의 어둠 언저리에서 만나는 하느님은 더 절박하게, 더 따뜻하게 다가온다. 나는 그분 앞에서 내 삶의 허물과 두려움을 풀어놓고 자비를 구한다. 그리고 오늘의 나를 돌아본다. 30여 년 전, 이와 같은 바닷가에서 하느님께 맡겼던 내 미래. 한 치 앞도 예측할 수 없었던 그 시절의 젊은 나를 오늘의 나와 겹쳐 보며, 모래를 털고 일어선다. 하늘의 별은 더욱 빛나고, 파도의 소리는 내 존재의 가장 깊은 밑바닥까지 흘러들어 흰 포말로 부서진다.

오늘의 세상은 여전히 불안하다. 땅이 타들어 가고 바다가 병들고 있다. 곳곳에서 전쟁이 이어지고, 아이들이 폐허 위에서 쓰러진다. 미얀마의 민주화는 핏속에 짓밟히고, 홍콩의 우산은 빛을 잃었다. 우리 사회에서도 불평등과 차별은 여전하다. 그러나 그럼에도 불구하고, 니콜라이 교회의 작은 팻말이 보여주었던 '열린 문'을 나는 기억한다. 교회가 세상에 닫힌다면, 교회는 게토로 전락할 것이다. 그러나 두려움이 아닌 사랑으로 열린다면, 교회는 여전히 생명의 강이 될 것이다.

나는 오늘도 바닷가에 앉아 수평선을 바라본다. 어둠 속에서도 그 선은 분명히 존재한다. 바다와 하늘이 맞닿는 자리, 인간의 눈으로는 결코 도달할 수 없는 그 선. 그러나 믿음의 눈으로는 그곳에서 하느님의 나라가 시작된다고 고백할 수 있다. 파도는 끊임없이 부서지고, 그러나 다시 일어난다. 인간의 삶 또한 파도와 같다. 쓰러짐과 다시 일어남, 실패와 다시 시작함, 그 모든 것은 마침내 하느님께로 스며든다. 별빛과 파도, 어둠과 촛불. 이 모든 상징 속에 여전히 하느님은 오늘 우리 가운데 살아 계신다. 그리고 나는 그분 앞에서, 초저녁 바닷가의 적막 속에서, 또다시 작은 기도를 올린다.

먹방에서
책방으로

"책 없는 방은 영혼 없는 육신과 같다." 로마의 정치가 키케로가 남긴 말이다. 오래 묵은 이 문장은 오늘 우리 사회에 고스란히 옮겨놓아도 전혀 낯설지 않다. 아니, 오히려 그 말은 지금 한국이라는 나라의 자화상처럼 보인다. 책은 서가에서 먼지를 뒤집어쓴 채 침묵하고 있고, 도서관은 점점 비어가며, 서점은 책보다 커피와 굿즈로 사람을 불러모은다. 사람들은 책보다 화면을 열심히 넘기고, 활자보다 짧은 영상과 알림음에 더 귀 기울인다. 책이 침묵하면 사람도 침묵한다. 영혼의 목소리가 사라진다.

얼마 전 지방 소도시의 도서관을 찾았을 때, 나는 하나의 묵시록 같은 장면을 보았다. 유리창은 반짝였고 안내 표지판은 세련되었으며, 공간은 쾌적하게 꾸며져 있었다. 그러나 정작 책장은 고요했다. 사람은 적었고, 아이들은 도서관 안에서 책을 읽기보다는 밖 놀이터에서 태블릿 화면을 두드리고 있었다. 그 모습은 우리 사회가 어디로 흘러가고 있는지를 선명하게 보여주는 풍경이었다. 책이 사라진 자리, 그 빈자리를 무엇으로 채울 것인가? 기술일까, 돈일까, 아니면 단순한 오락일까? 나는 그 장면 앞에서 오래 서 있을 수밖에 없었다.

출판인 김언호 선생은 말했다. "책을 읽는 것은 단지 지식을 쌓는 것이 아니라, 인간의 상상력과 교양을 풍부하게 만들어 미래를 여는 열쇠를 쥐는 일입니다." 그는 책을 '열쇠'라 불렀다. 닫힌 문을 열고, 막힌 길을 틔우며, 어둠 속에서 빛을 밝히는 열쇠. 종이와 잉크의 무게가 아니라, 시대를 여는 힘이 거기 담겨 있다. 그래서 책은 단순한 소비재가 아니라, 인간이 인간으로 남기 위한 최후의 보루이며 출발선이다.

책을 읽는다는 것은 곧 타인의 마음을 읽는 훈련이다. 우리는 낯선 사람의 분노와 눈물을 마주하면서, 그 속에서 자신의 얼굴을 발견한다. 남의 실패는 나의 교훈이 되고, 남의 희망은 나의 희망이 된다. 사랑은 이해에서 시작된다. 사람을 사랑하려면 먼저 이해해야 하고, 이해하려면 그의 이야기를 들어야 한다. 책은 그 이야기를 건네주는 가장 오래되고도 가장 확실한 매개체다.

AI가 소설을 쓰고 그림을 그리고 음악을 만드는 시대가 왔다. 그러나 기계는 결코 할 수 없는 일이 있다. 사랑한다고 고백하는 일, 용서한다고 끌어안는 일, 희망한다고 함께 걸어가는 일은 여전히 인간의 몫이다. 좋은 책은 우리를 더 똑똑한 사람이 아니라 더 깊은 사람으로 만든다. 똑똑함이 세상을 구한 적은 없지만, 깊음은 수많은 위기의 순간마다 사람과 공동체를 지켜왔다. 기술이 발달할수록 인간다움은 더 귀해지고, 더 절실해진다.

그러나 우리의 현실은 참담하다. OECD 조사에 따르면, 핀란드의 15세 이상 독서율은 83.4%인데, 한국은 8.4%에 불과하다. 열 명 중 아홉은 책을 읽지 않는다. 청년기에는 문해력이 세계 상위권이지만, 25세가 넘으면 곤두박질치며, 55세 이상은 최하위권으로 내려앉는다. 학교 졸업식과 함께 지적 호기심도 졸업해 버린 셈이다.

2023년 성인 독서율은 43%. 열 명 중 여섯은 1년에 책을 한 권도 읽지 않는다. 미국인은 한 달 평균 6.6권, 일본인은 6.1권, 프랑스인은 5.9권을 읽는다. 우리는 0.8권이다. 수치가 부끄러워 비교조차 무의미하다. 반면 한국 성인은 하루 평균 다섯 시간을 스마트폰에 쏟는다. 독서 시간은 고작 18분. 독일의 철학자 하이데거가 말한 '세계-나-존재'가 아니라, 이제 우리는 '화면-나-존재'로 살아가고 있다.

청소년은 더 심각하다. 평일 하루 평균 4.7시간, 주말은 6.7시간을 스마트폰에 바친다. 친구와의 대화보다 게임 속 대화가 더 많고, 어제 읽은 책보다 어제 본 영상이 더 선명하다. 디지털의 편리함이 사고의 깊이를 앗아가고, 사유의 능력을 잠식한다. 아이들의 눈빛은 밝아야 하는

데, 화면의 빛이 그것을 가리고 있다.

　그러나 역사는 말한다. 책은 위기 속에서도 늘 길을 열어왔다. 링컨은 촛불 아래 성경과 법전을 읽으며 대통령의 꿈을 키웠다. 간디는 성경과 힌두 경전을 읽으며 비폭력의 길을 배웠다. 세종은 고전을 읽으며 훈민정음을 구상했다. 르네상스는 구텐베르크의 인쇄술에서 비롯되었다. 활자 속에서 지식이 퍼지고, 권력의 독점이 해체되며, 성경은 백성의 손에 돌아왔다. 그것이 계몽의 불꽃이었다.

　우리 민족의 근현대사에서도 책은 혁명의 씨앗이었다. 독립운동가들의 손에 들린 것은 총과 칼이 아니라 책과 연필이었다. 이토 히로부미가 두려워했던 것은 안중근의 총알만이 아니었다. 그의 가방 속 책들이었다. 민족의 미래를 위해 사람들은 밤새워 책을 필사하고, 그것을 나누어 읽었다.

　책은 도끼다. 카프카가 말한 것처럼, "책은 우리 안의 얼어붙은 바다를 깨뜨리는 도끼여야 한다." 책은 늘 사람을 살리고, 공동체를 살리고, 민족을 살려왔다. 책을 버린 사회는 상상할 수 없다. 그것은 곧 영혼을 버린 사회다.

　그러나 오늘 우리는 책을 버리고 '먹방'에 열광하고 있다. 화면 속 고기 굽는 소리에 침은 고이지만, 정신은 허기져 있다. '먹방에서 책방으로', 흐름을 바꾸지 않으면 미래를 삼키는 것은 배고픔이 아니라 무지일 것이다. 먹는 것만큼이나 읽는 것 또한 살아있는 행위다. 입은 음식을 먹어야 살고, 영혼은 책을 먹어야 산다.

책을 읽는 것은 취향이 아니다. 그것은 생존이다. 독서를 버리면, 상상력과 통찰력을 잃고, AI 시대에 우리는 기술의 노예로 전락할 것이다. 괴테는 말했다. "하루에 책 한 페이지라도 읽지 않는 것은 하루를 헛되이 보내는 것." AI 시대의 최고 스펙은 인문학적 소양이며, 그 뿌리는 독서에 있다.

신앙의 언어로 말하면, 책은 영혼의 호흡이고, 독서는 내면의 양식이다. 호흡이 끊기고 양식이 끊기면, 몸이 아니라 영혼이 굶어 죽는다. 하느님께서도 말씀하셨다. "너희는 들으라, 그리고 깨달아라." 들음이 없으면 깨달음이 없고, 깨달음이 없으면 사랑도 없다. 그러므로 독서는 사치가 아니라 책임이다.

이 문제는 국가적인 차원에서 다루어져야 하고 새로운 독서정책을 도출해야 한다. 무엇보다 핀란드의 사례처럼 교육부와 문화부를 통합해 독서정책을 총괄하고, 교육부 안에 독서교육 전담부서를 만들어야 한다. 첫해에는 '책 읽는 나라' 캠페인으로 인식을 바꾸고, 2~3년 차에는 법과 제도를 정비하며, 4~5년 차에는 교육과정을 개편하고 디지털 독서 플랫폼을 운영해야 한다. 그렇게 하면 10년 안에 독서 문화가 사회 전반에 뿌리내릴 수 있다.

물론, 제도만으로는 부족하다. 변화는 결국 개인에게서 시작된다. 하루 10분이라도 책을 펼치는 습관, 아이와 함께 책을 소리 내어 읽는 시간, 가족과 독서 이야기를 나누는 저녁 식탁. 이런 작은 실천이 모여 한 나라의 정신을 살린다.

책을 읽는 나라는 미래를 읽는다. 아이들이 기다리고 있다. 대한민국의 미래도 기다리고 있다. 지금 책을 펼치자. 한 장 한 장, 우리의 내일이 넘겨진다. 지금이 마지막 기회다. 신앙의 언어로 말하자면, 말씀을 읽고 묵상하듯 세상의 책을 읽는 것도 영혼을 깨우는 일이다. 좋은 책 한 권은 나를 살리고, 공동체를 살리고, 결국 나라를 지킨다. 독서는 우리를 더 하느님께 가깝게, 더 사람답게 만든다. 그것이야말로 우리가 미래를 준비하는 가장 확실한 길이다. 책을 버리면 미래는 없다. 그러나 책을 붙드는 순간, 미래는 우리를 기다린다.

토끼사냥과 엽기토끼

초여름 저녁, 어둠 속에 빗줄기가 흘러내린다. 빗방울이 굵어지며 눅진한 바람이 방 안으로 스며든다. 나는 서둘러 창문을 닫는다. 며칠째 열어두었던 창문이다. 아무도 찾아오지 않는 독신자의 방에서는 흔히 일어나는 일이다. 닫힌 유리창에 비친 내 얼굴이 오늘따라 낯설다. 희미한 전등 불빛 속에 드러나는 상흔, 그것은 나만이 알고 있는 오래된 비밀이다. 중학교 시절, 눈이 유난히 많이 내리던 영동지방에서, 동료 학생의 빗나간 삽날에 나는 왼쪽 눈을 잃을 뻔한 사고를 당했다. 아슬아슬하게 빗겨 간 삽날의 흔적이 아직도 내 미간에 옅은 흉터로 남아 있다.

그 사고 며칠 뒤, 전교생이 또다시 운동장에 모였다. 이번에는 눈 치우기가 아니라 토끼사냥이었다. 선생님은 아이들에게 몽둥이를 준비해

오라 했다. 다음날 우리는 산 밑에 모였다. 그날 밤 나는 한숨도 잘 수 없었다. 어릴 적부터 집 뒷마당에서 토끼를 길렀고, 토끼는 내게 가장 사랑스러운 친구였다. 그런데 이제 그들을 때려잡기 위해 몽둥이를 들어야 한다니, 참으로 기막힌 노릇이었다. 담임 선생님의 말씀은 하늘 같아 거역할 수 없었지만, 내 손으로 토끼를 때려잡을 용기는 없었다.

마침내 아이들이 아우성을 지르며 산등성을 내려왔다. 토끼들은 몰려 달아났고, 내 가슴은 쿵쿵거렸다. 나는 속으로 빌었다. 제발, 토끼야 내 앞으로 오지 마라. 어디든 멀리 도망가라. 다행히 우리 쪽에는 토끼 한 마리 나오지 않았다. 교정에 몇 마리가 잡혀 있다고 했지만, 나는 떨리는 가슴을 안고 집으로 달려왔다. 그날 이후, 내 영혼에는 깊은 상흔이 새겨졌다. 나는 파리 한 마리조차 잡지 못하는 사람이 되어버렸다. 살아 있는 생명을 내 손으로 죽인다는 것은, 그날의 어린 토끼처럼 내 가슴을 짓눌렀다.

그로부터 반세기가 흘러, 가끔 나는 엉뚱한 상상을 하곤 한다. 그때 몽둥이에 맞아 죽은 토끼들의 영혼이 되살아난 것은 아닐까? 이른바 2000년대 초반부터 전 세계를 떠들썩하게 했던 인터넷 캐릭터 '엽기토끼 마시마로'의 등장 말이다. 동글동글한 솜뭉치 같은 얼굴, 그러나 언제든 폭발적으로 돌변해 곰을 때려눕히거나 황당무계한 행동을 일삼는 그 토끼. 얌전하다가도 화가 나면 엽기적 돌출을 보이는 그 캐릭터는,

하루에도 열두 번씩 인내해야 하는 현실 속에서 청년들에게 일종의 대리 만족과 위로를 주었다.

엽기토끼는 단순한 캐릭터가 아니었다. 그것은 한국 청년문화의 기묘한 자화상이었다. 순응과 인내, 그리고 숨 막히는 억압 속에 살던 젊은 이들의 내면에서 폭발하는 분노와 일탈이 토끼의 둥근 몸체 위에서 웃음과 충격으로 표출된 것이다. '엽기'라는 말이 신문 지면에 등장할 때만 해도 그것은 토막살인이나 끔찍한 범죄에 붙는 수식어였다. 그런데 불과 몇 해 뒤, 초등학생들의 일상 언어 속으로 흘러들어왔다. 자우림의 콘서트에서 "이런, 산타를 죽여버렸네"라는 노랫말이 흘러나와도 사람들은 충격을 받지 않았다. 엽기는 일상이 되어 있었다.

이제는 인터넷 밈, 유튜브 숏폼, 틱톡 챌린지 속에서 '엽기'는 또 다른 얼굴로 되살아난다. 동물 학대 장면을 재미 삼아 올리는 계정, 위험천만한 행동을 웃음거리로 만드는 영상, 범죄의 기록을 패러디하는 장면들이 버젓이 공유된다. 그 속에서 윤리와 양심은 희화화되고, 아이들은 그것을 장난처럼 소비한다. 1990년대 '지존파 사건'과 같은 참극이 한국 사회를 충격에 빠뜨린 지 수십 년이 흘렀지만, 인간의 잔혹성은 새로운 디지털 옷을 입고 재등장하고 있다. 온라인 공간에서 '엽기'는 더 빠르고, 더 자극적으로, 더 무방비로 확산하는 중이다.

청년문화의 뿌리를 들여다보면, 그것은 억압에 대한 반동의 표정이

기도 하다. 기성세대가 무조건적으로 "하지 마!"를 외칠 때, 젊은이들은 그 말 자체에 저항한다. 그러나 저항의 방식이 창조와 연대가 아니라, 엽기와 일탈로 흐를 때, 문화는 스스로의 살을 갉아먹는다. '엽기 발랄'이라는 모순적 신조어가 등장했듯, 폭력과 유머, 황당함과 매력이 뒤섞인 채, 우리 청년문화는 기묘한 얼굴을 하고 있다.

오늘의 현실은 더 복잡하다. 인공지능이 일상을 지배하고, 가상현실이 또 다른 세계를 열고 있다. 아이들은 현실에서 좌절할수록 가상의 세계로 도피한다. 그곳에서는 더 자극적인 콘텐츠, 더 엽기적인 장면이 환영받는다. 인간의 상상력은 창조가 아니라 파괴로 기울어지고, 그 파괴는 끝없이 소비된다. 유튜브의 '살인 장면 리액션', 디스코드 서버에 은밀히 공유되는 폭력 영상, 가상 캐릭터들의 변태적 이미지들은 모두 21세기의 엽기토끼들이다.

문제는 이것이 단순한 웃음이나 해프닝으로 끝나지 않는다는 사실이다. 한국 사회는 여전히 'N번방 사건'과 같은 디지털 성범죄의 그림자를 지니고 있고, 세계 곳곳에서는 십 대들의 총기 난사 사건이 반복된다. 엽기는 더 이상 허구의 이야기나 캐릭터가 아니라, 현실의 범죄와 파괴를 닮아가고 있다.

이런 상황에서 교회가 이제야 청년문화의 중요성을 외치며 시노드를 열고 있는 현실은 아이러니하다. 청년들은 이미 오래전에 교회를 떠났다. 그들이 원하는 건 하지 말 것을 명령하는 권위가 아니라, 살아있는 희망과 공감이다. 벌집에서 무턱대고 꿀을 따려다 벌에 쏘인 아이가 위험에 처했을 때, 먼저 해야 할 일은 꾸짖는 것이 아니라 응급처치다. 꿀은 맨손으로 따는 것이 아님을 알려주고, 양질의 꿀을 함께 나누는 방법을 보여주는 것, 그것이 어른들의 몫이다.

오늘 우리는 아이들의 절규를 듣고 있는가? 그들의 절망을, '엽기토끼'의 웃음 뒤에 숨은 분노를, 우리는 알아듣고 있는가? 엽기의 원형은, 어쩌면 우리 기성세대가 산속에서 몰아 죽였던 어린 토끼들의 원망일지도 모른다. 그 원망이 다시 웃음 속에, 캐릭터 속에, 그리고 범죄 속에 살아나 우리를 흔드는 것이다.

지금 필요한 것은 엽기를 꾸짖는 것이 아니다. 그것을 낳은 절망을 치유하는 것이다. 아이들에게 대안을 주고, 창조적 상상력으로 일어설 수 있도록 희망을 주는 것이다. 그러지 않는다면, 엽기는 더 잔혹하고 더 병든 얼굴로 되살아날 것이다. 그리고 그때는, 우리 모두 책임을 면할 수 없을 것이다.

단골이 아니라
순례자

 '단골'이라는 말의 뿌리를 더듬어 올라가다 보면, 한국 종교의 풍경이 놀라울 만큼 선명하게 드러난다. '단골'은 사실 '당堂골'에서 왔다. 마을마다 있었던 당집, 즉 신당을 정기적으로 찾아 무당과 관계를 맺던 사람들이 바로 당골이었다. 그들이 오늘날의 '단골손님'이 되었으니, 본래 '단골'이란 말에는 이미 종교적 색채가 배어있었다. 신앙이 소비이고, 신이 거래의 대상이 되는 관계가 아주 오래전부터 언어에 새겨져 있던 것이다.

 그러고 보면, 한국 종교의 뿌리는 '단골 장사'의 논리에서 크게 벗어나 본 적이 별로 없다. 오늘날의 풍경도 그렇다. 교회 옆에는 절이 있고, 그 곁에는 무당집과 점집이 어깨를 나란히 한다. 건물 모양과 간판은 다르지만, 안에서 오가는 말들은 묘하게 닮았다. 신도들은 복을 약속받고 싶어 찾아오고, 종교 지도자들은 그 욕망을 달래는 기술을 제공한다. "이 기도를 드리면 응답받는다." "이 불공을 드리면 자녀가 명문대에 들어간다." "이 굿을 하면 액운이 사라지고 장사가 번창한다." 언어만 다를 뿐, 약속의 구조는 똑같다.

30여 년 전, 무속과 신학의 대화 모임에서 만난 박수무당[30]은 나를 보며 이렇게 말했다. "신부님, 우리는 동업자 아닙니까?" 그 순간, 웃어넘기기에는 어딘가 섬뜩한 진실이 스쳐 지나갔다. 동업자라니, 참으로 기분 나쁜 말 같았지만, 따지고 보면 크게 틀린 말도 아니었다. 강단 위의 설교와 법당의 법문, 그리고 굿판의 주문이 결국 사람들의 욕망을 향해 손짓한다는 점에서 본질은 다르지 않았기 때문이다.

문제는 여기서 끝나지 않는다. 오늘날 교회와 절은 점점 더 '서비스업'의 외양을 노골적으로 드러낸다. 신자들은 목회자의 설교를 '상품 설명'처럼 듣고, 사찰의 불공을 '서비스 메뉴판'처럼 고른다. 어떤 교회는 '기도빨'이 잘 받는다고 소문이 나고, 어떤 절은 시주 금액에 따라 복의 크기가 다르다는 이야기가 돈다. 신도들은 종교를 '소비'하고, 종교 지도자들은 신앙을 '판매'한다. 결국 신앙은 영혼의 길이 아니라, 장바

---

30 남자 무당을 가리키는 말. 여성 무당을 '만신萬神'이라 부르는 것과 구별된다.

구니에 담을 수 있는 생활필수품처럼 취급된다.

무속은 오히려 이런 경쟁 구도에서 당당하다. 무당은 모호한 언어 대신 명확한 원인과 해법을 제시한다. "당신 집안이 이렇게 된 건 조상의 원한 때문이다. 굿을 해야 한다." "이 부적을 지니면 액운이 막힌다." 답이 구체적이고, 대책이 빠르다. 오늘날처럼 속도와 효율이 숭배되는 사회에서, 오히려 무속이 제도 종교보다 더 매력적으로 다가오는 이유가 여기에 있다. 애매한 위로와 느릿한 응답보다, 즉각적이고 실용적인 주문이 더 실속 있다고 여겨지는 것이다.

그러나 이 과정에서 종교 본연의 정체성은 희미해졌다. 그리스도교가 본래 전해야 할 복음은 하느님과의 인격적 만남, 죄와 죽음에서의 구원이다. 불교가 추구하는 궁극적 길은 현세적 복락이 아니라 고苦로부터의 해탈과 무아의 자유다. 그런데 오늘날 교회와 절은 그 고유한 깊이를 잃고 무속과 크게 다르지 않은 기복 장사로 변했다. 신앙은 영원한 차원을 향한 길이 아니라, 복을 당겨 쓰는 현금 서비스처럼 전락했다.

정직하게 말하자. 한국의 종교는 지금 '단골 영업'에 길들여 있다. 신자들은 스스로 '구도자'라 부르지 않는다. 그저 단골손님일 뿐이다. 문제를 안고 가서 해결 받고, 소원을 안고 가서 응답받는다. 은총을 구하기보다, '거래 조건'을 비교하며 이곳저곳을 옮겨 다닌다. "저 교회는 응답이 빠르다." "그 절은 시주한 만큼 효험이 있다." 종교의 가치가 마치 인터넷 후기처럼 소비자 평점으로 매겨지는 현실이다.

하지만 참된 신앙은 단골이 아니라 순례자의 길을 걷는다. 무당의 단골은 늘 같은 자리에서 똑같은 방식으로 욕망을 충족하려 한다. 그러나 신앙의 순례자는 고난 속에서도 새로운 길을 묻고, 때로는 더디고 불편한 길을 기꺼이 걸어간다. 기도의 핵심은 이 문제를 해결해 달라는 주문이 아니라, 이 문제 속에서도 당신과 함께하게 해 달라는 고백이다. 참된 복은 문제가 사라지는 데 있지 않고, 문제 속에서도 흔들리지 않는 평안과 희망을 얻는 데 있다.

종교가 다시 본래의 길을 회복하려면, 교회는 '복을 나눠주는 가게'가 아니라 하느님과의 만남이 일어나는 성소가 되어야 한다. 사찰은 소원 성취의 시장터가 아니라 깨달음을 나누는 공동체가 되어야 한다. 신도들 역시 소비자가 아니라 구도자가 되어야 한다. 당장의 효험은 주지 못하더라도, 영혼을 깊게 만드는 더딘 길을 걸을 수 있어야 한다.

결국, 신앙은 거래가 아니다. 신앙은 '복'을 구하는 손이 아니라, '복의 근원'을 바라보는 눈이다. 은총을 소비하는 것이 아니라, 은총을 베푸시는 분과의 관계 안에 머무는 것이다. 단골 장사는 손님이 떠나면 끝나지만, 순례자의 신앙은 길이 끝날 때까지 계속된다. 교회와 절이 회복해야 할 것은 바로 이 순례자의 영성이다.

오늘날 한국 종교가 직면한 가장 큰 위기는, 교회와 절이 무당집과 다르지 않다는 냉혹한 현실이다. 간판은 다르지만, 그 안에서 오가는 말과 욕망은 하나로 겹친다. 종교는 원래 인간을 하느님께로 이끄는 다리였는데, 지금은 인간의 욕망을 달래주는 상점으로 바뀌었다. 교회와 절, 무당집이 나란히 서서 모두 같은 인사를 건넨다. '어서 오세요, 단골님!' 그러나 종교의 본질은 단골이 아니라 순례다. 단골은 머무르지만, 순례자는 걷는다. 단골은 거래하지만, 순례자는 만나고 변한다.

지금 우리에게 필요한 것은 단골 고객의 안일함이 아니라, 순례자의 불편한 걸음이다. 종교가 다시 살아나려면, 단골집이 아니라 순례길을 안내해야 한다. 그 길 끝에서 우리는 복을 파는 손을 잡는 것이 아니라, 복의 근원이신 얼굴과 마주하게 될 것이다. 그러나 놀라운 진리는 그 얼굴이 사실은 늘 우리 쪽을 향해 있었다는 사실이다. 우리가 찾는 것이 아니라, 이미 우리를 찾고 계셨다는 것.

이제 교회도, 절도, 무당집도 각자의 장사에서 벗어나야 한다. 진리를 다시 길 위에 세우지 않는다면, 그 땅에서는 결국 진리 대신 지독한 돈 냄새만이 피어날 것이다. 그리고 그 열매에는, 벌레가 들끓을 것이다.

다시 희망을
가르쳐야 할 시간

서울의 한 다문화 아동센터에서 만난 사회복지사가 울먹이며 내게 전한 이야기가 있다. "신부님, 요즘 아이들이 참 무서운 말을 해요. 지난번에 한 중학생 아이에게 '넌 커서 뭐가 되고 싶니?'라고 물었더니, 망설임도 없이 '저는 건물주가 될래요'라고 대답하더군요. 요즘 세상에서 제일 쉽게 돈을 벌고, 제일 안전하게 지키는 방법이 그거라 생각한다는 거예요." 그 말 속에서 나는 오래된 메아리를 들었다.

스무 해 전, 그러니까 2003년쯤, 결손가정의 아이들을 돌보던 어느 수녀님이 내게 전해주었던 충격적인 고백이 있었다. 초등학교 4학년 남자아이가 같은 질문을 받자, 주저 없이 이렇게 말했다는 것이다. "나는 커서 도둑놈이 될래요." 그 말은 내게 큰 충격으로 다가왔고, 오랫동안 내 가슴을 붙잡았다. 아이의 무심한 한마디는 당시 한국 사회의 불평등과 가난이 어린 영혼에 어떤 흔적을 남기는지 적나라하게 드러내는 증언이었다. 그런데 20여 년이 지난 지금, 아이들의 대답은 변형되었을 뿐 본질은 여전히 같다. "나는 도둑이 될래요." "나는 건물주가 될래요."

두 문장 사이에는 시대의 변천이 담겨 있다. 전자가 노골적이고 직접적인 범죄의 언어였다면, 후자는 합법이라는 옷을 걸친 불평등의 상징으로 들린다. 하지만 그 뿌리에는 똑같은 절망이 흐른다. 가난과 상처, 그리고 희망의 부재. 시대는 변했으나 아이들의 눈빛 속에 어려 있는 좌절은 더 교묘하고 더 날카로운 모양으로 여전히 우리 앞에 놓여있다.

아이들이 느끼는 가난의 성격은 이제 과거와 다르다. 전쟁 직후, 모두가 가난하던 시절에는 서로에게 부끄러워하지 않았다. 밥이 없어 보리쌀을 섞고, 옷이 없어 형의 옷을 이어 입는 것은 누구에게나 흔한 일이었다. 그러나 지금 아이들은 비교의 시대에 살고 있다. 스마트폰과 SNS는 친구의 집 크기와 여행지, 명품 옷과 부모의 직업까지 한눈에 보여준다. 눈앞의 화면은 아이들에게 현실의 잔혹한 불평등을 적나라하게 비춘다. 없는 것은 단순한 결핍이 아니라, 곧 수치와 패배로 여기게 된다. 과거에는 없는 것을 서로를 이해하는 동질감으로 작용했지만, 지금은 없는 것이 곧 존재의 열등감으로 작동한다.

어느 초등학생이 이렇게 말한 적이 있다. "좋은 아파트 사는 친구들은 맨날 외식도 하고, 용돈도 많이 받아요. 그런데 나는 아무것도 없어요. 그래서 커서 돈을 빨리 버는 방법을 찾아야겠다고 생각했어요." 이 아이가 선택한 길은 도둑질이었고, 조금 더 자라면 그것은 사기나 불법적 투자로 변한다. 본질은 같다. 절망적인 가난과 기회의 부재가 아이의 꿈을 왜곡시킨다.

한국 사회는 IMF 외환위기 이후 빠른 경제 회복을 자랑했지만, 고통은 고르게 분담되지 않았다. 부유층은 위기를 기회로 삼아 더 부유해졌고, 서민들은 빚더미에 올라앉았다. IMF는 역사의 교훈으로 남았지만, 현실은 되풀이되었다. 위기의 고통은 집중되었고, 그 결과 사회의 균열은 더 깊어졌다. "커서 도둑이 되겠다"라는 아이의 말은 "가난뱅이의 삶보다는 차라리"라는 말이 생략된, 그 균열의 밑바닥에서 터져 나온 절규였다.

그리고 2020년, 코로나 팬데믹은 또 다른 상처를 남겼다. 재택근무와 온라인 교육이 가능한 집은 오히려 새로운 기회를 얻었다. 그러나 그렇지 못한 집, 노트북 한 대도 없어 스마트폰 작은 화면으로 수업을 들어야 했던 아이들은 깊은 좌절을 경험했다. 온라인 수업은 공평하지 않았다. 가정의 형편이 곧 교육의 질을 결정했고, 그것이 미래를 갈라놓았다. 팬데믹은 교육 격차를 극단적으로 벌려놓았다. 어떤 아이들은 그 시간을 도약의 발판으로 삼았지만, 또 다른 아이들은 뒤처짐의 낙인을 짊어졌다.

이제 우리는 AI 시대에 들어섰다. 인공지능은 새로운 부의 원천이 되었지만 동시에 일자리를 위협하는 공포의 그림자가 되었다. 일부는 AI를 활용해 하루아침에 억대 연봉자가 되었지만, 많은 청년들은 내 일은 언제 사라질지도 모른다는 불안 속에 산다. 기술이 가져오는 풍요의 빛 뒤에는 언제나 불평등의 어둠이 드리워져 있다. 아이들은 어른들이 말하는 '혁신'과 '발전'이라는 단어를 들으며, 자기 삶과는 무관한 다른 세계의 이야기로 받아들인다.

　오늘날 청년 세대를 'N포 세대'라 부른다. 연애, 결혼, 출산, 내 집 마련, 인간관계, 심지어는 꿈까지 포기한다는 뜻이다. 그들의 마음속에는 나는 노력해도 안 된다는 체념이 깊숙이 자리 잡고 있다. 기회는 차갑게 닫혀 있고, 출발선은 공정하지 않다. 그래서 누군가는 차라리 편법과 불법으로라도 길을 찾으려 한다. 아이들의 절망은 구조의 잘못이 개인의 마음을 갉아먹는 증거다.

　집은 이미 '그림의 떡'이 되었다. 월급을 아무리 모아도 서울의 아파트는커녕, 지방의 작은 집조차 손에 넣기 어렵다. 청년들은 스스로를 '벼락거지'라 부른다. 옆집 친구가 집값 상승으로 하루아침에 수억 원의 자산가가 되는 순간, 자신은 아무것도 갖지 못한 거지가 된 듯한 기분을 표현하는 말이다. 청년들의 농담은 웃음이 아니라 눈물에 젖은 냉소다.

　이런 절망 속에서 아이들은 미래를 상상한다. 그러나 그 상상은 꿈이 아니라 불법과 편법의 그림자로 채워진다. 그들은 꿈꾸는 법을 배우기도 전에 포기하는 법을 먼저 배운다. "나는 건물주가 될래요"라는 말은, 결국 "나는 희망을 포기했어요"라는 말과 같다.

우리 사회가 간과하는 진실은 단순하다. 정의 없는 번영은 오래갈 수 없다는 사실이다. AI 기술, 반도체, K-컬처, 세계적 위상…. 모든 것이 화려하게 빛나도, 그 빛 아래에서 아이들의 마음이 절망으로 얼어붙어 있다면, 그 사회는 언젠가 무너질 수밖에 없다. 불평등 속에서 자라는 분노는 언젠가 불길이 되어 사회를 집어삼킨다.

역사는 늘 경고해왔다. IMF, 코로나…. 위기는 예기치 않게 찾아오고, 불평등한 사회는 위기 앞에서 더 크게 흔들린다. 지금 우리가 공정한 분배와 연대의 원칙을 세우지 않는다면, 다음 세대는 더 깊은 좌절 속에서 나는 정직한 가난뱅이보다는 차라리 가난하지 않은 범죄자가 되겠노라고 말하게 될지도 모른다. 그날이 오기 전에 우리는 길을 바꾸어야 한다.

나는 이 아침, 작은 성당의 촛불 앞에 앉아 다시 묻는다. 아이들이 왜 그런 말을 할 수밖에 없는가? 우리가 그 눈빛을 어떻게 녹여줄 수 있을까? 희망은 어떻게 다시 불러올 수 있을까? 해답은 멀리 있지 않다. 화려한 성장지표도, 거대한 국가 전략도 아니다. 바로 가난한 이웃을 향한 작은 연대, 정의로운 분배, 그리고 희망을 나누려는 사회적 결단이다. 그것이 없다면, 아이들은 여전히 절망 속에서 길을 잃을 것이다.

아이들이 더 이상 "나는 도둑이 될래요"라고 말하지 않고, "나는 세상을 바꾸는 사람이 될래요"라고 말할 수 있도록;: 우리 사회는 따뜻한 불씨가 되어야 한다. 아이들의 상처받은 마음에 희망을 심어주는 일은 정치의 구호가 아니라, 서로의 작은 실천에서 시작된다. 겨울 새벽녘, 어둠을 뚫고 피어오르는 바람처럼, 우리는 아이들의 절망을 희망으로 바꾸어야 한다. 그 촛불 하나하나가 모여 이 시대의 얼어붙은 눈빛을 녹이는 불꽃이 되기를, 나는 간절히 기도한다.

불은 꺼져도 빛은 남는다

 싸우거나 화내는 것은 참으로 어리석은 일이다. 누구나 살아가다 보면 억울한 일을 당하고, 불합리한 상황에 맞닥뜨리고, 누군가의 말에 마음이 상할 때가 있다. 그 순간 불쑥 솟아오르는 분노는 어쩌면 본능일지도 모른다. 하지만 그 분노를 붙들고 싸움으로 키워내면, 결국 그 피해는 남이 아니라 먼저 나 자신에게 돌아온다. 불길이 타오르면 화려해 보이지만, 남는 것은 재와 연기뿐이다. 내 마음의 집을 태우는 건 결국 내 분노라는 걸 우리는 자주 잊는다.

 그래서 옛사람들은 "화를 내는 사람은 자신을 먼저 해친다"고 했다. 그 말은 단순한 훈계가 아니다. 인간의 긴 역사를 두고 내려온 통찰이다. 우리는 분노가 몸을 병들게 한다는 사실을 안다. 혈압이 오르고, 심장이 빨리 뛰고, 마음은 날카롭게 멍이 든다. 반대로 지혜는 다르다. 지혜는 강물처럼 흐른다. 강물이 언 땅을 적시고 나무와 풀을 키워내듯, 지혜는 삶을 부드럽게 적신다. 순간의 분노가 불꽃이라면, 지혜는 사계절을 통과하는 햇살과 같다.

예술가 마크 로스코[31]는 "나는 추상화가가 아니다. 내 유일한 관심은 인간의 근본적인 감정을 표현하는 것이다"라고 말했다. 그의 거대한 캔버스 앞에 서면, 우리는 형체 없는 색의 바다에 삼켜지듯 서서히 빨려 들어간다. 로스코가 그린 건 단순한 색면이 아니라 인간 내면의 근원적 울림이다. 슬픔과 황홀, 고독과 파괴 같은 가장 깊은 감정들. 그런데 이상하게도 그의 그림을 오래 바라보고 있으면 마음이 차분해진다. 색이 나를 부드럽게 감싸는 듯하다. 나는 그 앞에서 깨닫는다. 감정이 이렇게 승화되면 예술이 되지만, 날것 그대로라면 폭력이 될 뿐이라는 사실을.

오늘 우리 사회는 화를 키우는 구조 속에 있다. 정치적 문제만 봐도 그렇다. 많은 이들은 "정치는 정치인에게, 종교는 종교인에게"라고 말한다. 얼핏 그럴싸해 보이지만, 그 말 뒤에는 종교는 조용히 있으라는 압박이 숨어 있기도 하다. 정교분리라는 말은 원래 권력과 종교가 결탁

---

[31] Mark Rothko(1903~1970). 20세기 미국의 색면 추상화 화가. 단순한 색면 배치로 인간의 근본적 감정을 표현했다.

해 서로를 오염시키지 않게 하려는 장치였다. 그런데 이 원칙이 오해되어 종교가 사회적 문제에 아예 침묵해야 한다는 주장으로 변질될 때, 그건 다른 꿍꿍이가 깃들어 있을지도 모른다.

역사를 돌아보면 종교가 정치 권력에 예속될 때마다 사회는 큰 고통을 겪었다. 반대로 종교가 사회적 약자의 목소리를 대변했을 때, 역사는 새로운 길을 찾았다. 종교는 단순히 영혼만을 다루는 영역이 아니다. 인간의 삶 전체를 비추는 빛이다. 인간 존엄, 사회 정의, 공동선, 평화 같은 가치는 종교가 세상에 내놓아야 할 도덕적 나침반이다.

그리스도교는 본질적으로 약자와 억눌린 자들의 편에 선 종교다. 예수님도 단순히 영적인 말씀만 전한 게 아니었다. 그는 그 시대의 불의한 권력과 맞섰고, 굶주린 자에게 빵을 나눠주었고, 병든 자를 고쳐주셨다. 성전에서 장사꾼들의 탐욕을 몰아내며 사회 구조의 부패를 드러내셨다. 결국, 십자가에 달리신 것도 그런 삶 때문이었다. 그렇다면 오늘 그리스도인들이 사회의 불의에 대해 침묵한다면, 그것은 이미 예수님의 길에서 벗어난 것이 된다.

분노로 싸우는 대신, 사랑으로 증언하는 길. 그 길이 바로 신앙의 본질이다. 침묵은 때로 불의를 묵인하는 죄가 된다. 그러나 분노로 외치는 것은 또 다른 폭력으로 이어진다. 참된 길은 사랑에서 나오는 목소리다. 예언자들은 늘 그 길을 걸었다. 불의한 권력 앞에서 돌을 던진 것이 아니라, 진리의 말을 던졌다.

간디가 제국의 총칼 앞에서 택한 길은 비폭력이었다. 그는 분노하지 않았다. 대신 고통을 온몸으로 견디며 "사람은 폭력이 아니라 진리로 변화한다"라는 믿음을 끝까지 지켰다. 마틴 루터 킹 목사도 꿈을 말했다. "나에게는 꿈이 있습니다." 그 꿈은 분노로 적을 무너뜨리는 것이 아니라, 인종을 넘어선 화해였다. 오스카 로메로 대주교[32]는 군부 독재의 총구 앞에서 미사 중에도 가난한 자들을 대변했다. 결국 암살당하고 말았지만, 그의 죽음은 분노의 불길이 아니라 사랑의 등불이 되었다.

이렇듯 싸우거나 화내는 건 어리석다. 하지만 그렇다고 무조건 침묵하라는 건 아니다. 오히려 지혜는 때를 분별하는 힘이다. 침묵해야 할 때와 외쳐야 할 때, 멈춰야 할 순간과 걸어야 할 순간을 알아보는 힘. 분노는 눈을 가리지만, 사랑은 눈을 밝힌다. 사랑에서 나온 외침은 결코 폭력이 되지 않는다. 그건 씨앗이 되어 희망을 자라게 한다.

오늘 우리의 현실은 정치적 갈등으로 가득하다. 사람들은 옳고 그름보다 내 편, 네 편을 먼저 따진다. SNS에서는 상대를 향한 독한 말들이 화살처럼 쏟아진다. 그러나 우리는 잊지 말아야 한다. 화로는 세상을 바

32　Óscar Romero(1917~1980), 엘살바도르 대주교. 2018년 교황 프란치스코에 의해 성인으로 시성됐다.

꿀 수 없다. 분노는 잠시 사람을 끌어모을 수는 있어도, 오래가지 않는다. 결국, 남는 건 상처뿐이다. 세상을 바꿔온 건 언제나 사랑이었다.

정의구현사제단이라는 단체 이름이 있지만, 사실 모든 사제와 신자는 정의 구현의 사명을 이미 부여받았다. 특정 정당을 지지하기 위함이 아니라, 하느님의 정의와 인간 존엄을 지키기 위한 부르심이다. 정치적 이익을 위해 움직이는 종교는 종교가 아니다. 그것은 단순한 집단일 뿐이다. 그러나 사랑과 진리로 목소리를 내는 종교는 세상을 바꾼다.

나는 이렇게 생각한다. 만약 교회가 사회적 문제에 대해 아무 말도 하지 않고 침묵한다면, 그것은 신앙을 사적인 위로로만 축소시키는 꼴이다. 신앙은 현실을 외면하는 피난처가 아니라, 현실을 비추는 빛이다. 하느님의 구원은 인간의 역사 안에서 이루어진다. 그렇다면 그리스도교는 결코 역사와 무관할 수 없다. 역사성을 잃은 신앙은 이미 신앙이 아니라 공허한 관념일 뿐이다.

그러므로 우리는 싸우거나 화내는 대신, 예언자의 목소리를 내야 한다. 불의 앞에서 조용히 고개를 숙이는 것은 신앙이 아니다. 그러나 동시에 분노로 맞서는 것도 길이 아니다. 오직 사랑으로 증언할 때, 우리는 진정한 제자가 된다.

오늘도 내 마음 안에 작은 분노가 움트려 할 때, 나는 스스로 묻는다. 지금, 이 감정이 불꽃이 될까, 아니면 빛이 될까? 불꽃은 금세 타오르고 꺼진다. 그러나 빛은 오래도록 남아 길을 비춘다. 싸움은 흔적만 남기지만, 사랑은 향기를 남긴다.

  싸우거나 화내는 것은 어리석다. 그렇다고 침묵하는 것도 답은 아니다. 오직 지혜와 사랑이 길을 연다. 우리 시대의 참된 신앙은 바로 그 길 위에서 드러난다. 어쩌면 이것이야말로, 우리가 분노와 대립을 넘어 선택해야 할 가장 지혜로운 길일 것이다.

3장 아름다움이 우리를 구원하는 방식

아름다움은 단순한 장식이 아니라, 영혼을 깨우는 빛이다.

예술은 무너진 마음을 위로하고, 신앙의 길을 밝혀준다.

우리가 아름다움 속에서 살아갈 이유를 다시 배울 때

그 길 위에서 구원은 이미 시작된다.

폐허 속에서
울려퍼지던 선율

코로나-19 팬데믹이 세상을 멈추게 했던 2020년, 이탈리아의 밀라노 대성당은 텅 비어 있었다. 그러나 그 고요의 한복판에 서 있던 테너 안드레아 보첼리[33]의 목소리는 세계를 가로질러 울려 퍼졌다. 화면을 통해 그 노래를 들은 사람들은 자신도 모르게 눈물을 흘렸다. 그것은 단순한 노래가 아니었다. 절망 속에 갇힌 인류에게 건네진 위로, 그리고 부서진 마음을 부드럽게 감싸는 하나의 빛이었다.

이와 유사한 장면이 전쟁터에서도 반복되었다. 우크라이나의 어느 도

---

33 Andrea Bocelli(1958~). 이탈리아의 세계적인 테너 성악가. 시각장애에도 불구하고, 클래식과 대중음악을 아우르는 목소리로 전 세계적 사랑을 받고 있다.

시, 무너진 건물 앞에 한 첼리스트가 홀로 앉았다. 총성과 굉음이 뒤엉킨 거리 위에서, 그녀의 활은 떨림 없이 움직였다. 사람들은 멈춰 서서 그 소리를 들었다. 그 선율은 아직 인간의 존엄은 죽지 않았다는 무언의 외침이었다. 파괴와 죽음의 자리에서조차 아름다움은 여전히 살아있고, 바로 그 아름다움이 사람들을 다시 일으켜 세웠다.

이럴 때 우리는 묻는다. 어찌하여 아름다움은 절망을 뚫고 들어와 우리를 붙드는가? 어찌하여 그것이 세상을 구원할 수 있다고 말하는가? 만약 아름다움이 단순히 눈과 귀를 즐겁게 하는 감각적 쾌락에 불과하다면, 그것이 죽음과 고통의 자리에서 무슨 힘을 발휘할 수 있겠는가. 그러나 아름다움은 그 이상이다. 그것은 인간 영혼의 가장 깊은 곳에 닿아, 때로 논리보다 더 설득력 있고, 무기보다 더 강력하며, 심지어 죽음보다 더 오래 남는다.

아름다움은 상대적인 것처럼 보인다. 한 시대의 미의 기준은 다른 시대의 그것과 다르고, 한 문화의 취향은 다른 문화에서 통하지 않을 때가 많다. 그러나 우리는 동시에 어떤 보편적 아름다움 앞에서 함께 숨을 멎는다. 바흐의 푸가가 흘러나올 때, 미켈란젤로의 다비드 앞에서, 셰익스피어의 한 구절이 울려 퍼질 때, 서로 다른 나라와 언어, 시대의 차이를 뛰어넘어 우리는 똑같이 감동한다. 그 순간, 우리는 단순한 미적 취향을 넘어 '진리의 기척'을 감지한다.

토마스 아퀴나스는 진정한 아름다움이란 조화와 비례, 완전성과 명료성 안에서 드러난다고 말했다. 아름다움은 단순히 보기 좋은 형식이 아니라, 존재 그 자체의 질서가 빛나는 순간이다. 그래서 아름다움은 우리를 잠시 유한성에서 벗어나 무한을 향해 열리게 한다.

하이데거는 예술 작품 속에서 진리가 스스로를 드러내는 과정을 '알레테이아'[34]라 불렀다. 감추어진 것이 벗겨지고 존재가 제 모습을 드러내는 순간, 우리는 감동한다. 벤야민이 말한 '아우라'[35]도 이와 닿아 있다. 위대한 예술 앞에서 우리가 느끼는 압도적인 현존의 힘은 기술적 완벽 때문이 아니다. 그것은 작품이 진리를 머금고 있기 때문이다. 우리는 그 앞에서 설명할 수 없는 눈물을 흘린다. 눈물은 언제나 진리 앞에서 터져 나온다.

아리스토텔레스는 『시학』에서 카타르시스를 말하며, 비극적 아름다움이 인간 영혼을 정화한다고 했다. 우리는 눈물과 두려움 속에서 정화된다. 칸트는 무한한 것 앞에서 느끼는 경외감을 '숭고'라 불렀다. 인간은 감각의 한계를 넘어선 절대적인 크기와 힘을 마주할 때, 오히려 자기 안에 잠든 이성의 위대함을 자각한다. 숭고와 아름다움은 서로 다른 길을 걸어도 결국 우리를 초월의 차원으로 이끈다.

34　Aletheia, 고대 그리스어로 '진리'를 뜻하나, 하이데거는 이를 '비은폐성'으로 해석해 존재가 드러나는 과정으로 설명했다.
35　Aura, 발터 벤야민이 사용한 개념. 예술 작품이 지닌 고유하고 반복 불가능한 현존성.

아름다움은 단순히 개인의 감정을 어루만지는 데 그치지 않는다. 그것은 존재 전체를 회복하는 힘을 지닌다. 고대에서 진·선·미는 분리되지 않는 초월적 속성으로 여겨졌다. 하느님은 '아름다움 그 자체'라 불리며, 모든 피조물의 아름다움은 그분의 무한한 아름다움의 그림자라 했다. 디오니시우스는 하느님을 '초아름다움'으로, 아퀴나스는 그 속성을 완전성·비례·조화·명료성으로 정리했다.

20세기 신학자 한스 우르스 폰 발타자르[36]는 "하느님의 계시는 본질적으로 아름답다"고 했다. 그리스도는 그 영광의 광채이며, 절대적 아름다움의 현현이다. 개신교 신학자 바르트 또한 "하느님의 아름다움은 사랑과 자유의 조화 속에서 드러난다"라고 했다. 아름다움은 단순한 미학적 주제가 아니라, 곧 구원의 주제다.

도스토옙스키가 "아름다움이 세상을 구원할 것이다"라고 말한 것도 이 때문이다. 인간은 진리와 선에 이끌리듯 본능적으로 아름다움에 끌린다. 진정한 아름다움은 혼돈을 질서로, 절망을 희망으로, 무의미를 의미로 바꾸는 힘을 갖는다. 전쟁의 잿더미 속에서 울려 퍼진 음악, 팬데믹의 고립 속에서 들린 노래가 사람들을 붙잡은 것도 바로 이 힘 때문이다.

나는 종종 이런 상상을 해본다. 만약 세상에 모든 노래가 멈추고, 모

---

36 Hans Urs von Balthasar(1905~1988), 20세기 가톨릭 신학자. '신학적 미학'을 정립했다.

든 색이 바래고, 모든 이야기가 사라진다면 인간은 얼마나 견딜 수 있을까. 아마 하루도 버티지 못할 것이다. 인간은 빵이 없어도 한동안 살 수 있지만, 아름다움이 없이는 곧 영혼이 굶주려 무너진다.

아름다움은 사회를 바꾸는 힘이기도 하다. 한 송이 꽃을 바라보는 눈길에서, 낯선 이의 미소에서, 고통받는 자를 위해 흘린 눈물에서 아름다움은 시작된다. 그것은 인간을 다시 인간답게 한다. 돈이나 권력으로는 사람을 설득할 수 없지만, 아름다움 앞에서 사람은 저항할 수 없다. 그것은 가장 강한 약함이요, 가장 무력한 힘이다.

그러므로 나는 믿는다. 아름다움은 세상을 구원할 수 있다고. 아니, 이미 우리를 구원하고 있다고. 그것은 얼음 밑에서 흐르는 봄물처럼 보이지 않게 흘러, 결국 언 땅을 녹이고 새싹을 틔운다. 그것은 폭발적이지 않지만, 가장 확실한 힘이다.

아름다움은 하느님의 얼굴이다. 우리가 아름다움에 감동하는 것은, 결국 그분을 그리워하는 본능이다. 우리가 노래를 부르고 그림을 그리고 시를 쓰는 것은, 우리 안에 새겨진 하느님의 흔적을 따라가는 행위다. 그로 인해 아름다움은 우리를 구원한다.

나는 여전히 보첼리의 그 노래를 떠올린다. 텅 빈 성당을 가득 채운 목소리, 그러나 그 공간을 충만하게 한 것은 단순히 노래가 아니라 지극한 아름다움이었다. 그 아름다움은 절망을 뚫고 속삭였다. "두려워하지 마라, 아직 희망은 있다."

아름다움은 세상을 구원할 것이다. 아니, 이미 구원하고 있다. 그 사실을 믿는 순간, 우리는 절망을 넘어 새로운 세상으로 한 걸음을 내디딜 수 있다.

불꽃은 아직 인간 안에 있다

상상력은 인간을 인간답게 하는 마지막 불꽃이다. 하느님께서 인간을 창조하실 때 단순히 호흡을 주신 것이 아니라, 영혼 깊은 곳에 불씨 하나를 심어주셨다. 그것은 보이지 않는 것을 그려내고, 아직 오지 않은 미래를 앞서 살아내며, 신비 앞에서 떨림으로 응답하게 하는 능력이다. 우리는 그 불꽃을 상상력이라 부른다. 그것은 단순히 장난삼아 이야기를 꾸며내는 능력이 아니며, 화가가 그림을 그릴 때 발휘되는 현란한 기교 또한 아니다. 상상력은 하느님의 모상을 지닌 인간의 존재를 증언하는 가장 뚜렷한 흔적이며, 창조주와 피조물이 만나는 자리다.

성경은 "하느님은 당신의 모습대로 사람을 창조하셨다"라고 선언했다. 그 말은 인간이 선과 악을 분별하는 도덕적 존재라는 의미에 그치지 않는다. 그것은 인간이 무無에서 유有를 끌어내는 창조적 능력을 지닌 존재라는 고백이다. 흙에서 지음을 받았으나 단순한 흙덩이가 아닌, 하느님의 숨결을 품은 존재. 인간은 창조주를 닮은 자로서 상상력의 불꽃을 지녔기에, 현실을 넘어 영원을 향한 질문을 던지고, 눈앞의 세계를 넘어 보이지 않는 세계를 그릴 수 있다. 토마스 아퀴나스는 상상력을 "감각과 이성을 잇는 영혼의 다리"라 했다. 눈에 보이는 세계와 보이지 않는 신비 사이에 다리를 놓아, 인간이 단순한 동물이 아니라 영적 존재로 살아가게 하는 힘이 바로 상상력인 것이다.

기도란 무엇인가? 눈앞에 계시지 않은 하느님을 마음속에 그려내며, 그분께 말을 거는 일이다. 이미 보이는 것을 말하는 것이 아니라, 아직 다가오지 않은 분을 기다리며 부르는 것이다. 이는 곧 상상력 없이는 불가능한 행위다. 신앙은 이 상상력 위에 세워져 있다. 상상력이 없는 신앙은 형식으로만 남는다. 상상력 속에서 드리는 기도는 불꽃처럼 타올라, 인간의 영혼을 하늘로 올린다.

예술은 이 상상력의 가장 풍성한 표현이다. 성당의 스테인드글라스는 단순한 장식이 아니라, 빛을 통해 보이지 않는 하늘을 드러내는 신비의 창이었다. 음악은 인간의 언어로는 다 표현할 수 없는 영혼의 탄식을 대신 노래했다. 시와 문학은 인간존재의 비극과 희망을 상징으로 풀어내며, 눈에 보이지 않는 하느님의 현존을 감지하게 했다. 스위스의 신학자

발타사르는 "진리는 반드시 아름다움을 통해 드러난다"고 말했다. 진리가 단순한 법칙으로만 제시되면 사람은 외면하지만, 아름다움으로 다가올 때 우리는 저항할 수 없다. 우리는 끌리고 매혹되고, 결국 사랑하게 된다. 그 사랑 안에서 우리는 진리를 만난다. 그래서 예술은 하느님의 침묵에 대한 인간의 응답이다. 영혼 깊은 곳에서 울려 나오는 상상력의 외침이 곧 예술이며, 그것은 기도의 또 다른 얼굴이다.

틸리히[37]는 "예술은 상징을 통해 궁극적 실재를 가리킨다"고 했다. 그림 한 장이 단순한 색의 조합이 아니라 하느님의 현존을 열어 보여줄 수 있다는 것이다. 미켈란젤로의 시스티나 성당 천장은 단순한 인체 묘사가 아니라, 창조주의 손길이 인간을 향해 다가오는 순간을 드러낸다. 이는 상상력이 없으면 불가능한 일이다. 인간의 손은 붓을 잡았지만, 그 붓을 움직인 것은 상상력이며, 그 상상력의 원천은 결국 하느님께서 심어주신 불꽃이다.

오늘 우리는 AI와 제4차 산업혁명의 시대를 살아간다. 기계는 그림을 그리고 음악을 만들며, 소설과 설교문까지 모방한다. 그러나 기계는 상상하지 못한다. 기계는 배운 것을 조합할 수 있지만, 고통 속에서 길어 올린 희망을 창조하지 못한다. 계산은 할 수 있으나, 침묵 속에서 태어난 기

---

37 Paul Tillich (1886~1965), 독일 출신의 개신교 신학자로 현대 신학에 큰 영향을 끼쳤다.

도의 떨림은 흉내낼 수 없다. 오직 인간만이 눈물 속에서 탄생한 노래를 만들고, 상처 속에서 길어 올린 사랑을 말하며, 신비 앞에서 떨며 무릎을 꿇는다. 그러므로 상상력은 인간이 끝내 기계와 구별되는 마지막 남은 신적 능력이다. 카를 라너[38]는 인간을 "신비 안에 던져진 존재"라 불렀다. 인간이 그 신비 앞에 다가가고 응답할 수 있는 통로가 바로 상상력이다.

이 불꽃을 어떻게 길러야 할까? 무엇보다 침묵이 필요하다. 상상력은 소음 속에서 메마르고, 침묵 속에서 살아난다. 현대 사회는 끊임없는 알림과 영상으로 가득하다. 그러나 잠시 고요 속에 머무를 때, 마음의 눈이 열린다. 침묵은 단순히 소리를 차단하는 것이 아니라, 하느님의 현존을 감지하는 영적 훈련이다. 고요 속에서 들리는 새소리, 바람 소리, 가만히 뛰는 내 심장의 소리는 모두 상상력을 깨운다.

자연 역시 상상력의 학교다. 나무 한 그루와 꽃 한 송이, 하늘의 별 하나에서 우리는 무한을 읽어낼 수 있다. 아이가 흙을 만지며 우주를 꿈꾸는 것은 상상력이 주는 기적이다. 별빛을 바라보며 인간은 늘 자신을 넘어 더 큰 세계를 그려왔다. 갈릴레오가 하늘을 향해 망원경을 들이댔던 것도 상상력의 열매였고, 시인이 밤하늘을 노래하며 눈물 흘린 것도 상상력의 은총이었다.

---

38 Karl Rahner(1904~1984), 독일 예수회 신학자로, 제2차 바티칸 공의회의 신학적 기틀을 세운 핵심 인물 중 한 사람.

예술은 상상력을 키우는 또 다른 길이다. 그러나 그것은 단순한 기교의 훈련이 아니다. 음악과 미술, 문학은 모두 기도의 또 다른 언어다. 아이에게 그림을 가르칠 때 단순히 선을 그리는 법만 가르친다면, 그는 기술자는 될 수 있어도 예술가는 되지 못한다. 그러나 그 그림 속에 자기 영혼을 담는 법을 가르칠 때, 그 아이는 예술가가 되고 신비를 노래하는 사람이 된다.

성경은 본질적으로 상상력의 이야기다. 바다를 가르시는 하느님, 떨기나무 불꽃 속에서 말씀하시는 하느님, 마른 뼈에 살을 붙이시는 하느님, 모두 상상력 없이는 이해할 수 없는 이야기다. 성경은 단순한 교훈집이 아니다. 그것은 인간의 상상력을 깨워 하느님의 신비에 눈뜨게 하는 이야기다. 우리는 성경을 통해 신비를 내면화하고, 다시 우리의 삶 속 이야기로 풀어낼 수 있다.

상상력은 곧 공감의 능력이기도 하다. 타인의 고통을 내 고통처럼 느끼고, 이웃의 눈물을 내 눈물로 받아들이게 한다. 그래서 봉사와 나눔은 상상력이 사랑으로 꽃피는 순간이다. 남의 상처에 무관심한 사람은 상상력이 메마른 사람이다. 그러나 타인의 눈물을 보고 함께 우는 사람은 상상력이 살아있는 사람이다.

상상력은 질문을 낳는다. 나는 왜 존재하는가? 죽음 너머에는 무엇이 있는가? 하느님은 누구신가? 이런 질문은 정답을 외워 얻는 것이 아니라, 상상력으로만 도달할 수 있는 신비의 영역이다. 아이가 하늘을 올려다보며 "저 별들은 왜 빛나지?"라고 묻는 순간, 이미 그는 상상력의 길에 들어선 것이다.

상상력 교육은 가정과 학교, 교회 모든 곳에서 이루어져야 한다. 가정에서 아이와 함께 드리는 짧은 자유 기도는 상상력을 길러준다. 형식적인 암송이 아니라, 하루의 기쁨과 슬픔을 자유롭게 표현하는 것만으로도 아이의 상상력은 자란다. 학교에서는 과학이 창조의 신비를 탐구하게 하고, 역사가 하느님의 섭리를 드러내게 하며, 문학이 인간존재의 의미를 묻도록 해야 한다. 교회의 전례는 상상력을 길러주는 보물이다. 미사는 단순한 의식이 아니라, 하느님의 구원 이야기를 온몸으로 체험하는 상상력의 학교다.

상상력 교육의 목표는 단순히 창의적인 인간을 만드는 것이 아니다. 그것은 하느님의 모상으로서 자신의 정체성을 깨닫고, 그에 합당하게 살아가도록 돕는 것이다. 상상력은 신비를 보는 눈이며, 하느님의 현존에 응답하는 창이다. 신앙은 상상력에서 시작되고, 예술은 상상력 안에서 완성된다.

상상력이 없는 사람은 눈앞의 현실밖에 보지 못한다. 그러나 상상력이 살아있는 사람은 물질적 현실 너머의 영적 차원을 감지한다. 평범한 일상 속에서 하느님의 현존을 발견하고, 절망 속에서도 희망의 빛을 본다. 그래서 상상력을 지닌 사람은 어떤 직업에 있든 하느님의 창조 사업에 참여하는 존재가 된다.

우리가 기도하고, 노래하고, 사랑할 수 있는 이유는 여전히 상상할 수 있기 때문이다. 상상 속에서 우리는 이미 하느님과 함께 살고 있다. 그러므로 상상력 교육은 결국 사랑의 교육이다. 아직 만나지 못한 이웃을 사랑하고, 아직 오지 않은 나라를 기다리며, 보이지 않는 하느님을 사랑하는 능력을 기르는 것이다.

우리가 다음 세대에 남겨야 할 유산은 재산이나 지식이 아니다. 그것은 하느님께서 인간에게 심어주신 창조의 불꽃, 상상력이다. 그 불꽃이 꺼진 세대는 기술은 발전해도 영혼은 메마르고, 지식은 넘쳐도 지혜는 사라진다. 그러나 그 불꽃이 살아있는 세대는 고통 속에서도 희망을 잃지 않고, 절망 속에서도 다시 노래하며, 폐허 속에서도 새로운 세상을 그려낼 것이다. 오늘 우리가 해야 할 일은 단순하다. 마음속에 숨겨진 그 불씨를 발견하고, 다시 불어넣어 타오르게 하는 것이다. 그 불꽃이 타오를 때, 우리는 하느님의 모상으로서 빛나며, 세상 속에서 새로운 창조의 길을 열게 된다.

익숙한 것과의 결별

예술이란 원래 마술과 닮았다. 아니, 어쩌면 예술은 그 자체로 마술이다. '미美'라는 글자에 점 하나만 더 찍으면 바로 '마魔'가 되지 않는가. 그 작은 점 하나, 그 사소한 어긋남이 우리를 흔들어 놓는다.

혹시 평소에 쓰던 컵을 거꾸로 뒤집어 마셔본 적이 있는가? 늘 앉던 의자를 천장에 매달아 둔다면, 방 안의 공기는 순식간에 낯선 긴장으로 바뀔 것이다. 똑같은 물건인데, 방향 하나만 바꿨을 뿐인데 세계 전체가 삐끗하며 어긋난다.

우리는 하루에도 수없이 반복되는 익숙한 환경과 동작 속에 살고 있다. 같은 길을 걷고, 같은 자리에 앉고, 같은 언어로 대화한다. 익숙함은 편안함을 주지만, 동시에 우리의 감각을 무디게 만든다. 그 무뎌진 틈을 찌르는 순간, 우리의 감각은 비로소 "아, 세상은 이런 얼굴도 있었구나" 하고 깨어난다. 이 순간이 바로 데페이즈망Dépaysement이다. 프랑스어로 '고향에서 벗어남'을 뜻하는 이 단어는, 익숙함을 낯설게 만들어 우리 감각을 뒤흔드는 예술의 비밀스러운 기술을 가리킨다. 그것은 익숙한 집의 창문을 낯선 각도로 열어젖히는 일, 우리가 너무 익숙해져서 더는 보지 못했던 풍경을 다시 보게 하는 힘이기도 하다.

20세기 초, 예술가들은 이 마법을 대담하게 활용했다. 르네 마그리트[39]는 그림 속 파이프 밑에 "이것은 파이프가 아니다"라고 적었다. 사람들은 순간 혼란에 빠졌다. 눈앞의 그림은 분명 파이프인데, 동시에 파이프가 아니라니. 그 단순한 문구는 우리가 세계와 맺는 관계 전체를 뒤흔든다. 우리는 매일 "이건 의자야, 이건 창문이야"라고 이름 붙이며 사물을 당연시한다. 그러나 예술은 그 당연함을 부정한다. "너는 정말 그것을 제대로 보고 있니?"라고 묻는 것이다.

살바도르 달리의 녹아내리는 시계도 마찬가지다. 시계는 시간을 상징하는 가장 기계적이고 견고한 기호다. 그런데 그것이 오븐 속의 치즈처럼 흘러내린다면? 시간은 고정된 틀이 아니라, 녹아내릴 수도 있는 가변적 흐름이 된다. 우리는 순간적으로 당황하면서, 동시에 낯선 자유를

---

[39] René Magritte(1898~1967), 벨기에 초현실주의 화가. '이미지의 배반'으로 유명하다.

맛본다. 시간은 우리가 붙잡아야 할 절대적 규율이 아니라, 흘러가는 어떤 유동성일 수 있다는 가능성.

문학 역시 데페이즈망의 전통을 지닌다. 러시아 형식주의자들이 말한 '낯설게 하기'는 문학의 본질적 기능이었다. "그는 죽었다"라는 문장은 너무 익숙하다. 그러나 "그의 심장이 더 이상 뛰지 않았다"라고 쓰는 순간, 독자는 죽음을 다시 '처음처럼' 경험하게 된다. 문학은 독자를 일상의 언어습관에서 데려와, 감각을 날카롭게 일으켜 세운다.

철학자들도 이 낯섦을 사유의 출발점으로 삼았다. 하이데거는 인간이 세상에 던져진 존재라고 말했다. 우리는 태어나면서부터 어떤 시대, 어떤 가정, 어떤 언어 속에 '던져진다'. 그러나 어느 순간, 익숙했던 세계가 낯설게 다가온다. 나는 왜 여기에 있는가?, 나는 누구인가? 이 질문은 데페이즈망의 철학적 형태다. 라캉[40]은 아예 거울을 가져왔다. 갓난아이가 거울 속 자기 모습을 보며 "저게 나야?" 하고 당황하는 순간, 자기 동일성의 낯섦이 우리를 뒤흔든다고 했다. 낯섦은 두렵지만 동시에 경이롭다. 마치 오래 살던 집을 다른 각도에서 바라볼 때, 그 집이 전혀 다른 건물처럼 보이는 것처럼.

현대의 일상도 데페이즈망의 실험실이다. 지하철 안, 모든 사람이 고

---

40 Jacques Lacan(1901~1981), 프랑스 정신분석학자.

개를 숙이고 휴대폰 화면만 바라보는 풍경을 보라. 그것이 너무 익숙해진 순간, 한 아티스트가 갑자기 바이올린을 꺼내 들고 바흐를 연주한다. 삭막한 출근길이 갑자기 낯설어지고, 지하철은 작은 콘서트홀이 된다. 사람들은 놀라움 속에서 눈물을 흘리기도 한다. 예술은 그렇게 일상을 뒤흔든다.

인스타그램 속 필터는 평범한 골목길을 마법 같은 장면으로 바꾸고, 유튜브 속 크리에이터는 주방 칼로 종이를 자르며 묘한 희열을 만든다. 카페에서는 컵을 거꾸로 놓고 커피를 서빙하는 이벤트가 열리기도 한다. 순간 우리는 웃음을 터뜨리면서도, 동시에 '컵은 왜 늘 똑바로 있어야 하지?'라는 묘한 질문에 사로잡힌다.

코로나-19 팬데믹은 인류 전체의 거대한 데페이즈망이었다. 집은 안전한 쉼터였는데, 갑자기 감금의 공간으로 바뀌었다. 교실은 모니터 속으로 들어갔고, 사소한 악수는 위험한 행위가 되었다. 우리는 그 낯섦 속에서 '집이란 무엇인가?' '만남이란 무엇인가?' '삶의 본질은 무엇인가?' 하는 근본적 질문들과 맞닥뜨렸다. 낯섦은 아픔이었지만, 동시에 성찰의 통로였다.

어린 시절, 나무나 철봉에 거꾸로 매달려 세상을 본 기억이 있는가. 모든 것이 뒤집힌 채 새로운 질서를 가진 세계. 놀랍게도 그 작은 순간이 우리 마음 깊이 각인된 이유는 단 하나다. 낯섦이 곧 신선함이었기 때문이다.

현대미술관을 찾아가면 이런 경험이 더 노골적으로 주어진다. 텅 빈 전시장 한가운데 놓인 낡은 의자, 천장에 거꾸로 매달린 방 한 칸, 벽면을 가득 메운 수천 개의 신문 조각들. 처음에는 황당하다. 그러나 오래 바라보면 질문이 솟는다. 나는 무엇을 보고 있지?, 의자는 왜 앉으라고만 존재해야 할까? 너는 정말 지금 이 세계를 제대로 보고 있니? 바로 이 질문이 예술의 목적인 것이다.

데페이즈망은 결국 삶 전체를 향한 초대다. 우리는 익숙함에 마취된 채 살아간다. 그러나 낯섦이 끼어 들어오면 삶은 새삼스레 빛을 발한다. 어린 시절 처음으로 눈을 감고 거꾸로 매달려 바라본 세상처럼, 하늘이 땅이 되고 땅이 하늘이 되는 충격. 그 순간 우리는 세계를 '처음처럼' 다시 경험한다. 예술이 우리를 구원하는 이유도 여기 있다. 그것은 답을 주기 때문이 아니라, 질문을 다시 건네기 때문이다. 낯섦 속에서 우리는 삶을 새롭게, 깊게, 진실하게 살아가게 된다. 데페이즈망은 단순한 장난이 아니라, 삶의 무뎌진 감각을 일깨우는 신성한 충격이다.

데페이즈망은 단순히 예술적 기법이나 철학적 사유의 장치에 머무르지 않는다. 신학적 차원에서 볼 때, 그것은 곧 계시의 방식과도 닮아있다. 성경 속에서 하느님은 언제나 인간의 '익숙한 세계'를 흔들어 깨뜨리며 나타나셨다. 모세는 광야에서 불타는 떨기나무라는 낯선 장면 앞에서 멈추었고, 야곱은 얍복 나루에서 의문의 존재와 씨름하다가 새로운 이름을 받았다. 예수의 비유 역시 늘 이런 방식이었다. '씨 뿌리는 사람'의 단순한 이야기 뒤에 숨은 하느님의 나라, '잃은 양'이라는 익숙한 목축 장면 속에 숨어 있는 무한한 자비. 예수의 언어는 언제나 우리가 익히 아는 일상의 장면을 뒤집어 새롭게 보게 했다. 신학적으로 이것은 데페이즈망이 단순한 낯섦이 아니라, 계시적 낯섦이라는 뜻이다.

카를 바르트는 하느님의 말씀을 "전혀 예상치 못한 방식으로 찾아오는 낯선 목소리"라 했다. 우리가 익숙하게 붙들고 있던 관습적 신앙을 흔들어, 전혀 다른 차원의 진리를 드러내는 사건. 이는 예술의 데페이즈망이 주는 충격과 닮아있다. 예술은 사물의 표면을 낯설게 하고, 신앙은 우리의 삶 자체를 낯설게 한다.

마이스터 에크하르트 같은 신비가들은 이를 '깨뜨림brechen'의 경험이라 불렀다. 하느님을 만나는 길은 늘 기존의 익숙함이 무너지는 순간에 열린다. 우리가 쌓아 올린 안전한 집, 습관처럼 반복되는 신앙 행위가 무너질 때, 그 낯선 빈틈에서 신비가 스며든다. 신앙의 데페이즈망은 결국 하느님은 내 계산을 넘어 계신다는 사실을 체험하게 한다.

현대 신학자 몰트만은 『희망의 신학』에서 이렇게 말했다. "희망은 우리의 닫힌 현실을 낯설게 만드는 사건이다." 낯섦은 단순히 불안을 주는 것이 아니라, 그 낯섦 안에서 새로운 미래, 새로운 창조가 열린다. 바로 부활이 그런 사건이었다. 제자들에게 부활하신 주님은 너무 낯설어 처음엔 알아보지도 못했다. 낯섦 속에서만 구원의 인식이 가능했던 것이다.

결국, 데페이즈망은 신학적으로 이렇게 말할 수 있다. 그것은 하느님이 인간의 일상을 흔들어 깨우시는 은총의 방식이다. 우리가 너무 익숙해서 하느님의 현존을 잊어버린 자리, 그 자리를 낯설게 바꾸어 새로운 눈을 열어주시는 것. 예술이 컵을 거꾸로 놓음으로써 세계를 새롭게 보게 하듯, 신앙은 일상의 고정된 틀을 뒤흔들어 "보라, 내가 모든 것을 새롭게 하노라"라는 말씀을 새삼 깨닫게 한다.

괴이하고 삐딱한
현대미술

"이게 2억 원짜리야?" 현대미술관 한복판, 검은 코트를 입은 중년 관람객이 신음처럼 내뱉는다. 그의 시선은 텅 빈 듯한 캔버스, 그 한가운데 찍힌 빨간 점 하나에 못 박혀 있다. 옆에는 근엄한 활자로 제목이 적혀 있다. 〈존재의 응축〉, 2024, 캔버스에 아크릴, 200×200cm. 순간 관람객의 입꼬리가 비틀린다. 그는 한 손으로 턱을 만지며 나지막이 외친다. "야, 이거 사기 아니야?" 그 장면은 우스꽝스럽지만 동시에 묘한 씁쓸함을 안긴다. 분명 화려한 조명과 고급 액자에 둘러싸인 저 작품은, 감동이 아니라 허탈함을 남긴다. 그런데 은근히 우리를 화나게 하는 저 낯선 풍경 뒤에는 긴 배신의 서사가 숨어 있다. 언제부터 미술은 우리를 버렸는가. 언제부터 미술관이 감동의 성전이 아니라, 관객을 시험대에 세우는 고문실로 변했는가.

배신의 첫 장면은 1839년, 다게르[41]가 사진술을 발명한 순간에 펼쳐졌다. 수천 년 동안 인간의 손끝에서 태어났던 '재현의 마법'이 카메라 렌즈 앞에서 무너졌다. 렘브란트의 그림자를, 벨라스케스의 빛을, 고흐의 소용돌이를 대체할 수는 없어도, 사실 그대로의 재현만큼은 기계가 더 정확하게, 더 빠르게, 더 싸게 해냈다. 화가들은 졸지에 구시대의 장인으로 전락하는 순간이었다. 붓질로 묘사하던 세계가 셔터 한 번에 복제되자, 붓을 쥔 손에서 땀이 식었다. 더 이상 현실을 그릴 이유가 없다는 절망이 밀려왔다.

그때 인상파가 등장했다. 모네는 선언했다. "나는 사물을 그리지 않는다. 나는 빛을 그린다." 그의 연못 속에는 연꽃보다 빛의 흔적이 더 짙게 남았다. 그가 남긴 건 수련이 아니라 순간이었다. 현실의 충실한 재현이 아니라, 스쳐 지나가는 인상의 잔상. 그것이 첫 번째 배신이었다. 본질이 아니라 순간, 실재가 아니라 인상. 그러나 그 순간의 배신은 동시에 새로운 가능성의 탄생이었다.

이후 피카소는 더 과감해졌다. 그는 아예 현실을 박살냈다. 여인의 얼

---

41 Louis-Jacques-Mandé Daguerre(1787~1851), 프랑스 화가이자 발명가. 회화적 재현 중심이었던 미술에 큰 충격을 주었다.

굴을 정면과 측면에서 동시에 보여주며, "왜 한 시점에서만 보아야 하는가?"라고 묻는다. 관람객은 혼란에 빠졌다. 사과는 더 이상 사과가 아니었고, 인간은 더 이상 인간의 얼굴을 갖지 않았다. 하지만 피카소는 외쳤다. "세상은 원래 그렇게 단순하지 않다." 보는 각도마다 달라지는 진실, 그것을 캔버스에 찢어 넣은 것이다.

그리고 뒤샹이 등장했다. 1917년, 그는 변기를 미술관에 들여와 〈샘 Fountain〉이라 이름 붙였다. 이건 장난인가, 신성모독인가. 하지만 뒤샹은 당당했다. "이것도 예술이다." 그 순간 예술의 경계는 영원히 무너졌다. 관람객의 분노와 당혹, 예술가의 오만과 도발이 정면으로 충돌했다.

오늘 우리는 좀 심하게 말하면, 모든 게 예술이라는 시대를 살고 있다. AI가 그림을 그리고, 알고리즘이 전시를 기획하며, 심지어는 시장이 작품을 대신 만든다. 바나나를 벽에 테이프로 붙이면 1억 5천만 원에 팔린다. 텅 빈 화이트 큐브[42]는 '명상의 공간'이라 불린다. 알고리즘이 만든 초상화가 경매장에서 4억 원에 낙찰되며, 관람객은 어안이 벙벙해진다. '예술이란 게 대체 뭐지?'라는 질문이, 의도했든 아니든, 현대미술의 가장 강력한 메시지가 된 것이다.

그런데 이 모든 현상 뒤에는 철학적 혁명이 숨어 있다. "진리는 존재

---

42 White Cube. 흰 벽과 최소한의 장식으로, 작품만 부각되도록 설계된 전시장 구조.

하지 않는다." 포스트모더니즘의 차가운 칼날이 미술의 심장을 갈랐다. 데리다[43]는 말했다. "모든 의미는 차이에서 생겨난다. 절대적 진리는 없고, 모든 것은 해석이다." 푸코[44]는 덧붙였다. "권력이 진리를 만든다. 미술관이, 평론가가, 시장이 무엇이 예술인지 정한다." 이때부터 현대미술의 오만은 시작됐다. 작품은 관객에게 다가오지 않는다. 오히려 관객을 시험한다. 네가 이해하지 못한다면, 그건 네 무지 때문이다. 감동하지 못한다면, 네 감수성이 부족해서다.

그러나 더 큰 충격은, 현대미술이 자본주의의 가장 완벽한 상품이 되었다는 사실이다. 왜일까? 그것은 '희소성'을 인위적으로 만들어낼 수 있기 때문이다. 점 하나를 찍고 '세상에 단 하나뿐'이라고 선언하는 순간, 그것은 투자 상품으로 돌변한다. 의미 따위는 부차적이다. 중요한 건 가격표다.

갤러리스트는 작가를 키우고, 평론가는 작품에 의미를 부여하며, 컬렉터는 투자하고, 언론은 화제를 만들어낸다. 이 모든 것이 유기적으로 맞물리며, 완벽한 자본의 생태계를 구축한다. 그리고 그 중심에는 '이해 불가'라는 비밀스러운 독이 숨어 있다. 이해할 수 없을수록 더 비싸진다. 설명이 복잡할수록 더 깊어 보인다. 현대미술은 '난해할수록 비싸

---

43 Jacques Derrida(1930~2004), 해체주의를 창시한 프랑스 철학자.
44 Michel Foucault(1926~1984), 권력과 지식의 관계를 탐구한 프랑스 철학자.

다'라는 기묘한 역설을 스스로 체계화했다.

레오나르도 다 빈치는 20년 동안 〈모나리자〉를 붙들었다. 매일 붓을 갈고, 색을 덧입히고, 미소를 조율하며 집착했다. 그 집요함 끝에 완성된 작은 초상화는 500년이 지난 지금도 전 세계를 매혹한다. 반면 오늘날 제프 쿤스[45]는 수십억짜리 조각을 디자인만 하고, 제작은 공장에서 200명의 직원이 대신한다. 작가의 손끝에서 태어나던 혼은 어디로 사라졌는가? 기술 없는 예술, 그것이 과연 예술일까?

위대한 예술은 국적과 시간을 초월한다. 베토벤의 교향곡은 남녀노소, 어느 시대의 사람이든 가슴을 울린다. 그러나 현대미술은 다르다. 맥락을 알아야 하고, 해석을 배워야만 이해할 수 있다. 그렇지 않으면 무지한 대중으로 낙인찍힌다. 예술이 사람을 가르쳐야 하는가, 아니면 사람이 예술을 느껴야 하는가.

현대미술에는 하나의 금기가 있다. 예쁘다고 말하지 마라. 이 짧은 금기 속에 현대미술의 폭력이 숨어 있다. 아름다움은 천박하다고 취급되고, 감동은 진부하다고 조롱받는다. 대신 이런 단어들이 난무한다. '전복적이다', '해체적이다', '포스트모던하다.' 언제부터 아름다움과 감동이 예술에서 죄가 되었는가.

---

45 Jeff Koons(1955~), 풍선개 조각 시리즈 등으로 세계적 명성을 얻은 미국 현대미술가.

더 심각한 건, 현대미술이 철저한 엘리트주의의 탑을 세웠다는 사실이다. 위에는 작가, 큐레이터, 평론가, 컬렉터가 있고, 아래에는 이해하지 못하는 대중이 있다. 메시지는 분명하다. "너희는 몰라도 돼. 이건 우리끼리의 놀이야." 예술이 소통의 언어가 아니라, 권력의 상징이 되어버린 것이다. 그럼에도 불구하고 우리는 냉소로 끝낼 수 없다. 현대미술의 역설은 바로 여기에 있다. 그것이 우리를 배신한 듯 보이지만, 동시에 가장 중요한 질문을 던져주기 때문이다. '예술이란 무엇인가?' '아름다움이란 무엇인가?' '왜 우리는 이것을 보고 감동하는가?'

뒤샹의 변기는 100년이 지난 지금도 여전히 우리에게 묻는다. 이것이 예술이라면, 예술의 경계는 어디까지인가? 현대미술은 최소한 이 질문만큼은 놓치지 않았다. 예술은 정답을 주는 대신 질문을 던지며, 바로 그 질문이 오늘 우리를 다시 미술관으로 이끈다. 그래서 결국 처음의 질문으로 되돌아간다. 점 하나 잘 찍으면 미술이 마술이 되나?

답은 '그렇다!'이다. 단, 조건이 있다. 첫째, 진정성. 점 하나에 작가의 사유와 체험이 담겨야 한다. 둘째, 소통의 의지. 아무리 심오해도 타인과 나누려는 마음이 없다면 그것은 자위적 행위일 뿐이다. 셋째, 감동의 가능성. 설명 없어도, 해석 없어도, 심장을 두드리는 힘이 있어야 한다.

사실 문제는 현대미술이 아니라, 우리 현대인일지도 모른다. 5초 안에 자극이 없으면 지루해하고, 15초 안에 웃기지 않으면 스크롤을 내리는 우리의 눈. 이 빠르고 얕은 감각 속에서 〈모나리자〉의 미소는 너무 느리고, 베토벤의 교향곡은 너무 길며, 로댕의 조각은 너무 정적이다. 결국, 우리가 찾아야 할 것은 진짜 점 하나다. 그 점을 찾는 순간, 미술은 다시 미술이 된다.

"예술은 거짓말이다. 그러나 그 거짓말을 통해 우리는 진실에 도달한다."
―피카소

이것은
이것이 아니다

데페이즈망과 불교의 공空[46] 사상은 서로 다른 대륙에서 피어난 두 개의 꽃처럼 보인다. 그러나 조금만 더 가까이 다가가면, 두 꽃의 향기가 같은 바람에 실려 있음을 느낄 수 있다. 서양 예술의 '낯설게 하기'와 동양 철학의 '공' 사상은, 결국 같은 방향을 가리킨다. 그것은 익숙함을 무너뜨리고, 우리가 안다고 믿는 것에 물음표를 던지며, 눈앞의 세계를 처음처럼 새롭게 보게 만드는 힘이다.

아침마다 무심코 돌리던 현관문 손잡이가 어느 날 문득 낯설게 다가올 때가 있다. 늘 같은 금속의 차가움, 손바닥에 스치던 단조로운 감촉

---

[46] '실체 없음'을 뜻하는 불교 근본 개념.

인데 이상하게도 오늘은 다르게 느껴진다. 매끄러워야 할 표면이 어딘가 울퉁불퉁해 보이고, 차갑기만 하던 손잡이가 마치 살아있는 생물처럼 스멀거리며 손바닥에 전해진다. 그 순간 우리는 멈칫하며 중얼거린다. "내가 이 손잡이를 몇천 번은 잡았을 텐데, 지금까지 한 번이라도 제대로 느껴본 적이 있었을까?" 바로 그 찰나, 세계가 조금 비틀린다. 무심했던 일상의 표면이 갈라지고, 낯섦이 우리 앞에 선다. 이 낯섦의 순간이 일상에서 만나는 데페이즈망이다.

불교의 공 사상은 이 틈새를 더 깊이 파고든다. 의자는 분명 의자처럼 보이지만, 동시에 의자가 아니다. 나뭇결과 못, 장인의 땀, 시간의 흐름, 수많은 조건이 얽히고설켜 잠시 '의자'라는 이름을 빌려 머물고 있을 뿐이다. 의자라는 실체는 그 자체로 고정된 본질이 아니라, 관계의 집합이며 잠정적 형상이다. 불교는 이 상태를 '자성自性이 없음'이라 말한다. 공은 이렇게 속삭인다. "이것은 이것이 아니다." 마그리트가 파이프 그림 밑에 "이것은 파이프가 아니다"라 적었을 때, 우리를 덮쳐온 혼란이 바로 이런 깨달음이다. 눈앞의 그것은 분명 파이프 같지만, 동시에 파이프가 아니다. 바로 이 순간, 언어와 실체 사이의 틈이 드러난다.

커피 한 잔을 예로 들어보자. 출근길 카페에서 무심히 주문한 아메리카노. 우리는 그것을 단순히 '커피'라고 부른다. 그러나 데페이즈망의 눈으로 들여다보면, 그 안에는 수천 킬로미터 떨어진 고원의 농부가 새벽에 땀 흘려 수확한 열매가 들어 있고, 수백 년의 무역 역사와 제국주의의 그림자가 스며 있으며, 로스팅 장인의 불 위에서 태어난 향이 녹아 있다. 그 모든 인연과 조건들이 한 잔의 검은 액체로 모였을 뿐, '커피'라는 이름은 그 잠정적 집합을 단순히 가리키는 기호일 뿐이다. 불교의 연기緣起[47] 사상은 바로 이것을 가르친다. 어떤 것도 홀로 독립해 존재하지 않으며, 모든 것은 관계와 조건 속에서만 생겨난다. 커피는 커피이지만, 동시에 커피가 아니다.

공항에 도착했을 때의 낯섦도 떠올려보자. 공항은 인류가 만들어낸 가장 기묘한 공간이다. 한쪽은 서울이고, 한쪽은 파리며, 또 다른 한쪽은 도쿄다. 표지판의 글자는 낯설고, 익숙한 길은 사라지고, 공기의 냄새마저 다른 결을 띤다. 우리가 당연하게 여겼던 '일상'이 갑자기 해체되고, 작은 몸짓 하나조차 불확실해진다. 이 낯섦 속에서 무상無常[48]의 진리가 스며든다. 삶의 모든 조건은 고정되어 있지 않다. 우리의 익숙함은 언제든 무너질 수 있으며, 그 무너짐은 우리에게 새로운 세계를 선물한다. 불교는 오래전부터 이것을 가르쳤다. 변하지 않는 것은 없으며, 모든 것은 흐르고 변한다. 데페이즈망은 바로 이 무상을 체험하게 한다.

---

47 모든 존재가 원인과 조건에 의해 발생하고 사라지는 상호의존적 존재 방식.
48 모든 것은 순간순간 변화하며, 영원히 고정된 것은 없다는 불교의 핵심 교리.

언어의 낯섦 역시 '공'을 드러낸다. 단어 하나를 반복해서 소리 내어 말해보라. "사랑, 사랑, 사랑…." 몇 번 지나면 단어는 점점 낯설어지고, 결국은 그저 이상한 소리 덩어리로 흩어진다. 의미는 무너지고, 입술과 혀의 움직임, 공기의 떨림만 남는다. 이때 우리는 깨닫는다. 우리가 믿었던 언어의 의미란 실체가 아니라, 사회적 합의와 습관이 잠시 붙여놓은 껍질이었다는 것을. 불교는 이를 '이름과 형상名色의 허상'이라 말한다. 언어는 실재를 붙잡지 못하며, 단지 잠정적 표지판일 뿐이다. 데페이즈망은 이 허상을 무너뜨려, 공의 세계로 들어가게 한다.

현대 예술의 무대 위에서도 비슷한 체험은 찾아온다. 현대 무용 공연에서 무용수들이 무대 위에 쓰러지듯 움직이거나, 갑자기 웃음을 터뜨리며 바닥을 구른다. 그것이 춤인지, 기도인지, 혹은 고통의 몸부림인지 우리는 구분할 수 없다. 그러나 그 모호함 속에서 우리는 경계를 무너뜨리는 체험을 한다. 춤은 춤이면서 춤이 아니고, 일상이면서 일상이 아니다. 불교의 중도 사상은 바로 이런 통찰을 가리킨다. 한쪽으로 치우치지 않고, 경계와 이분법을 넘어서는 지혜. 예술은 이 중도의 체험을 몸짓으로 우리에게 전한다.

깨달음은 언제나 예고 없이 다가온다. 선불교에서 말하는 돈오頓悟[49]

---

49 점진적 수행이 아니라, 번개처럼 순간적인 통찰을 통해 도달하는 깨달음의 방식.

는 번개처럼 내리꽂히는 자각의 순간이다. 앞서 어린 시절 나무에 거꾸로 매달려 세상은 모든 것이 뒤집혀, 하늘이 땅이 되고 땅이 하늘이 되는 순간을 경험하게 한다고 했다. 우리는 그 충격 속에서 전혀 새로운 세계를 만난다. 호흡을 예로 들어도 마찬가지다. 평소 무심히 들이쉬고 내쉬던 숨결에 갑자기 집중하면, 문득 의문이 스친다. 내가 숨을 쉬는 걸까, 숨이 나를 쉬는 걸까? 그 찰나에 주체와 객체의 경계가 풀리고, 우리는 무심히 지나가던 호흡 속에서 우주적 리듬을 만난다. 데페이즈망의 충격은 바로 이런 돈오와 같다. 세계가 갑자기 비틀리며, 우리는 전혀 다른 얼굴을 마주한다.

자비와 공감 역시 이 낯섦 속에서 자라난다. 불교의 자비는 타자의 고통을 자기의 고통처럼 느끼는 감수성이다. 데페이즈망은 우리를 타자의 시선에 세워 놓는다. 예를 들어, 지하철 안에서 눈을 들어 타인의 손가락을 뚫어지게 바라본 적 있는가. 평소에는 무심히 스쳐 지나던 손이지만, 낯선 각도에서 들여다보면 주름 하나하나가 삶의 궤적처럼 읽힌다. 순간 그 사람의 세월, 노동, 고통이 전해진다. 낯섦은 타자의 내면으로 들어가는 문이 되기도 한다. 문학도 이를 보여준다. 단순히 "그녀가 떠나갔다"라고 쓰는 대신, "이제 더 이상 그녀의 깊고 서늘한 눈빛을 바라볼 수 없었다"라고 말할 때, 독자는 이별을 머리로 이해하지 않고, 심장 깊숙이 체험하게 된다. 언어의 낯섦이 자비로운 상상력으로 이어지는 순간이다.

결국, 데페이즈망과 공은 같은 진리를 가리킨다. 세상은 우리가 보는 방식에 따라 달라진다. 우리가 너무 익숙해서 무뎌져 버린 사물과 관계들을 낯설게 바라보는 순간, 세계는 다시 태어난다. 불교의 깨달음도 다르지 않다. 붙잡고 있던 집착을 놓는 순간, 우리는 자유를 얻는다.

길가의 전신주 그림자가 저녁 햇살에 길게 드리워질 때, 평소에는 무심히 지나쳤으나 어느 날 문득 그 그림자가 이상하게 우리 발목을 붙든다. 그것은 실체가 없는, 그러나 분명 존재하는 어떤 것. 그림자는 곧 공의 은유다. 사라지기에 드러나고, 드러나기에 사라지는 것. 우리가 그 순간에 발걸음을 멈추고 그 낯섦을 느낀다면, 일상은 곧 선禪이 되고, 예술은 곧 공空이 된다.

세상은 원래부터 낯설었다. 다만 우리가 익숙하다고 착각했을 뿐이다. 데페이즈망은 익숙한 세계를 다시 처음처럼 보여주고, 공은 굳어진 집착을 허물어 자유를 드러낸다. 둘은 서로 다른 길에서 출발했지만, 결국 같은 고개에서 만난다. 낯설게 보라, 그러면 새롭게 살게 되리라. 보는 방식을 바꾸는 순간, 세계는 새 얼굴을 드러낸다. 그리고 그때 우리는 깨닫는다. "이것은 이것이 아니다." 바로 그 깨달음 속에서 우리는 집착 없는 자유를 배운다.

음악은 어떻게
영원을 노래하는가

음악은 인간 실존과 분리될 수 없는 현상이다. 그것은 단순히 음향적 사건의 연속이 아니라, 인간이 존재를 경험하고 이해하는 방식 그 자체와 연결된다. 음악은 언제나 인간보다 먼저 있었다. 바람이 나뭇잎 사이를 스치며 내는 떨림, 빗방울이 지붕을 두드리며 만드는 리듬, 바다의 파도와 바람이 주고받는 장단, 태중에서 아기가 듣는 어머니 심장의 박동. 인간이 아직 말을 배우지 못했을 때, 이미 세계는 소리로 가득 차 있었다. 언어가 세상을 설명하기 위해 만들어졌다면, 음악은 세상을 감각하기 위해 주어진 선물이었다. 음악은 우리가 세계와 맺는 가장 원초적인 관계, 말보다 깊고 침묵보다 더 분명한 울음이었다. 따라서 음악은 인간과 세계 사이의 최초의 매개 형식이며, 언어보다 앞선 실존적 언어다.

고대철학자들은 이 신비에 귀 기울였다. 피타고라스는 천체의 운동에서 '천상의 음악'을 들었다고 했고, 플라톤은 음악을 영혼의 가장 중요한 훈육으로 여겼다. 그러나 신학적 시선에서 본다면, 음악은 단순히 세계의 질서를 반영하는 것이 아니라, 태초에 말씀하신 하느님의 울림을 잇는 메아리였다. "태초에 말씀이 있었다"라는 구절 속의 말씀(로고스)은 곧 울림이고, 울림은 곧 음악이었다. 음악은 창조의 순간부터 존재한 신의 호흡이며, 그 숨결 속에서 인간은 자신의 목소리를 배웠다. 인간은 태어나 울음으로 세상에 들어오고, 마지막 순간에도 한숨으로 떠나간다. 그 사이의 삶은 하나의 긴 음악이며, 매 순간은 악보 없는 즉흥곡이었다.

역사를 따라가면 음악은 언제나 인간의 운명을 증언하면서 동시에 신의 현존을 암시했다. 바흐의 푸가는 단순한 작곡이 아니라 '오직 하느님께 영광을'이라는 신앙고백이었다. 그의 칸타타 속에서 울리는 합창은 단지 아름다운 화성 이상의 것이었다. 그것은 기도였으며, 말씀을 소리로 옮긴 성스러운 해석이었다. 모차르트의 음악은 천진한 인간의 웃음을 담으면서도 동시에 하늘의 광휘를 비췄다. 베토벤의 교향곡은 청각을 잃어가는 고통 속에서 울린 존재의 절규였지만, 동시에 세계질서에 맞서 싸우는 인간 정신의 승리를 증언하는 신학적 고백이었다. 음악은 이처럼 늘 역사와 시대를 넘어, 인간과 신의 만남의 자리를 열어왔다.

20세기에 들어서 음악은 자기 언어의 규칙조차 의심하기 시작했다.

스트라빈스키의 〈봄의 제전〉은 리듬과 화성의 기존 체계를 전복하며, 음악이 반드시 조화롭거나 아름다워야 한다는 관습을 깨뜨렸다. 쇤베르크는 12음 기법을 통해 조성의 구속을 제거하고, 모든 음을 동등하게 만들었다. 이는 음악을 하나의 해방된 언어로 만든 동시에, 인간존재가 직면한 불안과 자유를 동시에 반영했다. 재즈는 즉흥성과 변주의 미학을 통해 타자의 목소리를 음악 속에 들려주었다. 여기서 음악은 단순히 작곡가의 창작물이 아니라, 연주자와 청중, 즉 관계 속에서 끊임없이 새롭게 생성되는 사건이었다.

그러나 음악은 덧없다. 그림은 캔버스에 남고, 시는 종이에 새겨지고, 조각은 돌 속에서 영원을 꿈꾼다. 그러나 음악은 흘러가고 사라진다. 남는 것은 단지 기억 속의 잔향일 뿐이다. 하지만 이 덧없음은 신학적으로 깊은 의미를 지닌다. 사라짐 속에서만 드러나는 것, 보이지 않음 속에서만 들리는 것, 바로 이것이 영성의 자리다. 음악은 붙잡히지 않기에 우리를 초월로 열어젖히며, 그 순간이 다시는 반복되지 않기에 영원과 닿는다. 미사 속의 성가가 울려 퍼지다가 사라지는 순간, 우리는 그 소멸 속에서 하느님의 영원을 어렴풋이 경험한다. 음악은 영원의 문턱에서 인간의 덧없음을 드러내며, 동시에 그 덧없음을 넘어서는 희망을 선물한다.

음악은 또 가장 정직하다. 감정을 숨기지 않는다. 울음은 울음대로, 기쁨은 기쁨대로 드러난다. 그렇기에 음악은 죄 없는 언어다. 시편 기록자가 "나의 노래가 주께 드리는 기도"라 했듯, 음악은 가장 투명한 기도였다. 쇼스타코비치의 음울한 화성은 억압의 시대를 증언했고, 말러의 교향곡은 절망과 희망이 얽힌 인간의 실존을 보여주었다. 그러나 이 모든 음악은 결국 어딘가로 향한다. 깊은 고통조차 마지막에는 '주여 자비를'이라는 기도의 화음으로 스며든다. 참된 음악은 인간의 가장 어두운 방 안에 들어가 불빛을 놓아두고, 꺼져가는 심지 위에 다시 불꽃을 일으킨다. 그것은 하느님의 손길과도 같은 치유였다.

음악은 인간을 서로 잇는다. 언어를 몰라도, 국적이 달라도, 심지어 신앙이 달라도 음악 앞에서 우리는 눈물을 흘린다. 이는 단순한 감정의 교류가 아니라, 영혼의 언어를 나누는 일이다. 베토벤의 9번 교향곡 〈환희의 송가〉가 전 세계에서 울려 퍼지는 이유는, 그것이 단지 아름답기 때문이 아니라, 그 안에 '형제애'라는 복음적 메시지가 숨 쉬고 있기 때문이다. 음악은 신학적으로 '교회'의 은유와도 같다. 서로 다른 사람들이 모여 화음을 이루듯, 교회는 제각각 다른 존재들이 모여 그리스도의 몸을 이룬다. 음악은 우리에게 보여준다. 차이를 넘어 하나 될 수 있는 길이 있다는 것을.

음악은 결국 인간존재의 은유이자 신비다. 심장은 쉼 없이 박자를 새기고, 호흡은 프레이즈를 만들며, 삶은 악보 없는 즉흥곡으로 흘러간다. 인간의 생애는 하나의 교향곡이고, 그 지휘자는 보이지 않는 하느님의 손길이다. 때로는 불협화음 같고, 때로는 웅장한 화음 같지만, 전체를 돌아보면 그것은 사랑의 서곡이다. 우리가 음악을 듣는다는 것은 단순히 소리를 즐기는 일이 아니다. 그것은 곧 우리의 본질을 기억하는 일, 하느님의 말씀이 지금도 우리 안에서 울리고 있다는 것을 체험하는 일이다.

그러므로 음악은 장식이 아니다. 음악은 존재의 증언이고, 영혼의 기도이며, 사랑의 언어다. 음악은 우리에게 묻는다. 너는 어디에서 와서 어디로 가는가? 너는 무엇을 사랑하며 누구를 섬기는가? 이 질문 앞에서 우리는 종종 침묵한다. 그러나 바로 그 침묵 속에서 우리는 안다. 음악이 이미 대답하고 있음을. 음악은 침묵을 깨우는 소리이자, 침묵을 완성하는 소리다. 그리고 그 소리 속에서 우리는 마침내 자기 자신과 타인과 그리고 영원한 신의 현존과 마주한다.

따라서 음악은 단순한 예술 형식이 아니라, 존재론적 사건이며 인식론적 통찰이고, 미학적 체험이자 신학적 계시다. 음악은 우리에게 묻는다. 너는 누구인가, 너는 무엇을 사랑하는가, 너는 어디로 가고 있는가. 이 질문 앞에서 우리는 침묵할 수 없다. 음악은 침묵을 깨우는 소리이자, 동시에 침묵을 완성하는 소리다. 그리고 그 소리 속에서 우리는 비로소 자기 자신과 세계, 그리고 궁극적 실재와 마주한다.

추상에 대한
오해와 편견

추상 앞에서 사람들은 종종 멈칫한다. '도대체 이게 뭔가요?'라는 질문이 입술 끝에 맴돌고, 어쩌면 속으로는 '나만 이해 못 하는 건가?' 하는 불안이 엄습한다. 그러나 사실 추상은 가장 난해한 예술이 아니라, 가장 오래되고 가장 친숙한 언어다. 그것은 문명과 제도가 그 위에 덧칠한 두꺼운 설명의 층 때문에 낯설어 보일 뿐, 본래는 누구나 알고, 누구나 사용할 수 있는 인간의 근원적 표현 방식이었다.

추상은 서구의 화가들이 어느 날 갑자기 발명한 새로운 언어가 아니다. 1910년경 칸딘스키[50]가 처음 추상화를 그렸다고 기록된 것은 서구

---

50   Wassily Kandinsky(1866~1944), 러시아 출신 화가. 20세기 초 아방가르드 운동의 핵심 인물.

미술사의 편의일 뿐, 인류는 그림을 그리기 시작한 순간부터 이미 추상을 그려왔다. 동굴이나 바위에 새겨진 암각화 속 단순한 선과 도형, 아프리카 부족 가면의 기하학적 얼굴, 호주 원주민 점화의 패턴, 이슬람 사원의 끝없이 이어지는 별무늬와 곡선. 그 모든 것이 이미 추상의 언어였다. 추상은 '발명'된 것이 아니라, '발견된 것'이다. 단지 유럽의 화가들이 그것을 자신들의 이름으로 서명했을 뿐이다.

그러니 추상 앞에서 느끼는 당혹은 오히려 문명의 편견이 만들어낸 착각이다. 우리는 추상이라는 가장 인간적인 언어를, 20세기 미술관의 흰 벽과 난해한 비평 속에 가둬놓고, 어렵다고 스스로 오해하게 된 것이다. 그러나 할머니의 바느질로 태어난 보자기 무늬, 부엌 찻잔의 유약 자국, 벽지의 반복된 문양, 아이가 종이에 끼적이는 무심한 선 하나, 그 속에 추상은 늘 우리 곁에 있었다. 추상은 낯설지 않다. 오히려 우리가 너무 익숙해져 알아차리지 못할 뿐이다.

추상은 언어 이전의 언어다. 아기가 태중에서 처음 접하는 것은 말이 아니라, 어머니 심장의 리듬이다. 첫울음은 단어가 아니라 순수한 음향, 존재의 발화다. 추상 역시 그런 울림이다. 특정 대상을 흉내 내는 재현이 아니라, 존재와 세계가 맞부딪히며 낳은 떨림의 흔적이다. 그래서 추상은 인간의 가장 깊은 차원과 연결된다. 플라톤이 음악을 영혼을 닦는 도야라고 보았다면, 추상은 눈의 음악이라 할 수 있다. 선과 색은 시각적 음표이고, 그림 전체는 시각적 교향곡이다.

철학자 피타고라스는 세계의 근원을 '수'와 '비율'에서 찾았다. 그는 별들의 움직임, 음정의 비율 속에서 우주의 조화를 보았다. 추상 역시 같은 맥락에 놓인다. 기하학적 문양 속에서, 원과 선, 반복되는 패턴 속에서 인간은 존재의 질서를 경험한다. 그것은 단순한 장식이 아니라, 우주의 울림을 모사한 언어다. 기하학적 추상 앞에 설 때 우리가 느끼는 설명하기 힘든 평안은, 사실 존재의 조화에 대한 원초적 기억 때문이다.

기독교 신학도 이 흐름을 이어받았다. 아우구스티누스는 "노래하는 것은 두 번 기도하는 것"이라 했는데, 추상 역시 그러하다. 언어가 닿지 못하는 곳에 색과 선이 닿는다. 그레고리오 성가[51]가 반복적 리듬으로 영혼을 정화하듯, 추상적 형태와 색의 울림은 인간의 내면을 신 앞에 열어젖힌다. 바흐가 음표 배열 속에 신학적 고백을 새겨 넣었듯, 추상도 캔버스 위에 하나의 기도문을 남긴다. 우리는 그 앞에서 의미를 해석하기보다, 영혼을 흔드는 떨림을 느낀다. 그것이면 충분하다.

문제는 근대 이후 제도화된 예술 시스템이다. 미술관과 아카데미는 추상을 '형식주의', '비재현성', '모더니즘' 같은 무거운 용어로 둘러싸고, 그것을 고도로 이론화했다. 추상은 엘리트의 언어로 포장되었고, 일반인에게는 낯설고 어려운 예술처럼 느껴졌다. 그러나 그 모든 포장을

---

51 Gregorian Chant. 중세 서방 교회에서 발전한 단성 성가.

걷어내면, 추상은 단순하다. 빨강을 보면 뜨겁고, 파랑을 보면 시원하며, 원은 부드럽고, 각은 날카롭다. 그것이 전부다. 이 직접성과 즉시성이야말로 추상의 본질이다.

추상은 음악과도 같다. 우리는 음악을 들으면서 이 곡이 무엇을 의미하는지 묻지 않는다. 단지 선율과 리듬이 주는 울림을 따라가며, 슬픔과 기쁨, 평화와 격정을 느낀다. 추상 역시 그렇다. 무엇을 의미하는가보다 무엇을 느끼게 하는가. 이 차이를 깨닫는 순간, 추상은 더 이상 난해하지 않고, 오히려 음악처럼 친근해진다.

아이들의 그림은 이 사실을 증명한다. 아이는 집을 그릴 때, 사각형 위에 삼각형을 올려놓는다. 사람을 그릴 때, 동그라미와 선 몇 개로 요약한다. 그 단순한 도형 속에 아이는 집과 사람을 담아낸다. 그것이 바로 추상이다. 아이들은 태어날 때부터 추상 예술가다. 그들은 아직 사실적으로 그려야 한다는 강박에 물들지 않았고, 세계를 단순화하고 과장하면서 가장 솔직한 감정을 색과 형태로 드러낸다. 그래서 아이들의 그림은 우리를 웃게 하면서 동시에 울린다. 그것은 원초적 진리의 언어이기 때문이다.

추상은 또한 불교의 공空 사상과도 닮아있다. 고정된 실체를 붙잡지 않고, 관계와 흐름 속에서만 존재하는 것. 추상 역시 구체적 대상을 고정하지 않는다. 그것은 '무엇'이 아니라 '어떻게'를 말한다. 선의 흐름,

색의 울림, 형태의 반복 속에서 우리는 존재의 무상성을 느낀다. 음악이 울리는 순간 사라지듯, 추상도 바라보는 순간 새롭게 생성되고, 곧 사라진다. 추상은 실체가 아니라 사건이며, 객체가 아니라 경험이다.

그렇다면 추상을 어떻게 즐길 수 있을까? 첫째, 의미를 찾으려 하지 말 것. 추상은 상징이 아니라 감각이다. 작품 앞에 서서 '이게 뭐지?'라고 묻는 대신, '이건 나에게 어떤 기분을 주는가?'라고 묻는 것. 둘째, 일상에서 추상을 발견할 것. 카페 대리석 테이블의 무늬, 유리창에 맺힌 빗방울, 아파트 벽의 타일 패턴. 이미 세상은 추상으로 가득하다. 셋째, 직접 그려볼 것. 좋아하는 색을 마음대로 칠하고, 아무렇게나 선을 긋고, 기분 나는 대로 도형을 채워보라. 그것이 추상이다. 아이들이 늘 하던 것처럼.

추상은 본래 가장 민주적이고 보편적인 언어였다. 특별한 교육 없이도 누구나 이해하고 참여할 수 있었다. 그것을 어렵게 만든 것은 제도적 시스템이었다. 그러니 추상 앞에서 주눅 들지 말라. 추상은 당신의 것, 우리의 것이다. 그것은 이미 당신 곁에 있다. 할머니 집 밥상 위의 조각보, 아이의 낙서, 길가의 그림자 속에. 추상은 언제나 거기에 있었다.

추상은 단순한 미술 양식이 아니다. 그것은 인간존재의 근원적 언어이자, 철학적 사유이며, 신학적 체험이다. 추상은 우리에게 말한다. 너는 누구인가? 너는 무엇을 사랑하는가? 너는 어디로 가고 있는가? 추상은 색과 형태로 던지는 이 질문 앞에서, 우리는 결국 자기 자신과 마주하게 된다. 그리고 그 순간, 추상은 단순한 그림이 아니라 존재의 기도가 된다.

텅 빈 캔버스에 남은 질문

현대미술은 도대체 무엇을 말하려는 걸까? 우리는 종종 미술관에 들어서는 순간부터 나올 때까지 이 질문에 사로잡힌다. 캔버스 위에 단 몇 개의 선만 덩그러니 그려져 있는 그림 앞에 서면 마음 한구석에서 당혹감이 불쑥 올라온다. 말 없는 캔버스는 우리를 시험이라도 하듯 아무것도 설명해주지 않는다. 더 나아가 어떤 전시는 일상의 오브제를 그대로 가져다 놓기도 한다. 세탁기, 식탁, 쓰레기통, 심지어는 죽은 동물까지. 그 앞에서 우리는 묻는다. 이것을 왜 여기에 두었지? 그리고 왜 우리는 여기에 경외의 눈길을 보내야 하는 거지?

이 불편함은 단지 개인의 무지 때문이 아니다. 오히려 그것은 예술의 본질에 관한 근본적인 질문과 마주하는 경험이다. 아름다운 것만을 보여주던 예술이 어느 순간 우리를 불편하게 하고 혼란스럽게 만들기 시작했다. 그리고 바로 그 지점에서 현대미술은 시작된다.

20세기의 두 차례 세계대전은 인간의 세계관을 근본적으로 흔들었다. 르네상스 이후 쌓아온 이성과 문명의 자부심은 히틀러의 전쟁, 아우슈비츠의 학살, 히로시마의 원자폭탄 앞에서 무너졌다. 과학은 구원을 주기는커녕 파괴의 도구가 되었고, 정치와 종교의 권위는 잔혹한 폭력에 가담하거나 침묵했다. "신은 죽었다"고 선언한 니체의 외침이 마침내 피부에 와닿는 시대가 도래한 것이다. 이 시대의 예술가들이 고전적 아름다움만을 노래할 수 있었을까? 그럴 수 없었다.

전쟁 이후, 예술은 화려한 신화를 걸치지 않았다. 예술은 상처 입은 몸으로, 부서진 언어로, 뒤틀린 선과 찢긴 색채로 우리 앞에 나타났다. 그것은 단순히 형식의 혁신이 아니라 인간 실존을 증언하는 절규였다. 잭슨 폴록[52]이 캔버스 위에서 몸을 흔들며 물감을 흩뿌렸을 때, 그것은 장난이 아니었다. 존재가 흔들리는 순간의 기록, 인간의 심연에서 솟아오르는 절박한 흔적이었다.

그러나 동시에 예술은 새로운 부담을 떠안았다. 기존의 가치와 질서가 무너졌을 때, 사람들은 적어도 예술만큼은 '진짜'를 보여주기를 바

---

52 Jackson Pollock(1912~1956), 추상표현주의 대표 화가. '액션 페인팅'의 개념을 제시했다.

랐다. 정치도 거짓이고 종교도 흔들리고 과학도 파괴적인 결과를 낳을 때, 예술은 마지막 보루가 되었다. 그래서 현대미술에서 가장 중요한 화두는 진정성이었다. 예술이 상업화되고 미술관과 갤러리가 하나의 산업이 되면서도, 사람들은 여전히 예술에서 진짜 목소리를 찾고 싶어 했다.

여기서 역설이 시작된다. 미술관에서 우리가 마주하는 작품은 점점 더 낯설고 이해하기 어렵게 변해가는데, 정작 사람들이 그것을 보는 이유는 '진짜를 찾고 싶어서'라는 사실이다. 설명되지 않는 색면, 기능을 잃은 오브제, 심지어는 텅 빈 방조차 우리가 그 앞에서 한동안 머무르는 이유는 어쩌면 이 안에 진짜가 숨어 있을지도 모른다는 기대 때문이다.

그러나 또 다른 문제는 예술이 동시에 시장의 논리 속에 갇히게 되었다는 것이다. 한 작품이 수십억 원에 거래되는 세계, 투자 상품이 되어버린 그림들. 우리는 그런 가격표 앞에서 진정성을 다시 묻지 않을 수 없다. 정말 이 작품은 진짜인가, 아니면 단지 가격 때문에 숭배되는 또 다른 우상일 뿐인가.

20세기의 시작은 인간에게 황홀한 약속처럼 보였다. 과학은 비약적으로 발전했고, 산업혁명은 인간이 자연을 정복하고 있다는 환상을 키웠다. 그러나 그 빛은 곧 어둠을 드러냈다. 전쟁의 참호 속에서 인간의 몸은 총알과 가스 앞에 무력하게 쓰러졌다. 인간이 이성과 과학으로 세운 문명이 얼마나 쉽게 파괴의 도구로 변할 수 있는지를 지켜보았으며,

예술가들은 더 이상 고전적 아름다움과 조화를 노래할 수 없었다. 인간은 이제 아무런 절대적 기준도 없는 세계 속에서 살아가야 했고, 예술가들은 새로운 언어를 찾아야만 했다. 그 언어는 때로는 난해하고, 불편하고, 파괴적이었다. 그러나 그것은 진실을 향한 몸부림이었다.

잭슨 폴록의 액션 페인팅은 그 몸부림의 상징이었다. 그는 붓을 버리고 캔버스를 바닥에 놓았다. 그리고 온몸을 던져 물감을 흩뿌리고, 흔들고, 튀기며 작품을 만들어냈다. 그것은 단순히 기법의 혁신이 아니었다. 존재 전체가 순간 속에 녹아드는 실존의 제스처였다. 마크 로스코의 색면 회화는 또 다른 방식으로 진실을 추구했다. 단순한 색의 사각형이지만, 그 앞에 서면 성소와 같은 침묵이 찾아온다. 로스코 자신은 자신의 그림을 종교적 경험이라고 불렀다. 그의 색채는 기도였고, 캔버스는 하나의 제단이었다.

예술은 이렇게 종교의 빈자리를 대신하려 했다. 절대적 진리가 무너진 시대, 예술은 마지막 남은 진실의 언어였다. 아도르노는 "아우슈비츠 이후 시를 쓰는 것은 야만"[53]이라고 말했지만, 아이러니하게도 그 이후에도 시와 예술은 멈추지 않았다. 말할 수 없을 만큼 끔찍한 사건이 있었기에, 인간은 새로운 언어로 증언해야 했던 것이다.

그러나 이와 동시에 예술은 시장의 손아귀에 들어갔다. 작품은 경매

53　Theodor Ludwig Wiesengrund Adorno(1903~1969)의 『문화비판과 사회』(1949).

에서 거래되는 상품이 되었고, 미술관은 자본의 성지가 되었다. 예술은 진실을 말하려 했지만, 그 진실은 곧 가격표에 붙잡혔다. 미술 시장의 성장과 함께, 진정성이라는 단어는 더욱 절실한 가치가 되었다.

사르트르는 "존재가 본질에 앞선다"[54]고 말했다. 현대미술은 바로 이 실존주의적 명제를 화폭에 옮긴다. 미리 정해진 아름다움의 기준은 없다. 각 예술가는 자신의 존재를 통해 새로운 의미를 창조한다. 그래서 어떤 작품은 무질서하고 불완전해 보이지만, 그것은 그 자체로 존재의 진실을 드러내는 방식이다.

그러나 20세기 예술은 거대한 모순 속에서 움직였다. 진실을 갈망하면서도 시장과 제도의 그물에 얽히고, 새로운 언어를 찾으면서도 관객을 낯설게 만들었다. 그러나 바로 이 모순이 현대미술의 가장 정직한 초상일지 모른다.

현대미술 앞에서 우리는 늘 두 개의 시선을 교차시킨다. 하나는 의심하는 눈, '이게 진짜일까?' 하는 회의의 눈길이고, 다른 하나는 기대하는 눈, '그래도 무언가 숨겨진 진실이 있지 않을까?' 하는 갈망의 눈길이다. 실존주의 철학자들은 인간이 더 이상 절대적 의미의 보호막 속에 살 수 없다고 말했다. 인간은 불안 속에 내던져진 존재다. 현대미술은

---

[54] 『실존주의는 휴머니즘이다』(1946) 강연에서 제시한 말.

이 실존적 조건을 고스란히 보여준다.

자크 데리다는 기존의 이분법, 즉 아름다움과 추함, 숭고와 세속, 성스러움과 속됨을 해체해야 한다고 주장했다. 앤디 워홀이 〈캠벨 수프 캔〉을 내놓았을 때, 사람들은 분노했다. 그러나 바로 그 분노 속에서 '예술이란 무엇인가?'라는 질문이 다시 불붙었다. 해체는 파괴가 아니라 질문의 재점화였다.

신학 역시 현대미술과 기묘하게 조응한다. 전통 종교가 절대적 교리로 세상을 설명하던 시대는 끝났다. 카를 라너는 "현대인은 신비를 경험하지 않으면 신앙인일 수 없다"고 말했다. 로스코의 색면 회화 앞에서 사람들이 종교적 침묵에 잠기는 이유는, 그 색채의 심연이 말 없는 신비를 경험하게 하기 때문이다.

현대미술과 현대 종교 모두 진정성이라는 동일한 화두를 붙잡고 있다. 교회가 형식적인 의례와 권력 다툼 속에서 신뢰를 잃어갈 때, 신앙인은 진짜 신앙을 묻는다. 예술이 상업적 제도와 자본의 논리에 갇혔을 때, 관객은 진짜 예술을 묻는다. 결국, 진정성이란 거대한 권위나 시스템을 의심하면서도 그 속에서 잃지 않으려는 인간의 마지막 고백이다.

리처드 로어 같은 현대 신비주의 신학자는 "모든 것을 품는 하느님"을 이야기한다. 현대미술 역시 이와 같은 포괄성을 지향한다. 이제 미술은 아름답고 조화로운 것만을 다루지 않는다. 파편과 쓰레기, 죽은 동물과 낡은 물건도 작품이 된다. 그것은 존재의 어두운 면까지도 숨김없이 드러내려는 시도다. 성육신의 미학처럼 거룩함이 하늘이 아니라 더러운 땅에 내려와 머문다는 고백이다.

문제는 진정성이 어떻게 확인되는가 하는 것이다. 사르트르의 말처럼, 진정성은 스스로 선택하고 책임지는 삶의 태도에서 나온다. 예술가가 자신의 내면에서 우러난 진실을 표현할 때, 그 결과물이 관객에게 불편하더라도 그것은 여전히 진정하다. 그러나 시장이 그 고통을 팔리는 서사로 소비할 때, 진정성은 왜곡된다. 아이러니하게도, 진정성은 추구하는 순간 이미 의심받는다.

이 딜레마는 종교에서도 똑같이 나타난다. '진심으로 기도해야지'라고 의식하는 순간, 이미 기도는 어색해진다. 진짜 기도는 의식하기 전에 터져 나오는 절규나 감사의 속삭임이다. 마찬가지로 진짜 예술은 진정성을 보여주겠다는 의도가 아니라, 표현하지 않고는 견딜 수 없는 내적 충동에서 비롯된다.

철학과 신학이 가르쳐주는 것은, 진정성이란 고정된 상태가 아니라 하나의 과정이라는 점이다. 질문하고, 흔들리고, 실패하면서도 끝내 포기하지 않는 과정. 현대미술의 진정성도 바로 여기에 있다. 그것은 하나의 완성된 답이 아니라 끝나지 않는 탐구의 길이다. 관객이 작품 앞에서 불편함을 느끼고, 질문을 품고, 자기 내면의 빈틈을 직면할 때, 이미 진정성은 일어난 것이다.

그러나 오늘날 진정성의 위기는 시장만이 아니라 기술의 변화에서도 드러난다. 인공지능이 그림을 그리고, 알고리즘이 음악을 만들며, 가상 현실 속에서 관객은 작품 안으로 들어간다. 우리는 다시 묻는다. AI가 만든 그림에도 진정성이 있을까? 인간적 체험이 배제된 창작에서 진짜가 가능할까? 이 질문은 낯설지만, 역사적으로 반복되어온 논쟁이다. 사진이 처음 등장했을 때도 사람들은 말했다. "기계가 찍은 이미지는 예술일 수 없다." 그러나 지금 사진은 당당한 예술 매체가 되었다.

그러나 분명한 차이는 있다. 인간은 감정을 나누고 의도를 품는다. 기쁨, 슬픔, 분노, 사랑 같은 내적 동요가 작품의 동력이 된다. AI는 아직 그 감정을 갖고 있지 않다. 진정성은 바로 그 감정의 공유에서 발생한다. 하지만 인간의 창작도 전적으로 무에서 나온 것이 아니다. 이미 보고 들은 경험과 기억의 조합 속에서 우리는 새로운 것을 만든다. AI 역시 데이터를 재조합할 뿐이다. 그렇다면 인간의 창작과 AI의 산출은 본질적으로 얼마나 다른가? 이 질문은 우리 시대 예술이 직면한 철학적 딜레마다.

또 다른 층위는 생태적 차원이다. 인간 중심적 세계관이 한계에 봉착하면서 예술 역시 자연과의 관계를 다시 묻는다. 앤디 골드워시[55]는 나뭇잎, 돌, 얼음 같은 자연의 재료로 작품을 만들고, 그것이 시간이 흐르며 사라지도록 내버려둔다. 시장에서 오래 보존되어 거래되는 작품이 아니라, 자연의 주기 속에 사라지는 흔적이다. 여기서 진정성은 영원히 남는 것이 아니라 순간에 충실하고 흔적조차 자연에 돌려주는 것으로 이해된다.

생태적 미학은 신학과도 맞닿는다. 불교의 연기법, 기독교의 창조 영성은 모두 존재의 상호의존성을 말한다. 미술이 이러한 세계관을 반영할 때, 진정성은 인간만의 고백이 아니라 존재 전체의 상호 울림으로 확장된다.

결국 시장, 기술, 생태라는 서로 다른 영역은 같은 질문으로 모인다. 무엇이 진짜인가? 인간의 감정인가? 의도인가? 체험인가? 아니면 그 순간의 충실한 현존인가? 어쩌면 진정성은 판단의 기준이 아니라 살아 있는 과정일지 모른다. 예술가가 자신에게 솔직하고, 관객이 작품 앞에서 자기 내면의 울림을 느끼는 순간, 진정성은 이미 일어난 것이다. 그것이 팔리든 사라지든, 기계가 만들었든 자연이 삼켜버리든, 진정성은 형식이 아니라 만남의 사건이다.

진정성은 완성된 답이 아니라 끝나지 않는 질문이다. 작품 앞에서 느

---

55 Andy Goldsworthy(1956~), 영국 출신 환경미술가. 작품이 자연의 순환 속에서 소멸하도록 의도했다.

끼는 불편함, 의심, 갈망, 침묵이 모두 진정성의 다른 얼굴이다. 현대미술은 이 질문을 멈추지 않게 한다. 답을 주지 않고 질문을 던지는 것, 위로보다 불편함을 건네는 것, 확신 대신 흔들림을 안기는 것. 그것이 우리 시대의 진실한 얼굴일 수 있다.

그래서 미술관에 선 우리는 다시 묻는다. 이것은 진짜일까? 그리고 이 질문은 결국 작품을 넘어 우리 자신의 삶을 향한다. 나는 지금 얼마나 진실하게 살고 있는가? 내 말과 행위, 내 신앙과 사랑은 얼마나 가식 없는 고백인가? 현대미술의 진정성은 결국, 우리 자신에게 돌려진 거울이다. 작품 앞에서 우리는 예술을 묻는 동시에 스스로의 존재를 묻는다. 그 순간, 비록 완벽한 답은 얻지 못하더라도, 우리는 조금 더 진실한 인간으로 다가간다. 그것이 현대미술이 우리에게 남겨주는 선물이자 도전이다.

침묵의 강 위에 귀를 기울이다

우리는 모두 거대한 강 위에 떠 있는 조각배 같다. 시간의 강, 의식의 강, 존재의 강. 배는 쉼 없이 흘러가는데, 아이러니하게도 정작 우리는 이 물살의 노래를 듣지 못한다. 우리 귀에는 이미 너무 많은 소음이 가득 차 있기 때문이다. 지하철역에서 쉴 새 없이 흘러나오는 안내방송, 엘리베이터 안을 채우는 광고 멘트, 카페마다 당연한 듯 흐르는 음악. 현대문명은 침묵을 불안해한다. 잠시라도 고요가 스며들면, 우리는 곧바로 무언가로 메우려 한다. 마치 침묵이 결핍이고, 소리가 곧 충만인 것처럼 믿어버린다.

하지만 정직하게 말해보자. 우리가 두려워하는 것은 침묵 그 자체가 아니다. 진짜 무서운 건 침묵 속에서 불쑥 떠오르는 또 다른 소리다. 그것은 외부의 잡음이 아니라, 우리가 도망쳐온 자기 자신의 목소리, 흐름 속에서 마주치는 민낯 같은 것이다.

1952년 존 케이지[56]가 내놓은 문제적 작품 〈4분 33초〉. 악보에는 음 하나 적히지 않고, 연주자는 무대 위에서 4분 33초 동안 아무 소리도 내지 않는다. 관객들은 처음엔 당황하고, 이내 불편해지고, 결국은 자기들이 얼마나 많은 것을 듣지 않고 살아왔는지를 깨닫는다. 케이지는 말한다. "침묵은 존재하지 않는다. 세상은 언제나 소리로 가득하다." 그 말은 단순한 음향학적 지적이 아니다. 존재의 근본에 관한 선언이다. 우리가 '무無'라 부르는 그 공간에도 사실은 수많은 흐름이 꿈틀거리고 있다. 우리가 그것을 듣지 못하는 건, 흐름이 없어서가 아니라 우리가 귀를 닫아버렸기 때문이다.

그 순간 관객들은 알게 된다. '아무 소리 없는 시간'이라고 믿었던 공간은 사실 온갖 소리들로 넘쳐나고 있음을. 옆 사람의 기침, 의자가 삐걱이는 소리, 무심한 발걸음, 심지어는 자신의 호흡과 심장박동까지. 케이지의 음악은 우리에게 소리를 들려주는 대신, 침묵이라는 강 위에 귀를 기울이는 법을 가르친다.

하이데거는 이런 흐름의 성격을 "자기를 숨기면서 드러내는 존재"라

---

56 John Cage(1912~1992), 미국의 작곡가·음악 사상가. 실험성과 우연성의 기법을 도입했다.

불렀다. 존재는 우리가 잡으려는 순간 이미 도망간다. 손으로 물을 움켜쥐면 손가락 사이로 빠져나가는 것처럼. 그렇다면 존재와 마주하는 길은 단순하다. 움켜쥐지 않는 것. 그는 그것을 '내맡김'[57]이라 했다. 욕망과 조작을 내려놓고, 흐름이 스스로 말하도록 내버려두는 것. 그러나 현대인에게 가장 어려운 게 바로 이 '내맡김'이다. 우리는 늘 무언가를 '해야 한다'는 강박에 시달린다. 성취해야 하고, 증명해야 하고, 보여줘야 한다. 하지만 흐름 위에서는 역설적이게도 그 모든 '해야 함'이 오히려 방해물이다. 강을 건너려면 발버둥 치는 게 아니라, 몸을 띄워야 한다.

메를로퐁티는 우리의 지각마저도 이 흐름 위에서 춤춘다고 보았다. 우리가 무엇인가를 본다는 것은 그 사물이 배경의 흐름 위로 부상해오는 순간이다. 배경이 없다면 전경도 없다. 침묵이 없다면 소리도 없다. 그러므로 침묵은 결코 공백이 아니다. 그것은 소리가 태어나는 자궁이고, 의미가 흘러나오는 원천이다. 그런데 현대 사회는 모든 것을 전경으로 만들고 싶어 한다. 모든 소리가 주인공이 되려 하고, 모든 메시지가 동시에 경쟁한다. 그 결과, 정작 우리는 흐름 자체를 듣지 못한다.

여기서 신학이 흥미롭게 고개를 든다. 카를 라너는 인간을 "절대 신비를 향해 열린 존재"라 했다. 인간은 태생적으로 자신을 넘어서는 흐름

---

[57] 의지와 조작을 멈추고 존재가 스스로 드러나도록 허용하는 태도.

속에 놓여 있고, 그 흐름을 향한 갈망이 인간 정체성의 가장 깊은 본질이다. 라너에게 침묵은 단순한 정적이 아니다. 그것은 신비가 인간에게 스며드는 통로다. 하느님은 시끄러운 주장과 계산 속이 아니라, 언어가 멎은 자리에서 찾아온다.

그가 말한 유명한 문장, "인간은 말씀의 청자다"[58]는 선언은 바로 이런 맥락에서 이해해야 한다. 우리는 들음 속에서 존재한다. 그러나 진짜 들음은 침묵 위에서만 가능하다. 왜냐면 신의 말씀은 우리의 언어와 논리를 훌쩍 넘어서는 근원적 흐름이기 때문이다. 라너는 '개념의 우상숭배'를 경계했다. 신비를 설명하려는 순간, 이미 그것은 신비가 아니다. 진정한 신앙은 침묵 속에서 기다리는 법을 배우는 데서 시작한다.

틸리히 역시 하느님을 '존재 자체'라고 불렀다. 신은 존재자 중 하나가 아니라, 모든 존재를 가능하게 하는 근원적 흐름이다. 이 관점에서 보면 침묵은 곧 신의 또 다른 이름이 된다. 침묵은 모든 말이 흘러나오는 바탕이고, 모든 소리가 돌아가는 근원이다.

이 흐름은 예술에서도 드러난다. 20세기의 예술이 인간의 내면을 '표현'하는 데 주력했다면, 21세기의 예술은 오히려 '듣기'와 '기다림'에 주목한다. 미니멀 음악의 반복은 결국 음이 아니라 음과 음 사이의 간극, 그 간극에 흐르는 침묵을 들으라고 요구한다. 동양화의 여백은 단순

---

58 인간은 하느님의 말씀을 들을 수 있는 청자로서, 존재 전체가 신비를 향해 열려 있다는 뜻.

한 빈 공간이 아니라, 의미가 흘러나오는 자궁 같은 공간이다. 어떤 화가들은 말한다. "내가 그림을 그리는 게 아니라, 그림이 나를 통해 그려진다." 이것이 바로 흐름이 스스로를 드러내는 방식이다.

침묵은 용기다. 내 목소리를 내려놓고 다른 소리를 들을 용기, 통제를 포기하고 흐름에 몸을 맡길 용기, 소음 속에서도 근원적인 흐름을 찾을 용기. 침묵은 현실로부터 도망치는 것이 아니라, 현실의 심연과 직면하는 것이다. 그 직면 속에서만 비로소 자유가 태어난다. 억지로 붙잡지 않고, 흐름과 하나가 되어 흘러가는 자유.

오늘날 우리는 역설적 현실에 산다. 기술은 모든 걸 연결해 주지만, 정작 흐름의 근원과는 단절되어 있다. 우리는 '정보'는 넘치게 얻지만, '지혜'는 잃어버렸다. 정보는 조각난 소음이지만, 지혜는 흐름 속에서만 솟아오른다. SNS 피드, 끊임없는 알림, 끝없는 영상. 이 모든 소음은 우리를 흐름에서 떼어내 표면의 자극만 소비하게 한다. 더 근본적인 문제는 외부의 소음만이 아니다. 우리 내면도 소란하다. 불안, 욕망, 질투, 두려움. 이 내적 소음이 흐름을 흐리고, 결국 우리는 자기 안에서도 침묵을 잃는다.

그러므로 지금 필요한 것은 아주 단순한 훈련이다. 흐름 위에서 다시 듣는 법을 배우는 것. 침묵을 무서운 결핍이 아니라 충만한 원천으로 느끼는 것. 침묵 속에서 우리는 처음으로 자기 자신의 목소리를 듣는다.

사회가 강요한 목소리도 아니고, 타인의 기대가 덧씌운 목소리도 아니다. 가장 깊은 곳에서 올라오는, 낯설 만큼 진실한 목소리. 그 목소리를 듣는 순간, 우리는 놀란다. 내가 나를 속이며 살아왔음을, 내가 내 흐름을 외면해왔음을.

침묵 속에서 타인과의 만남도 달라진다. 우리는 대화를 나누며 듣는 듯하면서도 사실은 내가 할 말을 준비한다. 하지만 침묵 속에서는 달리 준비할 게 없다. 그저 함께 존재하는 것뿐이다. 그 단순한 현존 속에서 비로소 진짜 만남이 일어난다.

예술은 이런 침묵의 힘을 오래전부터 알고 있었다. 케이지의 〈4분 33초〉가 음악사에 남은 건 연주자가 음을 내지 않았기 때문이 아니라, 침묵 속에 흘러들던 흐름을 드러냈기 때문이다. 틸리히가 말했듯 예술의 역할은 존재의 근원적 흐름을 상징적으로 드러내는 데 있다. 가장 위대한 작품은 화려한 기교로 감탄을 자아내는 게 아니라, 관객을 침묵으로 이끌어 존재의 심연과 맞닿게 만든다.

그러니 오늘, 잠시 침묵해보자. 그 침묵이 결코 공허하지 않음을, 오히려 모든 것이 태어나는 자궁임을 경험해보자. 흐름 위에서 듣는 법을 다시 배우자. 그때 우리는 자기 자신과 타인과 세계, 그리고 초월과 새로운 방식으로 연결된다. 침묵은 끝이 아니라 시작이다. 진짜 대화의 시작, 진짜 예술의 시작, 진짜 신앙의 시작.

우리는 모두 흐름 위에 떠 있다. 침묵 속에서 흐름은 우리를 부른다. 귀를 기울여라, 움켜쥐지 말고 맡겨라. 그러면 알게 될 것이다. 비움은 결핍이 아니라 충만이며, 침묵은 공백이 아니라 생명의 원천이라는 것을.

당신의 삶이
한 폭의 그림이라면

새벽 네 시가 조금 넘었을 무렵, 창밖은 아직 검은 비단을 펼쳐놓은 듯 고요했다. 식탁 위에는 노란 전등 불빛이 섬세하게 번져 있었고, 주전자 속 물은 작은 기포를 터뜨리며 보글보글 끓고 있었다. 찻잔 속에 풀어진 녹차 향이 공기와 뒤섞여 방안을 천천히 채운다. 그 향기를 깊게 들이마시며 나는 하얀 도화지 한 장과 마주했다. 책상 위에는 붓과 물감, 색채의 바다를 품은 작은 팔레트가 놓여 있었다. 그러나 무엇을 그릴지, 어떤 색을 먼저 집어야 할지, 나는 몰랐다. 이 막막한 설렘은 묘하게 기도 시작 전의 침묵과 닮아있었다. 아직 입을 떼지 않았지만, 모든 것이 가능하다는 은밀한 기대가 가슴속에서 부풀어 오른다.

그 순간, 오래전 접했던 요제프 보이스[59]의 선언이 번개처럼 스쳤다.

"모든 사람은 예술가다." 그의 말은 직업적인 의미가 아니었다. 인간이란 존재 자체가 창조의 주체라는 선언이었다. 기술이 있느냐 없느냐, 재능이 뛰어나냐 아니냐가 아니라, 당신이 지금 고정관념과 두려움의 사슬에서 잠시라도 풀려날 수 있는가의 문제였다. 이 자유로움은 제약이 없는 상태가 아니다. 그것은 존재 본연의 흐름과 일치하는 상태, 우주의 창조적 리듬에 몸을 맡기는 상태다. 마치 강이 바다로 흐르듯, 바람이 나뭇잎을 흔들 듯, 하느님의 숨결이 흙을 적시듯 그렇게.

캔버스 앞에 선 당신이야말로 지금 138억 년 전 우주가 처음 숨을 들이마시던 빅뱅의 순간에 서 있다. 무한한 가능성이 팽창 직전의 한 점에 압축돼 있다. 붓을 들고 있지만, 아직 아무것도 그리지 않은 '준비 상태'. 그 순간 당신은 신을 닮은 작은 우주다. 무엇이든 될 수 있는, 그러나 아직 아무것도 아닌 그 자유로움 속에서, 창조는 미묘하게 숨을 고른다.

물리학자들이 '파동함수'[60]라고 부르는 것은 바로 이런 상태다. 양자역학의 세계에서 입자는 관찰되기 전까지 무수한 가능성 속에 존재한다. 파동처럼, 확정되지 않은 모든 길 위에 동시에 놓여 있다. 그러나 관찰하는 순간, 무수한 가능성은 단 하나의 현실로 '붕괴'한다. 하얀 캔버

---

59 Joseph Beuys(1921~1986), 독일의 현대미술가·사회운동가.
60 Wave Function, 양자역학에서 입자의 모든 가능성 상태를 수학적으로 표현한 것.

스도 이와 같다. 첫 붓질을 하기 전까지는 모든 색채와 형태가 잠들어 있다. 문제는 우리가 그 가능성을 어떻게 깨우느냐다.

아침 지하철 창문에 비친 내 얼굴, SNS 피드에서 스쳐 간 유명 작가의 그림, 오래된 미술 교과서 속 정물화, 이 모든 것은 무의식중에 내 안에 '그림은 이렇게 그려야 한다'는 규칙을 심어놓는다. 그 규칙은 조용히, 그러나 확실하게 가능성의 날개를 꺾는다. '이런 색을 쓰면 안 돼', '저 화가처럼 그려야 해' 같은 생각은 아직 싹트지 않은 꽃을 뿌리째 뽑아버린다. 그러나 잠시라도 그 틀에서 벗어날 수 있다면, 그때의 붓질은 예측 불가능하지만, 완전히 진실하다. 기도할 때, 뜻밖에 내 입술에서 흘러나온 한마디가 가장 깊은 위로가 되듯, 계획 없는 색채가 가장 강한 울림을 준다.

하이젠베르크[61]의 불확정성 원리[62]는 위치와 속도를 동시에 정확히 알 수 없다고 말한다. 물감도 마찬가지다. 한 방울을 캔버스에 떨어뜨리면, 그것이 흘러내리는 길은 내 의도가 아니라 중력과 표면의 질감이 결정한다. 그 흐름을 멈출 수는 없다. 대신 받아들일 수 있다. 때로는 의도와 다르게 번진 색이 그림의 핵심이 된다. 신앙의 길에서도 그렇다. 모

61　Werner Heisenberg(1901~1976), 독일의 이론물리학자, 양자역학 창시자 중 한 명.
62　양자역학에서 위치와 운동량을 동시에 정확히 알 수 없다는 원리.

세가 홍해 앞에 섰을 때, 그는 길을 몰랐다. 그러나 물이 갈라지고 나서야 비로소 길이 드러났다. 창조 역시 마찬가지다. 불확실함을 품는 순간, 예상치 못한 길이 열린다.

피에르 테야르 드 샤르댕은 사랑을 "우주의 가장 근본적인 힘"이라 불렀다. 중력이 물질을 끌어당기듯, 사랑은 의식을 끌어당기고 확장시킨다. 어머니가 아이를 위해 그리는 서툰 그림, 연인이 엽서에 남긴 삐뚤빼뚤한 캐리커처는 미술관에 걸릴 작품은 아니지만, 그 안에는 중력보다 강한 힘이 있다. 캔버스를 마주한 당신이 세상을 사랑하게 되는 이유도 여기에 있다. 색 하나를 두고도 '이건 너무 진해'가 아니라 '이 색이 여기서 살아난다'고 느끼게 된다. 그 사랑이야말로 모든 창조의 원동력이다.

'양자 얽힘'은 거리가 아무리 멀어도 한 입자의 변화가 다른 입자에 즉시 영향을 준다는 현상이다. 당신과 당신의 그림도 그렇다. 억지로 유명한 화가의 필치를 흉내 내면, 이 연결은 약해진다. 그러나 당신 안의 고유한 떨림을 있는 그대로 옮길 때, 캔버스는 가장 강하게 반응한다. 신앙도 마찬가지다. 다른 사람의 기도를 복사하듯 읊조리는 것이 아니라, 나만의 자리에서 하느님과 나눈 고유한 이야기를 드러내는 것. 그 고유함이 곧 진정성이다.

일본의 '킨츠키'처럼, 금으로 이어 붙인 깨진 그릇이 오히려 더 귀할 수 있다. 신앙의 여정도 완벽함이 아니라 회복의 흔적에서 힘을 얻는다. 그림에서의 실수, 색의 번짐, 비뚤어진 선은 작품을 죽이지 않는다. 오히려 그 안에 작가가 산다. 양자역학은 불확정성이야말로 창조의 원천이라고 가르친다. 모든 것이 확정되어 있다면 새로운 것은 태어날 수 없다. 불확실함 속에서만 비로소 진정한 창조가 가능하다. 당신의 그림도 그렇다. 실수와 우연, 의도치 않은 효과들이 오히려 작품에 생명을 불어넣는다. 그것들을 받아들이고 포용할 때, 예술은 살아 숨쉰다.

 붓질 하나하나는 묵주알을 넘기는 기도와 같다. 숨을 들이쉴 때 색을 고르고, 내쉴 때 선을 긋는다. 어느새 나는 '그리는 사람'에서 '그려지는 사람'으로 변해 있다. 색채 하나하나가 우주의 진동이고, 선 하나하나가 존재의 호흡이다. 진정성을 지키며 마음 가는 대로 그릴 때, 우리는 우주와 하나가 된다. 그것은 종교를 넘어선 영성 체험이며, 물질이 의식을 통해 자신을 인식하고 그 인식이 사랑과 아름다움으로 표현되는 과정이다.

 결국, 당신의 삶이 곧 한 폭의 그림이다. 매일의 말과 선택이 붓질이고, 관계와 시간은 색채다. 완벽하지 않아도 된다. 중요한 건 그 그림을 사랑하며 계속 그려가는 것이다. 때로는 칙칙한 회색이 들어가도, 그 옆에 놓인 노란색이 그 회색을 더욱 빛나게 한다. 138억 년의 우주가 그 하나의 선, 하나의 색 속에 흐른다. "예술은 보이는 것을 재현하는 것이 아니라, 보이게 만드는 것이다"라는 파울 클레의 말처럼, 당신의 한순간, 한 선택이 세상에 없던 것을 보이게 한다.

    요제프 보이스의 선언을 빌리자면, 모든 사람은 예술가다. 왜냐면 모든 사람은 사랑할 수 있기 때문이다. 그러니 두려워하지 말고 그려라. 완벽하지 않아도, 서툴러도, 형편이 넉넉하지 않아도. 진정성만 있으면 충분하다. 그것만으로도 당신은 우주의 창조 과정에 참여하고 있는 것이다. 물감을 부어도 좋고, 흘려도 좋고, 붓으로 그어도 좋다. 중요한 것은 기법이 아니라 마음이다. 사랑하는 마음, 경외하는 마음, 감사하는 마음. 그 마음으로 그린 한 점, 한 선이 우주의 역사 속에 새로운 장을 연다. 그리고 그 장면 속에, 당신은 이미 하느님의 창조 이야기에 한 줄을 쓰고 있는 것이다.

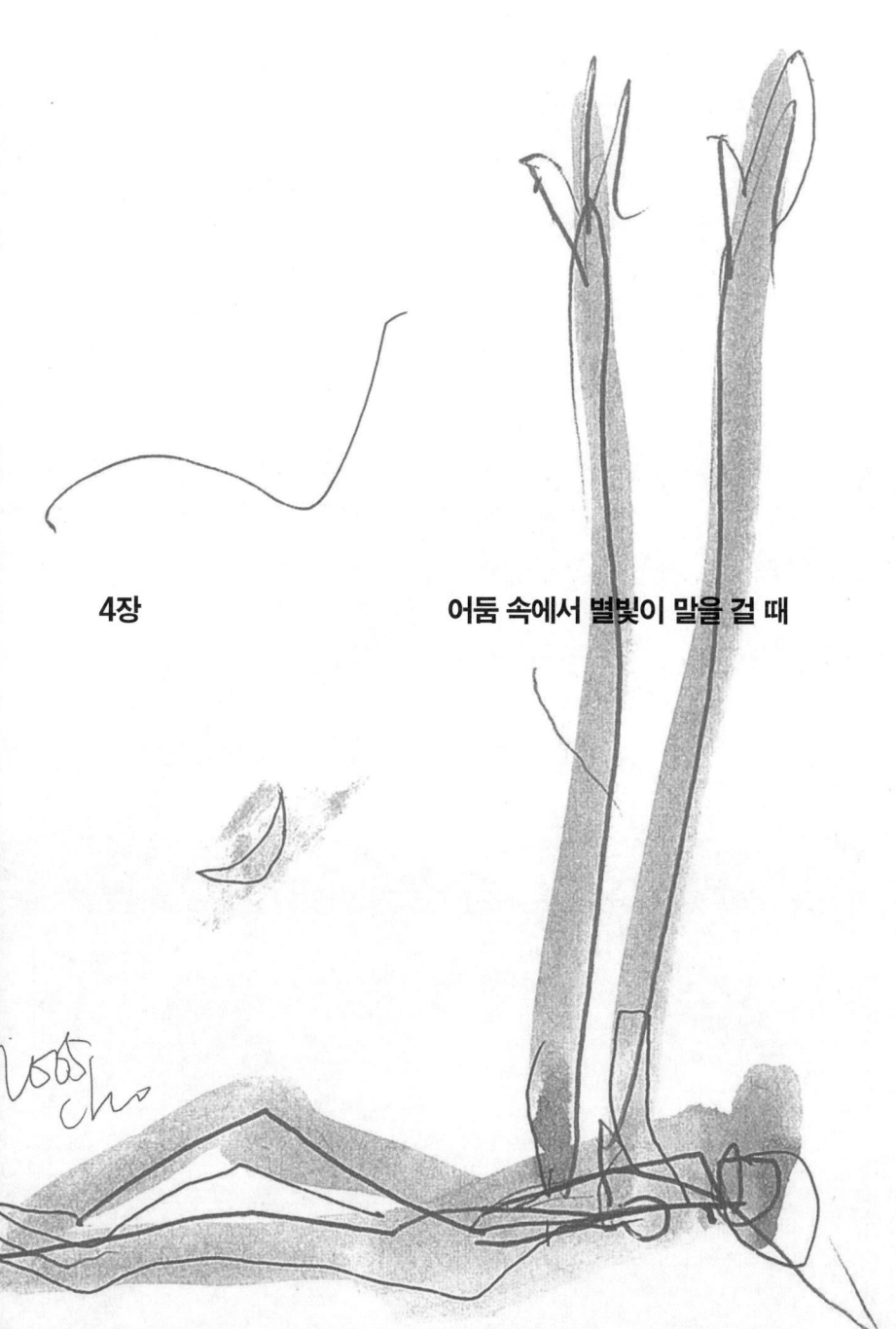

4장　　　어둠 속에서 별빛이 말을 걸 때

우리의 일상 안에는 깊고 유장한 침묵의 강이 흐른다.

그 고요 속에서 우리는 내면의 별빛을 마주해야 한다.

숨결 하나, 눈길 하나가 곧 은총임을 깨닫는 순간,

삶은 기도가 되고, 하루는 성사가 된다.

낡은 반바지가
가르쳐준 것들

폭염이 물러가고 가을바람이 창문 틈새로 스며들어 책장의 먼지를 스칠 때, 나는 어김없이 작은 의식을 치른다. 낡은 반바지를 세탁해 옷장 속에 곱게 개어 넣는 일. 누군가에게는 독신자의 소소한 집안일처럼 보일지 모른다. 그러나 내게 그것은 단순한 정리의 행위가 아니다. 조금 부풀려 말하자면 시간이라는 성전에 드리는 경배이며, 35년이라는 세월에 바치는 조용한 감사의 제사다. 그 반바지를 옷장 속에 넣는 순간, 나는 흘러간 시간을 다시 손끝으로 어루만지는 듯하다. 마치 오래된 기도를 반복하듯, 계절마다 이어지는 이 작은 의식은 내 삶에 깊은 울림을 남긴다.

처음에는 평범한 바지였다. 아직 직장에 갓 들어가던 시절, 급여를 받자마자 기분 좋게 사 입은 옷이었다. 그러나 세월은 천 위에도 흔적을 남긴다. 무릎이 닳고, 천이 해지면서 결국 길이를 잘라 반바지가 되었다. 그때부터 이 옷은 나와 더 긴밀하게 함께 살아왔다. 내 작은 재봉틀로 기워내고, 덧대기를 붙이며, 바늘에 손가락을 찔려 피를 흘리기도 했다. 그렇게 수선에 수선을 거듭하며 이 옷은 누더기가 되었지만, 오히려 낡을수록 더 정이 들었다. 지금은 내 옷 중 가장 편안하고, 가장 내 몸에 자연스레 감기는 옷이 되었다. 그리고 보면 옷이라는 물질을 넘어, 그것은 존재론적 동반자라 부를 만하다.

우리는 흔히 옷을 도구로만 여긴다. 입다가 싫증 나면 버리고, 새것을 산다. 그러나 이 반바지는 단순한 도구가 아니다. 그것은 내 삶의 길 위에서 함께 걸어온 증인이며, 시간의 직물에 스며든 작은 기념비다. 우리는 함께 살아왔다. 내가 이 옷을 입을 때마다 느끼는 편안함은 단순히 촉감 때문이 아니다. 그것은 함께 쌓아온 시간의 무게, 상호 현존의 증거다.

'성사聖事'란 보이는 것을 통해, 보이지 않는 은총이 드러나는 신비한 표징이라 한다. 이 관점에서 본다면, 사람과 사람의 만남뿐 아니라 물질과의 관계까지도 성사적 의미를 품는다. 이 반바지를 입는 순간 느껴지는 편안함은 단순한 촉감이 아니라, 관계가 시간 속에서 빚어낸 성사성의 현현이다. 반바지는 나를 감싸는 옷이지만, 동시에 나를 비추는 거울이기도 하다. 그것은 내 삶이 흘러온 궤적을 보여주는 흔적이며, 나라는 존재가 시간 속에서 만들어낸 의미의 결정체다.

나는 종종 이 반바지를 입고 다녔던 날들을 떠올린다. 땀을 뻘뻘 흘리며 여름밤을 걸었던 기억, 처음 자취방에서 라면을 끓여 먹던 허기진 순간, 갑자기 쏟아진 비에 흠뻑 젖어 우스꽝스럽게 웃던 장면들. 그때마다 반바지는 묵묵히 내 곁에 있었다. 마치 한마디 말도 하지 않고 나를 바라보던 오래된 친구처럼, 함께 있어 주는 것만으로도 힘이 되는 동반자였다. 옷감에 스민 땀 냄새와 햇빛에 바랜 색깔은 그 모든 순간을 고스란히 간직한 기억의 저장소다.

모든 존재는 홀로 서 있지 않다. 세상은 관계의 그물망으로 이루어져 있다. 작은 거미줄 한 올이 떨리면 온 그물이 울리듯, 사소한 만남 하나에도 우주 전체가 반영된다. 내게 이 반바지는 단순히 낡은 천 조각이 아니라, 청춘의 열기와 좌절, 눈물과 웃음이 켜켜이 쌓인 '시간의 직물'이다. 만남은 주체와 객체의 단순한 관계를 넘어선다. 내가 이 반바지를 바라보는 순간, 그것은 물건이 아니라 하나의 '너'가 된다. 만남은 언제나 신비다.

오늘날 우리는 기술과 소비의 시대를 살고 있다. 모든 것이 상품이 되고, 인간조차 '자원'이라는 이름으로 분류된다. 옷은 패스트패션으로 쏟아져 나오고, 사용가치가 끝나면 가차 없이 버려진다. 그러나 낡은 반바지는 내게 속삭인다. "나는 네가 소비한 대상이 아니라, 네 삶을 함께 증언한 존재다." 그 목소리를 들을 줄 아는 사람만이 물질과 세계를 단순한 소유가 아닌 신비로운 동반자로 바라볼 수 있다.

철학자 레비나스[63]는 타자의 얼굴을 마주할 때 느끼는 무한책임을 말한다. 반바지에게 얼굴이 있을 리 없지만, 내가 이 옷을 소홀히 대하지 않고 여전히 기워 입는 것은 일종의 책임이자 사랑의 행위다. 내가 이 옷을 버리지 못하는 것은 단순한 향수나 절약이 아니라, 존재 자체에 대한 작은 경외심이다.

시간은 무엇인가? 아우구스티누스가 고백했듯, 아무도 묻지 않으면 알면서도 막상 설명하려 하면 알 수 없는 신비다. 이 반바지에 스며든 35년은 단순한 연대기적 시간이 아니다. 그것은 질적인 시간, 살아있는 시간이다. 해진 솔기와 주름 하나마다 나의 웃음과 분노, 설렘과 좌절이 고여 있다. 마치 마들렌 한 조각이 잊힌 기억을 불러내듯,[64] 반바지를 만지는 순간 수많은 장면이 되살아난다. 그때마다 나는 깨닫는다. 시간은 흘러가는 것이 아니라 쌓이는 것이라는 사실을.

---

63 Emmanuel Levinas(1906~1995), 윤리학을 존재론보다 근본적인 철학으로 제시한 프랑스 철학자.
64 프루스트의 소설 『잃어버린 시간을 찾아서』, 감각적 자극이 무의식의 기억을 불러내는 현상.

"하느님은 사랑이시다"라는 선언은 단순한 교리가 아니라 존재의 본질에 대한 철학적 통찰이다. 사랑은 자기 자신을 내어주는 순수한 증여다. 내가 이 반바지를 아끼는 것도 결국 사랑의 한 방식일 것이다. 피조물 하나에 깃든 외경심은 곧 생명 전체를 향한 사랑으로 이어진다. 반바지를 버리지 못하는 내 태도는 결국 모든 생명을 향한 책임감의 작은 실천일지도 모른다.

우주적 관점에서 보면, 그리스도는 모든 물질과 정신을 끌어안는 우주적 존재다. 그렇다면 내가 반바지를 소중히 여기는 작은 행위조차도 우주적 의미를 지닌다. 현대의 생태적 의식은 인간 중심주의를 넘어 모든 존재와의 연대를 말한다. 반바지를 아끼는 내 태도는 단순한 집착이 아니라, 지구 생태계 전체와 맺는 연대의 한 표현일 것이다.

그러나 동시에 깨닫는다. 이 작은 행위의 의미는 말로 다 할 수 없다는 것을. 부정신학[65]이 하느님을 직접 말할 수 없기에 그 무한성을 드러내듯, 반바지를 옷장에 넣는 그 조용한 순간은 언어 너머의 침묵 속에서 존재의 근저를 울린다. 그 침묵 속에서 나는 내가 살아왔음을, 그리고 여전히 살아있음을 지각한다.

종말은 단순히 시간의 끝이 아니라, 모든 것이 완성되는 순간이다. 내가 반바지와 함께 살아온 35년 또한 그 지평 안에서 이해될 수 있다. 모

---

65 '말할 수 없음'을 통해 신의 무한성과 초월성을 드러내려는 신학적 태도.

든 진실한 만남은 영원을 향한 그리움을 품는다. 일상의 소소한 순간 속에서 영원의 빛이 스며든다. 결국, 모든 만남은 신비다. 물질과의 만남이 이토록 신비롭다면, 하물며 사람과의 만남은 얼마나 더 경이로운가. 우리는 그 신비 속에 던져진 존재이며, 동시에 그 신비를 통해 더 깊은 실재로 초대받는 존재다.

나는 오늘 다시 반바지를 옷장에 넣는다. 그것은 단순한 정리가 아니다. 그것은 존재의 성사성에 대한 조용한 고백이다. 우리는 홀로 살아가는 것이 아니라, 우주적 사랑의 공동체 속에서 함께 살아간다. 모든 순간은 영원의 의미로 충만하다. 계절이 바뀌고, 세월이 흘러 언젠가 나의 육신도 이 낡은 반바지처럼 흙으로 돌아가고, 우주의 작은 원소로 흩어질 것이다. 그때 나는 이 반바지를 다시 만날 수 있을까? 혹은 서로 알아볼 수 있을까? 아니면 그냥 같은 먼지가 되어 바람에 흩날리며, 그 자체로 영원의 유머가 될까?

나는 그 상상을 하며 미소 짓는다. 아마 반바지는 이렇게 말할 것이다. "주인님, 결국 우리 둘 다 바람에 흩날리는 한 조각이 되었네요. 그런데 보세요, 이 얼마나 시원하고 가벼운지!" 그 순간 나는 깨닫는다. 존재란 본래 그렇게 유머러스한 신비라는 것을.

어둠을 가로지르는 희디흰 물소리

강원도 깊은 두메산골을 찾을 일이 있었다. 오래전《들숨날숨》편집위원들과 이곳 산골의 별장에서 긴 회의를 했던 기억이 있다. 봉평장터를 지나, 이효석의 「메밀꽃 필 무렵」 속 허생원과 동이가 걸었을 듯한 길을 따라 산속으로 들어가니, 푸른 언덕 위에 스무 평 남짓 되는 작은 집이 나타났다. 세상에 아직도 이렇게 적막한 태고의 고요가 남아있다는 사실이 고맙고 놀라웠다. 산은 저녁 햇살에 수묵화처럼 젖어 들었고, 별빛과 어둠이 뒤섞이며 우리의 마음을 고요히 묶어 두었다.

모닥불이 타오르고, 어둠이 깊어갈수록 골짜기 아래로 흐르는 물소리가 점점 선명하게 들려왔다. 물소리와 어울려 개구리 울음소리가 메아리쳤다. 그 소리는 내 마음의 어딘가 깊은 기억을 두드렸다. 청춘 시절,

태백산맥의 거봉 일월산 아래 곡강리에서 사촌 누님과 함께했던 밤들이 떠올랐다. 일본군에 끌려가 돌아오지 못한 남편을 기다리며, 초옥을 홀로 지키던 과부. 그녀는 평생을 그 집에서 살았다. 보름마다 강가에 나가 정화수를 떠놓고 기도하며, 아들을 길렀다. 얼굴에는 언제나 소녀 같은 수줍음과 함박꽃 같은 웃음이 있었다.

나는 그 누님을 기억한다. 어느 겨울 새벽, 나는 그녀가 문틈 사이로 신령님께 기도하는 모습을 보았다. 다음 날, 무슨 기도를 했느냐 묻자, 누님은 얼굴을 붉히며 "네가 신부 생활 잘하도록 신령님께 빌었다"라고 하셨다. 그때 나는 놀랐고, 동시에 감동했다. 내가 신부가 되기를 바라며 흘린 그녀의 눈물은 내 사제직의 첫 번째 성유聖油였는지도 모른다. 언젠가 조심스레 "누님, 이제 천주교로 오시지요"라고 권했지만, 그녀는 내 손을 잡으며 말했다. "애야, 미안하다. 네가 믿는 천주님도 좋지만, 나는 평생 신령님을 모셨다. 이제 와서 배반할 수는 없지 않니." 나는 그 말을 더 이상 부정하지 못했다. 나는 깨달았다. 어설픈 믿음보다 더 귀한 것은 인간의 진실이며, 하느님께서는 그 진실을 더 귀히 여기신다는 사실을.

그러나 그로부터 몇 해 지나, 나는 뜻밖의 소식을 들었다. 그 꼿꼿하시던 누님이, 국도변에서 변사체로 발견되었다는 것이다. 알뜰히 가꾼 집과 텃밭은 어느 신흥종교에 헌납된 뒤였다. 새벽녘 기도 모임에서 돌아오다. 트럭에 치여 생을 마감하셨다고 했다. 나는 이해할 수 없었다. 평생을 한길로 걸었던 분이 어째서 말년에 그 길을 벗어나셨을까. 팔순에 엄습한 외로움 때문이었을까. 아니면 새로운 종교에서 오래 찾던 진리의 조각을 발견한 때문이었을까. 알 수 없었다. 다만 분명한 것은, 한 여인의 진실한 삶을 짓밟고 그 생명마저 앗아간 이 시대의 냉혹함에 대한 원망뿐이었다.

밤이 깊을수록 물소리는 어둠을 가로질러 흘렀다. 희디흰 물소리였다. 그윽한 어둠 속에서, 그 소리는 어쩌면 누님의 목소리 같았다. 젊은 날 방황하던 내가 눈물 젖은 채 찾아갔을 때, 내 발을 씻겨 주려고 물을 데우며 울던 그 눈빛이 떠올랐다. 세월이 흘러도, 그 희디흰 물소리는 내 영혼 깊은 곳에서 꺼지지 않았다.

누군가가 말했다. "밤이 깊어 가는데 개구리울음은 끝이 없군요." 다른 이가 대답했다. "서울 아파트촌에서는 저 소리가 시끄럽다고 해서 농약을 살포해 개구리를 몰살시켰다고 합니다." 순간, 모닥불은 붉은 혀를 내밀며 꺼져가고 있었다. 그 불빛 아래에서 나는 문득, 우리 시대가 개구리울음뿐 아니라 인간의 울음마저 '소음'으로 몰아내는 세상이 되어가고 있다는 생각을 했다.

오늘 한국의 농촌은 더 이상 개구리울음이 울리지 않는다. 기후위기와 환경파괴, 농약과 산업화는 논과 밭에서 생명을 몰아냈다. 초여름이면 울려 퍼지던 개구리 합창은 기억 속의 배경음이 되었다. 아이들은 더 이상 '자연의 소리'를 경험하지 못한다. 대신 이어폰 속에서 인공지능이 만들어 낸 음악을 듣는다. 인간이 만든 가상의 소리 속에서, 우리는 점점 자연의 목소리에 귀를 잃어가고 있다.

2025년의 밤, 나는 물소리를 들으며 생각한다. 오늘 우리 사회의 노인들은 여전히 홀로 버티고 있다. 고립사, 쓸쓸한 죽음, 외로움 속에서 신흥종교와 유사 영성에 빠져드는 이들이 늘어난다. 젊은이들은 도시에서 불안을 달래며, '헬조선'이라 부르던 시대에서 이제는 'N포 세대'를 넘어 '무기력 세대'라 불린다. 부모 세대가 개구리를 몰살시킨 시대였다면, 지금은 자기 내면의 울음을 스스로 억누르고 소멸시키는 시대이다. 우리는 얼마나 많은 눈물의 소리를 '소음'이라 규정하며 밀어내고 있는가.

희디흰 물소리는 어둠을 가로지른다. 그것은 생명을 잃지 않으려는 마지막 기도의 숨결처럼 맑고 절실하다. 그러나 그 소리를 듣지 못하는 사회는 결국 자기 영혼의 고막을 찢어버린 사회다. 인간의 진실, 작은 생명의 울음을 끝내 듣지 못한다면, 그 사회는 이미 죽은 것이다.

나는 그날 밤, 평창 산골에서 눈을 감고 누님의 명복을 빌었다. 동시에 기도했다. 우리의 귀가 다시 열려 희디흰 물소리를 들을 수 있기를. 자연의 울음, 노인의 눈물, 젊은이의 절망, 난민의 신음…. 그 모든 것이 하느님의 언어다. 그것을 듣는 것이 곧 기도다.

불빛은 사라지고, 안개비가 내리기 시작했다. 그러나 골짜기 물소리는 더욱 희고 선명해졌다. 그윽한 어둠을 가로질러 흐르는 물소리는, 오늘을 사는 우리에게 여전히 같은 질문을 던지고 있었다. "너는 이 울음을 들을 수 있느냐? 너는 이 목소리를 기억하느냐?"

섬에서 본
세계의 끝

　수평선 저 너머에 있는 섬은 하늘과 맞닿은 그리움의 끝에 존재한다. 그리고 섬은 물 한가운데 존재하지만, 젖을 수 없는 외로움의 가장자리에 있다. 때로 섬은 환영처럼 우리 눈앞에 다가왔다가 이내 사라지고, 때로는 가까이 있는 듯 손에 잡히다가도 바람이 바뀌면 먼 하늘 저편으로 물러난다. 천년만년 출렁이는 바다 위에서 섬은 여전히 부동의 자세로 누워있다. 그래서 아직 한 번도 가보지 못한 섬은 시간과 공간 안에 있으면서도 시공을 넘어 우리의 의식 깊은 내면에 자리한다. 그것은 그리움과 외로움의 실체로 존재한다.

　우리는 늘 그 섬을 찾아 떠나고 싶어 하지만, 막상 그 길에 오르면 눈앞에 펼쳐지는 것은 아득한 수평선뿐이다. 멀리서 그 섬이 희미한 얼굴을 드러낼 때의 설렘, 마침내 발을 디뎠을 때의 황홀. 그러나 결국 섬 위에서 다시 눈앞을 가득 메우는 것은 사방으로 펼쳐진 또 다른 수평선뿐이다. 그리움으로 찾아간 그 섬에서조차 우리는 또다시 새로운 그리움의 포위망 속에 서게 된다. 어쩌면 인간의 삶도 이와 다르지 않다. 끝없이 도달하려 애쓰지만, 도달한 순간 다시 새로운 수평선이 우리를 부른다. 그래서 영국의 대문호 체스터튼[66]은 "세상에 섬처럼 그렇게 완전히 시적인 것은 없다"라고 했던 것이리라.

어린 시절을 동해안에서 보낸 나에게, 저 수평선 너머에 사람이 산다는 것은 늘 신비로운 이야기였다. 파도는 늘 변덕스럽게 부서졌지만, 수평선은 흔들림 없이 그 자리에 있었고, 그 너머에 있는 섬들은 내 어린 가슴 속 동경의 다른 이름이었다. 그래서 대학 1학년 방학 무렵, 친구들과 함께 울릉도를 찾아간 것은 내 삶의 첫 그리움이 실체가 되는 순간이었다. 그날 밤 울릉항에 도착했을 때, 안개 속에서 어슴푸레 드러나는 섬의 윤곽은 내게 마치 다른 차원의 문이 열리는 듯한 감흥을 안겨주었다.

울릉도에서의 이튿날 새벽, 나는 다시 목선을 타고 작은 섬 죽도, 일명 댓섬을 향했다. 수억만 년 동안 화산의 불길이 남긴 현무암 절벽이 검은 어깨를 드러낸 아래로 파도는 쉼 없이 부서졌다. 좁은 배는 파도에

---

66 G. K. Chesterton(1874~1936), 영국의 시인이자 소설가, 에세이스트였던 저명한 문필가.

출렁이며 마치 바다에 삼켜질 듯 흔들렸고, 내 마음도 함께 요동쳤다. 안개는 등 뒤 친구들의 얼굴마저 집어삼켰고, 오직 갈매기들의 울음소리만이 길잡이처럼 우리 위를 날았다. 그 순간 나는 어린 시절 고향 포구에서 밤마다 듣던 뱃고동 소리를 떠올렸다. 그 소리는 늘 내 마음에 '섬'을 새기던 기억의 뿌리였다.

안개가 걷히자 댓섬의 실체가 나타났다. 오솔길을 올라 정점에 섰을 때, 눈 앞에 펼쳐진 풍경은 이루 말할 수 없는 장관이었다. 쪽빛 하늘 아래 청록빛 바다가 수평선을 가득 채우고, 그 아래 작은 분지에는 이름 모를 흰 들꽃이 군락을 이루고 있었다. 은빛 갈매기 떼는 그 위를 원을 그리며 날아다녔다. 마치 하늘과 바다가 서로의 경계를 허물고 맞닿은 자리에서, 섬은 천상의 조각처럼 놓여 있었다.

그곳에는 스무 명 남짓한 주민이 살았다. 밭고랑마다 마늘과 파가 자라고 있었고, 작은 농로에서 흰 수건으로 얼굴을 가린 여인이 호미를 들고 김을 매고 있었다. 내가 다가가 말을 걸자 그녀는 빗물을 저장해 식수로 쓰고, 불길이 일면 본섬으로 봉화를 올려 소식을 전한다고 했다. 전기가 닿지 않는 그 섬은 세상과 단절된 듯했으나, 동시에 세상 누구도 누리지 못할 완전한 고독과 고요가 머물고 있었다.

죽도는 내가 세상에서 본 가장 아름다운 풍경이었다. 그러나 그것은 단순한 경치가 아니라 내 안의 막연한 외로움과 그리움이 눈앞에 실체로 드러난 사건이었다. 예수의 거룩한 변모에서 천상의 빛을 맛본 베드

로처럼, 나는 그곳에서 형언할 수 없는 은밀한 차원을 경험했다. 세월이 지나면서 그 감동은 내 내면에 더욱 깊이 각인되었다.

그러나 몇십 년이 지나 울릉도 본당에서 사목하던 친구 신부로부터 들은 이야기는 내 기억의 섬을 안개 속에 다시 묻어버렸다. "죽도에 사는 세 가족 중 두 가족이 오랫동안 불화하며 서로 등을 지고 산다"는 것이다. 그렇게 작은 섬에서조차 인간의 오욕은 그림자처럼 스며들어 있었다. 그 이야기를 들은 순간, 내 안에 빛나던 섬은 돌연 쓸쓸한 어둠으로 변해갔다. 인간의 비극은 가장 아름다운 곳에서조차 피할 수 없는 것임을 나는 절감했다.

이 경험은 내게 이미 세상을 떠난 한 벗을 떠올리게 했다. 고 윤임규 신부, '허죽'이라는 별명으로 불리던 그는 맑고 곧은 품성을 지녔고, 대만과 중국에서 철학을 깊이 공부한 학자였다. 그는 불과 몇 개월 만에 박사학위를 마치고 귀국했지만, 수녀들의 피정 지도를 위해 떠났던 감숙성 난주에서 교통사고로 세상을 떠났다. 그의 눈빛은 늘 대숲 사이로 스미는 바람 소리처럼 쓸쓸한 빛을 머금고 있었다. 그는 시를 썼지만, 시집 묶기를 거부했고 "내가 죽고 나면 유고집 한 권만 내라"고 말하곤 했다. 결국, 그 말은 현실이 되었다.

나는 그의 저서 『역경의 생생사상』 표지를 작업하며 마지막으로 그를 기억했다. 그의 고독은 독신의 외로움이 아니라, 인간이 서로 사랑할 수 있음에도 끝내 넘어서지 못하는 비극에 대한 연민에서 비롯된 것이었다. 그는 절해고도의 작은 섬을 바라보며, 인간 본성의 한계를 응시했던 것이다.

오늘도 나는 일상 한가운데서 '댓잎 사이로 이는 바람 소리'를 듣는다. 그리고 그 바람에 섞여 있던 그의 눈빛, 그 고독을 다시 마주한다. 사제로 산다는 것은 바로 그런 고독을 감내할 수 있을 때 가능하다는 것을 나는 그로부터 배웠다.

세월이 흐른 오늘, 섬은 여전히 많은 상징을 품고 있다. 코로나 팬데믹의 시절, 도시는 돌연 거대한 섬처럼 고립되었고, 사람들은 디지털 화면 속에서만 서로를 만났다. 메타버스라는 가상의 섬에서 우리는 또 다른 자아를 만들고, 현실보다 더 현실 같은 고독을 경험했다. 동시에 기후 위기는 태평양의 섬들을 집어삼키고 있다. 투발루와 몰디브의 대통령은 "섬은 물에 잠기지만 우리의 문화는 수평선을 따라 살아남을 것"이라 호소했다. 그 말은 섬이 땅의 문제가 아니라 영혼의 문제임을 보여준다.

섬은 존재의 비유다. 우리 각자는 삶의 바닷속 작은 섬으로 떠 있다. 고립과 외로움은 피할 수 없지만, 그 안에서 우리는 저 너머의 수평선을 바라본다. 하이데거가 "존재는 언제나 장소 안에서 드러난다"고 했듯, 섬은 우리의 내면을 비추는 거울이다. 바다에 둘러싸인 그 자리에서 인간은 비로소 자신이 작고 유한한 존재임을 깨닫는다.

그러나 동시에 섬은 희망이다. 수평선은 언제나 새로운 세계를 약속한다. 댓섬에서 바라본 그 끝없는 수평선은 내게 새로운 여정을 부르던 목소리였다. 그리고 나는 안다. 그 섬은 결코 멀리 있지 않다. 우리의 내면에도, 가정에도, 공동체에도, 기도의 자리에도 섬은 있다. 그 섬 위에 서서 우리는 다시 수평선을 바라보고, 저 너머의 하늘을 향해 마음을 연다.

윤임규 신부가 남긴 마지막 글 속에 "빗속에 멀리 댓섬이 보인다"라는 구절이 있다. 그 섬은 단순한 지형이 아니라, '생생生生의 길'[67]을 향해 먼저 떠난 이의 이정표였다. 그는 이미 우리 곁을 떠났지만, 우리는 여전히 그의 발자취를 따라 섬을 바라본다.

섬은 망망대해의 고독 속에 있지만 동시에 끝없는 수평선으로 열린 자리다. 그리하여 가장 아름다운 섬에서 바라보는 수평선은, 인간의 고독과 그리움, 그리고 하느님이 열어주신 생명의 길을 동시에 가리킨다. 그것은 우리가 도달해야 할 목적지가 아니라, 언제나 다시 떠나야 할 부름이다. 수평선은 늘 저 앞에 있고, 우리는 늘 그 섬에서 또 다른 수평선을 바라보며, 그 끝없는 여정을 이어간다.

---

67 '만물이 끊임없이 생성·변화·재생되는 길'이라는 의미, 역경易經의 핵심 개념.

물걸레의 명상

올해 여름은 유난히도 길고 뜨거웠다. 사람들은 더위를 피해 에어컨 아래 모여들었고, 거대한 도시의 아스팔트는 용광로처럼 달아올라 숨이 턱 막히는 듯했다. 지구 반대편에서는 산불이 일어나 수천 헥타르의 숲을 집어삼켰고, 강물이 마르는 가뭄이 한쪽에서, 또 다른 곳에서는 빗줄기가 도시를 삼키는 홍수가 되었다. 기후위기라는 단어가 더 이상 학자들의 논문 속에만 머물지 않고, 우리의 삶 한복판에서 경고의 북소리처럼 울려 퍼졌다. 그럼에도 우리는 매번 "이번 여름이 유난했을 뿐"이라며 스스로를 안심시키고, 내년에도 똑같거나 더 심한 무더위와 폭우를 맞이할 것을 알면서도 애써 모른 체하며 살아간다.

그러나 그 무더위 속에서도, 때로는 땅을 적시는 단비가 내렸다. 여느

해처럼 지엽적인 수해 소식이 반복되었지만, 거대한 국가적 재난은 없었다. 사람들은 습관처럼 기상 속보에 귀를 기울였지만, 정작 마음 깊은 곳에서는 태풍보다 더 큰 소용돌이가 일어나고 있었다. 계절이 여름에서 가을로 건너가듯, 인간사 또한 고통과 기다림을 지나 새로운 만남을 준비한다. 자연이 폭풍 뒤에 고요를 허락하듯, 우리 역사도 긴 단절 뒤에는 마침내 작은 화해의 물길을 트려 노력해 왔다. 그것은 바로 '만남과 기다림'이라는 이름의 소용돌이였다.

그러나 그 기적은 환호보다는 적막에 가까웠다. 아이가 울다 지쳐 흐느끼다 잠드는 얼굴처럼, 이산가족의 만남은 설레기보다 고통의 깊은 그림자를 드리우고 있었다. 너무 오랜 기다림, 너무 잔인한 단절, 너무 많은 기만과 책략이 그들의 삶을 유린해왔기 때문이다. 우리는 그들의 울음을 통해 알았다. 이 만남은 자발적인 것이 아니라 철저히 타의에 의한 것이었음을. 그리고 그 기다림과 이별이 정치적 계산 속에서 이용되었음을. 그 모든 것을 알면서도 또다시 마음을 내어주어야만 하는 현실 앞에서, 우리는 피곤한 듯 침묵할 수밖에 없었다.

가브리엘 마르셀[68]은 인간의 만남을 '신비'라 불렀다. 그는 참된 만남이란 그 어떤 권력이나 계산으로 훼방할 수 없는 하느님의 영역이라고

---

68 Gabriel Marcel(1889~1973), '희망의 철학자'로 불리는 프랑스의 가톨릭 실존철학자.

말했다. 만남 속에서 인간은 자유와 해방, 구원에 이른다. 그러나 지난 반세기 동안 우리는 '만남'이라는 가장 인간적인 사건마저도 정치의 도구로 전락시킨 사회에 살았다. 남과 북이 갈라져 어머니와 아들이 눈물조차 삼켜야 했던 세상, 한마디 말을 건네는 것마저 죄가 되던 땅. 천만 이산가족의 얼굴에 새겨진 고통은 어떤 이론으로도 덮을 수 없었다. 이제 그들의 대부분은 이미 세상을 떠났거나 마지막 세대로 남아있다. 〈우리의 소원은 통일〉이라는 노래가 후손들에게 점점 더 낯설어지는 까닭이 여기에 있다.

그렇게 울음 섞인 만남이 이어진 자리마다, 우리는 깨달았다. 눈물의 상봉은 단지 한 가족의 기쁨이 아니라 민족 전체의 과제임을. 개인의 만남이 이어져야 비로소 민족의 만남이 가능하다. 그 첫걸음이 바로 정상들의 만남이었다. 몇 번의 획기적 전환을 맡기도 했지만, 정권이 바뀔 때마다 물거품처럼 사그라들고 말았다. 너무 자주 속아온 경험 탓에 우리는 여전히 경계심을 거두지 못한다. 그러나 그럼에도 불구하고 다시 믿고, 다시 기다릴 수밖에 없다. 왜냐면 하느님의 축복은 특정 집단이나 개인의 것이 아니라 민족 공동체 전체를 향한 것이기 때문이다. 문제는 우리가 주어진 이 기회를 어떻게 간직하느냐에 달려 있다. 기회는 바람처럼 왔다가 사라진다. 우리가 준비하지 못한다면, 다시는 오지 않을 수도 있다.

나는 계절이 바뀔 때마다 대청소를 한다. 혼자 사는 서너 평 남짓한 좁은 공간이지만 내 삶의 절반이 머무는 자리다. 책을 정리하고, 옷을 갈아 걸고, 구석구석 먼지를 훔쳐내는 일은 내게 단순한 청소가 아니라 또 다른 성찰의 시간이 된다. 오늘도 방바닥에 무릎을 꿇고 물걸레를 쥐고 있자니, 손끝에 스미는 물기와 함께 서늘한 예감이 가슴을 스쳤다. 언젠가 이 작은 방도 남의 손에 맡길 수밖에 없는 날이 올 것이다. 내 손이 더 이상 물걸레를 쥘 힘을 잃어버리고, 누군가 내 자리를 대신 쓸어 주어야 할 날.

나는 초등학교 시절 마룻바닥을 닦던 기억에서부터, 군 복무 시절 내무반 청소, 그리고 수도원 생활의 매일 아침까지 물걸레와 긴 인연을 맺어왔다. 물걸레는 늘 가장 낮은 곳에서 가장 더러운 것을 닦아내는 일을 맡았다. 아무도 눈여겨보지 않지만, 그 자리에 물걸레가 없었다면 방은 금세 숨 막히는 먼지로 가득했을 것이다. 나는 문득 물걸레가 내 삶의 은유가 아닐까 생각했다. 보잘것없고 지저분한 천 조각이지만, 누군가의 손에 들려질 때 가장 낮은 곳을 닦으며 방을 새롭게 한다.

창밖으로 가을비가 내리고 있었다. 후박나무 잎사귀 위로 떨어지는 빗방울은 은빛으로 반짝이며 흙냄새를 되살렸다. 유리창을 타고 흘러내리는 빗줄기를 바라보다가 나는 불현듯 '타관의 어느 길목'에 홀로 서 있다는 느낌을 받았다. 언젠가 스승처럼 모셨던 한 원로 시인이 내게 건네주었던 시집 『타관의 햇살』이 떠올랐다. 고향을 잃고 평생 타관에서 살았던 그의 눈빛 속에는 늘 그리움과 쓸쓸함이 서려 있었다. 그분의 '타관'은 단지 낯선 땅만이 아니라, 우리가 살고 있는 이 세상 전체였다. 우리 모두가 잠시 머물다 가는 이승이라는 타관.

인간은 누구나 고향을 그리워한다. 부모와 형제가 함께 있고, 서로 믿어 주고, 죽어서도 묻히고 싶은 땅. 그러나 실상 그 고향은 이 세상에는 존재하지 않는다. 우리는 모두 타관살이를 하고 있는 셈이다. 예수도 나사렛에서조차 환영받지 못했고, 늘 고향 없는 자로 살아갔다. 그분이 "하느님의 뜻이 하늘에서와 같이 땅에서도 이루어지소서"라고 기도하신 것은, 우리 마음 안에야말로 잃어버린 고향이 존재한다는 사실을 가리킨 것이리라.

통일에 대한 염원도 결국은 마음에서 출발해야 한다. 서로 다른 체제와 이념을 넘어, 마음으로 만나고 마음으로 용서하지 않는다면, 그 어떤 회담과 협정도 오래가지 못한다. 마음이 있는 곳에 모든 것이 시작되고, 이루어진다. 마음에서 용서와 관용이 전해질 때, 통일은 더 이상 정치적 구호가 아니라 삶의 현실이 될 것이다.

나는 걸레를 헹구며 다시 생각했다. 나의 삶은 어쩌면 걸레와 같다. 세상의 눈에는 보잘것없고, 더러움을 닦는 하찮은 물건일지라도, 누군가의 손에 들려 하느님의 뜻에 따라 사용된다면, 그것은 가장 빛나는 도구가 된다. "당신의 뜻대로 나를 쓰소서." 나는 조용히 중얼거리며 다시 창밖을 바라보았다. 가을비는 여전히 세상을 씻어내리고 있었고, 내 마음 깊은 곳에서도 오래된 먼지가 조금씩 닦여 내려가고 있었다.

십자가와
솜사탕 사이에서

솜사탕을 일구어내는 철통 안의 아낙네의 손길은 언제 보아도 절묘하다. 빠르게 돌아가는 원심력 위에서 구름처럼 피어오르는 희디흰 실들이 바람에 떠밀려 나오고, 그것을 나무젓가락으로 조심스레 감아올리는 순간 나는 문득 미켈란젤로의 프레스코화를 떠올린다. 시스티나 성당 천장에서 천주 성부가 아담을 향해 손가락을 내밀던 그 장엄한 장면, 무無에서 생명을 건져 올리는 신비의 순간이, 겨울밤의 놀이공원 한쪽에서 솜사탕을 만드는 아낙네의 손끝 위에서 기묘하게 재현되고 있었다. 눈에 보이지 않는 설탕 알갱이가 뜨거운 통 안에서 녹아 실로 피어나고, 그것을 돌돌 말아내면 어느새 허공에 없던 설탕의 꽃송이가 생겨난다. 창조의 아우라가 가장 평범한 일상으로 축소되면, 어쩌면 바로 이와 같은 모습일지도 모른다.

좌대에 꽃송이처럼 꽂히는 솜사탕의 숫자가 늘어날수록, 나는 더욱 철통 속을 골똘히 들여다보았다. 그러나 나의 집요한 시선에 아낙은 곤혹스러운 웃음을 던졌다. '이 사람, 도대체 사 먹을 마음도 없이 무슨 생각으로 이리 오래 서 있나?' 하고 묻는 듯한 눈빛이었다. 순간 부끄러움이 밀려왔다. 얼른 발길을 돌려 남산 자락을 바라본다. 잿빛 운무 너머로 북한산 허리가 어슴푸레 드러나 있었고, 먹통 같은 하늘에는 희끗희끗 흰 눈발이 흩날리기 시작했다.

해야 할 일이 산더미처럼 쌓여 있었지만, 이상하게도 오늘은 책상 앞에 앉아도 아무 일도 손에 잡히지 않았다. 그래서 무작정 남산을 오르기로 했다. 오래전 30여 년 동안 내가 살던 집은 남산 기슭에 있었고, 그 오솔길은 내 일상의 숨구멍 같은 공간이었다. 장충단 공원을 지나 비탈진 잡목 숲길을 30분쯤 오르면 남산타워 밑 넓은 공터가 나온다. 잘 알려지지 않은 이 길은 내게 늘 사색의 길이었고, 치유의 길이었다.

나는 이 길에서 수많은 사람을 만났다. 사랑의 갈등으로 가슴앓이하던 청년, 이혼 위기에 놓여 눈물짓던 중년의 아내, 사업 실패 후 죽음을 결심하고 마지막으로 면담을 청했던 남자…. 어떤 이는 이미 세상을 떠났고, 어떤 이는 이국 멀리 떠나 소식이 두절되었다. 그들의 얼굴을 떠올리며 오늘도 낯익은 벤치와 모퉁이를 지난다. 결국, 그들 모두가 추구하던 것은 행복이었다. 그러나 그 행복은 언제나 먼 곳에 있었다.

나는 한때 그들 앞에서 행복의 조련사처럼 군 적이 있었다. "탐욕은 죄악이다. 미움은 악이다"라고 설파하며, 마치 행복으로 가는 비밀의 열쇠라도 쥔 듯 열을 올리던 적도 있었다. 지금 돌이켜보면, 참으로 철없고 어리석은 일이었다. 탐욕과 시기, 질투, 음해와 몰이해, 제도적 폭력과 구조적 불의. 이 푸르고 깊은 죽음의 바다 같은 악의 신비 앞에서, 연약한 한 인간이 할 수 있는 일이 무엇이 있을까.

겨울바람 속에서 나는 다시 묻는다. 산 위에서 '참 행복에 이르는 길'을 가르쳤던 나자렛 예수는 정작 그 산에서 가장 처참한 죽음을 맞지 않았던가. 집도 절도 없이 떠돌다 음모와 모욕을 다 당하고, 마침내 동족에게는 신성모독자로, 이민족에게는 정치범으로 낙인찍혀 십자가에서 죽어간 그분. "주여, 어찌하여 나를 버리시나이까?"라고 외쳤던 그 순간, 그는 과연 행복했을까?

21세기의 우리는 개인의 행복을 절대화한다. 그러나 진정으로 불행했던 한 사람의 죽음이 오늘날에도 여전히 '행복에 이르는 길'이라 선포될 수 있을까. 팬데믹을 지나며 사람들은 집 안에서 고립되고, AI와 디지털의 문명이 인간을 대신하며, 기후위기가 세대를 갈라놓고 있다. 이런 시대에 십자가의 복음은 스캔들이자 도전일 수밖에 없다.

어느새 정상에 이르렀다. 함박눈이 내린다. 남산타워는 눈보라 속에 감춰져 있었다. 머리가 잘린 산은 산이 아니다. 정상의 신성을 잃어버린 남산이 눈앞에 서 있다. 그 순간, '나는 과연 행복한가?'라는 질문이 나를 덮쳤다.

돌아오는 길, 다시 솜사탕 아낙 앞을 지난다. 이번에는 두 연인이 서 있었다. 아낙은 얼굴만 한 솜사탕을 그들에게 건네주고, 연인들은 손을 잡은 채 나머지 한 손으로 솜사탕을 맛보며 웃고 있었다. 애완견을 쓰다듬듯 서로를 어루만지는 두 눈빛은 세상의 어떤 것도 끼어들 수 없는 빛을 내뿜었다. 황혼의 얼굴을 지닌 아낙은 그들을 행복한 눈빛으로 바라보고 있었다.

낙원의 아담과 이브도 저러했을까? 나는 멍하니 서 있다가 부끄러워 발길을 돌렸다. 그러나 두 연인의 뜨거운 눈빛은 눈앞에 아른거렸다. 그들은 아직 몰랐다. 이 지상에서의 사랑이 저 솜사탕 같다는 것을, 달콤하지만 녹아내리는 순간 허공에 흩어지고 마는 것임을.

달라이라마[69]는 "행복을 발견하는 것은 몸을 돌보는 일과 같다"라고 했다. 몸이 건강하려면 영양소와 운동, 시간이 필요하듯, 행복도 오랜 수행과 마음의 전환을 통해서만 얻어진다. 그렇다면 나는 아직도 행복

---

69 티베트 불교의 지도자. 현대에는 비폭력과 자비, 행복 철학을 강조하며 세계적으로 존경받는 인물.

의 관문 앞에서 서성이는 겨울바람 같은 존재일까. 언제, 어디서, 내 생애의 봄날을 맞이할 수 있을까.

문득 수련 시절의 화두가 떠올랐다. "수행하는 것이 곧 깨달음修證一等."[70] 겨울밤 솜사탕 향기처럼 달콤하면서도 허무한 이 말이 코끝을 스치며 사라졌다. 나는 다시 눈발 속으로 발걸음을 옮겼다. 하얀 눈은 모든 발자취를 덮어버리며, 오늘의 질문마저 고요히 감싸 안고 있었다.

---

70 불교 선종의 대표적 화두. 수행 그 자체가 이미 깨달음이라는 가르침.

손을 비울 때
마음이 가득 찬다

 사람은 손에 무엇인가를 쥐고 있을 때 안심한다고 믿는다. 그러나 역설적이게도, 손에 쥔 것이 많을수록 우리는 더 큰 결핍을 느끼게 된다. 그것들은 단순한 소유물이 아니라 어느새 우리를 붙잡는 족쇄가 된다. 우리가 주인이라 여겼던 소유가 어느새 우리의 주인이 되어버리는 것이다. 집 한 채, 직위 하나, 이름 석 자를 지키기 위해 우리는 얼마나 많은 자유를 내어주었는가. 욕망은 바다와 같아서 아무리 많은 강물이 흘러들어도 가득 차지 않는다. 오히려 더 깊은 허기를 만들고, 더 큰 결핍으로 우리를 몰아넣는다. 그래서 오래전부터 모든 종교 전통은 입을 모아 말했다. "가득 채우려 할수록 텅 빈다. 그러나 비울수록 가득 찬다."
 청빈은 단순히 가난한 상태가 아니다. 그것은 선택이며, 영혼의 혁명이다. 불교는 탐욕을 근본 번뇌로 보고, 그것을 끊어낼 때 열반에 이른다고 가르쳤다. 그리스도교는 세속적 집착을 끊고 하느님께 의탁할 때 인간이 비로소 자유를 맛본다고 고백했다. 이슬람의 라마단[71]은 단순한 금식이 아니라 영혼의 눈을 맑게 하는 훈련이다. 힌두교는 무소유의 정신을 통해 해탈을 말하고, 도가 사상은 무위無爲의 삶을 이상으로 삼았다. 장자는 강을 건너는 가벼운 배처럼 집착 없는 삶을 찬미했다. 서로 다른 언어와 문화를 지닌 전통들이 한목소리로 가리킨 것은, 결국 '비움으로써 충만에 이른다'는 진리였다.

옛 수행자가 남긴 "나는 아무것도 가지지 않았기에 모든 것을 가졌다"라는 고백은 공허한 수사가 아니다. 욕망으로 가득 찬 그릇은 그 어떤 것도 더 이상 담을 수 없지만, 비워낸 그릇은 모든 것을 담을 수 있다. 청빈은 바로 그 역설을 사는 삶이다.

예수께서 "여우도 굴이 있고 공중의 새도 집이 있으되 인자는 머리 둘 곳이 없다"고 말씀하신 것은 한낱 가난의 토로가 아니었다. 세상의 그 어떤 것도 인간의 영혼을 영원히 쉬게 할 안식처가 될 수 없음을 드러낸 선언이었다. 부처가 왕궁을 떠나 걸식자로 나섰던 것도 같은 이유였다. 세상의 찬란함이 실은 그림자에 불과하다는 것을 깨닫자, 그는 스

---

71   Ramadan. 이슬람력 9월의 한 달간 행해지는 금식 월.

스로를 비워내는 길을 걸었다. 프란체스코 역시 부유한 가문을 등지고 청빈의 길을 택했다. 이들의 선택은 시대의 상식을 거슬렀지만, 바로 그 거슬림이 세상의 눈을 열었다.

오늘 우리의 현실은 이와 정반대다. 광고는 끊임없이 속삭인다. "더 많이 가져야 행복하다." 우리는 더 큰 집, 더 빠른 차, 더 값비싼 휴대폰을 좇는다. 그러나 만족은 결코 오지 않는다. 오히려 채우면 채울수록 공허는 더 깊어진다. 오늘날 어떤 사람들은 수백만 원짜리 '빈티지' 청바지를 입으며 가난을 연출하고, 일부러 해진 옷을 값비싸게 구입한다. 그러나 그것은 청빈의 본질을 오해한 소비 사회의 기묘한 연극일 뿐이다. 청빈은 연출이 아니라 내면의 자유, 외양이 아니라 태도의 문제다.

진정한 청빈은 많이 가졌느냐, 적게 가졌느냐가 아니다. 많은 것을 가지고도 그것에 얽매이지 않는 사람, 마치 잠시 맡겨진 것을 돌보듯 책임 있게 쓰는 사람은 청빈하다. 반대로 적게 가졌으면서도 탐욕과 비교로 마음이 사로잡혀 있다면 그는 결코 청빈하지 않다. 소유와 무소유의 경계는 외부가 아니라 내면에 있다.

세상에는 여러 길의 청빈이 있다. 어떤 이들은 세상과 거리를 두고 수행자로 살아간다. 아무 일도 하지 않고 오직 내면의 평화를 추구하며, 집착을 벗어던진다. 또 어떤 이들은 세상 속에 남아 소유하되 소유당하지 않고, 재화를 쓰되 탐하지 않으며, 이웃을 위해 헌신한다. 기업가이면서도 모든 이익을 사회에 환원하는 이, 의사이면서도 가난한 환자를 위해 헌신하는 이, 권력을 탐하지 않고 공익을 위해 일하는 정치가는 모두 청빈의 증거자다. 그들에게 부는 목적이 아니라 수단이고, 소유는 집착이 아니라 책임이다.

청빈의 출발은 감사다. 이미 주어진 것들을 선물로 받아들이는 마음. 존재 자체가 은총임을 아는 사람은 더 이상 움켜쥐려 하지 않는다. 테레사 수녀가 캘커타의 빈민가에서 가장 가난한 이들을 섬기며 보여준 삶은 그 표지다. 그녀는 물질적으로는 거의 아무것도 없었지만, 영혼은 누구보다 풍성했다. 청빈은 없는 상태가 아니라, 비움으로써 충만해지는 길이다.

이 원리는 개인에게만 적용되지 않는다. 공동체에도 마찬가지다. 교회와 사찰이 재산을 축적하는 데 혈안이 될 때, 본래의 향기를 잃는다. 웅장한 성당과 화려한 법당이 눈을 끌 수는 있다. 그러나 가난한 이들의 눈물을 외면한다면, 그 메시지는 공허한 메아리가 된다. 예수의 탄생은 마구간에서였고, 부처의 첫 설법은 사슴동산[72]에서였다. 그들의 가르침이 세상을 바꾼 힘은 건물이 아니라 진실한 사랑과 자비였다.

달란트의 비유도 같은 진리를 전한다. 중요한 것은 많이 가지는 것이

---

72 인도 바라나시에 있는 장소. 부처가 깨달음을 얻은 뒤 최초로 설법을 한 곳.

아니라 어떻게 쓰느냐다. 재능이든 돈이든 권력이든, 주어진 것을 공동선을 위해 사용할 때 비로소 청빈의 의미가 드러난다. 움켜쥔 것은 결국 사라지지만, 내어놓은 것은 영원히 남는다. 오병이어의 기적은 이를 상징한다. 한 소년이 도시락을 내어놓았을 때 그것은 수천 명을 먹이는 은총이 되었다. 움켜쥐었다면 한 끼에 불과했겠지만, 내어놓음으로써 영원한 풍요가 된 것이다.

여기서 우리는 또 다른 차원을 본다. 청빈은 단순히 개인의 미덕에 그치지 않고 사회적 정의와도 맞닿아 있다. 오늘날 지구 인구의 1%가 세계 재산의 절반 이상을 독점하고, 수많은 이들이 기아와 빈곤에 시달린다. 이런 현실 속에서 청빈은 선택이 아니라 책임이 된다. 풍요 속에서도 절제하며 나누는 삶은 사회 구조를 바꾸는 씨앗이 된다. 작은 나눔 하나가 구조적 불평등의 벽을 허무는 첫 균열이 될 수 있다.

그러므로 "미래를 위해 지금 재산을 모은다"는 말은 종종 자기기만이다. 교회가 '미래 사목'을 이유로 오늘의 탐욕을 합리화하는 경우를 우리는 숱하게 본다. 그러나 진정한 신앙은 내일이 아니라 오늘에 있다. 내일을 핑계로 오늘의 사랑을 미루는 것은 변명일 뿐이다. 청빈한 사람은 지금 주어진 것으로 충분히 살아가며, 현재에 충실하다.

물론 청빈의 길은 쉽지 않다. 소유의 달콤한 유혹, 안전을 보장받고 싶은 본능, 비교심리는 우리를 끊임없이 흔든다. 그러나 성인들의 발자취는 분명히 보여준다. 비움의 끝에는 세상의 어떤 보화보다 값진 자유와 평화가 기다린다는 것을.

오늘도 우리는 선택할 수 있다. 더 많이 가지려는 욕망의 노예로 살 것인가, 아니면 청빈의 지혜를 따라 자유인으로 살 것인가. 그 선택은 내 영혼의 운명을 바꾼다. 개인으로서도, 공동체로서도 우리는 이 질문 앞에 서 있다. 선택은 언제나 오늘이다. 지금 이 순간의 결단이 내일의 삶을 형성한다. 청빈은 단순한 덕목이 아니라 영혼의 자유로 향하는 길이며, 그 길은 지금도 우리 앞에 열려 있다.

상처 위에 꽃이 핀다

　복수하지 마라. 썩은 과일은 스스로 떨어진다. 사람은 누구나 살아가며 상처를 받는다. 어떤 상처는 불시에 날아든 화살처럼 우리의 마음을 찌르고, 어떤 상처는 겉으로 드러나지 않은 채 오래도록 가슴속에 남아 있다가 문득 고통을 일으킨다. 당신에게도 그런 기억이 있지 않은가. 무심한 말 한마디, 차갑게 던져진 눈빛 하나가 마음을 스쳐 간 그 순간이. 낮에는 아무렇지 않은 듯 애써 웃어넘겼지만, 밤이 되면 그 상처가 얼마나 깊숙이 파고들었는지 알게 된다. 아무도 모르게 베개에 얼굴을 묻고 뜨거운 눈물을 삼켜야 했던 시간들, 그 기억이 지금도 가슴 어딘가에 남아 있지 않은가.
　지하철 안에서 서로 눈을 마주치지 않으려 스마트폰 화면만 들여다보는 사람들, 같은 사무실에서 일하면서도 서로를 경계하는 시선, 아파트 복도에서조차 인사 한마디 건네지 않는 이웃들…. 언제부터 우리는 이렇게 서로에게 차가워졌을까. 언제부터 우리는 상처 주고받는 일을 아무렇지 않게 여기게 되었을까. 우리는 마치 외로운 섬들이 되어 홀로 떠다니고, 그 사이를 메우는 것은 따뜻한 바다가 아니라 미움과 원한이라는 차갑고도 깊은 바다일 뿐이다.

당신은 혹시 지금도 그 바다 위에서 표류하며, 당신을 아프게 한 누군가의 소식을 휴대폰으로 확인하고 있지는 않은가. 그들의 SNS 속 환한 웃음을 보며 속으로 알 수 없는 감정을 느끼지는 않는가. '언젠가는 저 사람도 나처럼 아프게 되겠지' 하고 속으로 되뇐 적은 없는가. 그러나 솔직히 말해보라. 그런 생각이 당신을 단 한 번이라도 행복하게 해준 적이 있었는가.

복수는 달콤한 약속처럼 다가오지만, 실상은 썩은 과일이다. 겉보기에는 멀쩡해 보이지만, 그 속은 이미 부패로 가득 차 있다. 독을 끓이는 사람이 먼저 중독되듯이, 복수심을 품은 순간부터 병들어가는 것은 상대가 아니라 바로 우리 자신이다. 상대를 미워하는 동안 정작 우리 영혼은 점점 어두워지고, 내 마음의 향기는 사라져 간다.

얼마나 많은 밤을 원한의 그림자 속에서 뒤척이며 보냈는가. 얼마나 많은 날을 복수의 상상 속에서 허비했는가. 그러나 그 시간은 우리에게 무엇을 남겼는가. 평화도, 기쁨도, 해방도 아니었다. 오히려 더 깊은 상처, 더 큰 외로움, 더 날카로운 고독뿐이었다.

정의는 우리가 직접 손대지 않아도 이루어진다. 악한 것들은 시간이 흐르면 제 무게에 눌려 스스로 무너진다. 썩은 과일이 가지에 오래 매달려 있지 못하고 결국 땅으로 떨어지듯, 불의와 거짓도 언젠가는 무너진다. 우리가 굳이 그 과정을 앞당길 필요는 없다. 우리가 손을 대지 않아도, 진리는 저절로 제 길을 찾아간다.

역사상 가장 억울한 죽음을 떠올려보자. 십자가 위에서 온몸이 찢기고 피 흘리며 "저들을 용서하소서"라고 기도한 그분. 그분에게 복수할 힘이 없었을까? 아니다. 그분은 모든 것을 뒤엎을 능력을 지니셨다. 그러나 그 힘을 내려놓고 복수하지 않기로, 미워하지 않기로 선택하셨다. 완전한 힘이 있었기에 오히려 그것을 사용하지 않았고, 완전한 사랑이 있었기에 끝내 용서를 택하셨다. 바로 그 선택이야말로 진정한 자유였다.

우리의 원한도 마찬가지다. 만약 우리가 아직도 복수의 감옥에 갇혀 있다면, 그 감옥의 열쇠를 쥐고 있는 것은 상대가 아니라 바로 우리 자신이다. 용서는 상대방을 위한 선물이 아니다. 용서는 곧 나 자신을 풀어주는 열쇠다. 복수에 불타는 것은 독을 마시며 상대의 죽음을 기다리는 것과 같다. 그러나 결국 서서히 죽어가는 것은 상대가 아니라 바로 우리다. 그러므로 용서하는 순간 풀려나는 것은 상대가 아니라, 자유로워지는 것은 그들이 아니라, 바로 우리 자신이다.

용서한다고 해서 기억이 사라지지는 않는다. 상처는 여전히 남아있고, 때때로 욱신거린다. 그러나 달라지는 것이 있다. 그 상처가 더 이상 나를 지배하지 못한다는 것이다. 과거의 사건은 지울 수 없지만, 그 사건이 나를 삼키도록 내버려 두지 않을 수는 있다. 그때 상처는 독이 아니라 약이 되고, 고통은 나를 파괴하는 힘이 아니라 다른 이들을 위로하는 도구가 된다. 고통이 고통으로 끝나지 않고 치유로 전환되는 것이다.

과학도 이 사실을 말해준다. 신경과학자들은 용서가 인간의 뇌와 몸을 변화시킨다고 증명했다. 용서하는 순간 뇌파가 달라지고, 스트레스 호르몬은 줄어들며, 면역력은 강해진다. 용서는 단순한 도덕적 덕목이 아니다. 그것은 생존을 위한 지혜이고, 영혼을 살리는 처방이다. 복수는 본능이지만, 용서는 인간만이 할 수 있는 고등한 의식의 발현이다.

문학도 용서의 힘을 증언한다. 빅토르 위고의 『레미제라블』에서 장발장은 미리엘 주교의 은촛대를 통해 새로운 존재로 거듭났다. 한순간의 용서가 도둑을 성인으로 바꾼 것이다. 도스토옙스키의 『죄와 벌』 속 라스콜리니코프가 구원에 이른 것도, 톨스토이의 네흘류도프가 참된 귀족으로 다시 태어난 것도 모두 용서의 힘 덕분이었다. 문학은 끊임없이 증언한다. 용서는 단순한 사건이 아니라, 인간 존재 자체를 바꾸는 창조의 힘이라고.

용서는 한 번의 결심으로 끝나는 일이 아니다. 그것은 매일의 선택, 매 순간의 훈련이다. 큰 상처는 당장 어렵더라도 작은 서운함부터 내려놓을 수 있다. 완벽할 필요도 없다. 조금씩, 천천히, 그러나 꾸준히. 그 과정 속에서 우리는 자유로워진다.

원한을 원한으로 갚으면 끝이 없다. 오직 사랑으로만 원한이 사라진다. 천 년을 이어온 미움의 사슬도 한순간의 용서로 끊을 수 있다면, 그것이야말로 인간이 이룰 수 있는 가장 숭고한 승리일 것이다. 연꽃이 진흙에서 피어나듯, 가장 아름다운 꽃은 가장 척박한 땅에서 자란다. 당신의 상처받은 가슴에서도 반드시 용서라는 꽃이 피어날 것이다. 그리고 그 꽃의 향기는 당신만의 것이 아니라, 당신과 함께 살아가는 이웃 모두를 치유할 것이다.

우리는 모두 상처받은 존재다. 동시에 누군가를 상처 입힌 불완전한 인간들이다. 서로를 용서할 때, 비로소 우리는 다시 인간다움을 회복한다. 복수의 칼을 내려놓고, 용서의 꽃을 들어 올려라. 상처 위에 피어난 꽃이 가장 아름답듯, 용서로 치유된 영혼이야말로 가장 고귀하고 거룩하다.

혹시 지금 당신이 외로운 섬처럼 느껴진다면, 당신 마음과 영혼 사이에 흐르는 차가운 바다를 따뜻한 사랑의 바다로 바꾸어라. 먼저 용서의 손을 내밀어라. 그것이 우리가 함께 걸어가야 할 마지막 희망의 길이다.

당신이 용서하는 순간, 풀려나는 것은 상대가 아니라 바로 당신 자신이다. 그리고 그 순간, 상처 위에 꽃이 핀다. 그 꽃은 언젠가 당신의 삶 전체를 향기로 채우고, 마침내는 세상 전체를 치유하는 빛으로 피어날 것이다.

내 뜻이냐,
아버지의 뜻이냐

우리는 매일 선택의 기로에 선다. 눈을 뜨자마자 휴대폰 알람을 끄고 다시 눕느냐, 일어나 아침을 준비하느냐 하는 사소한 선택에서부터, 진로와 인간관계, 인생의 방향을 결정하는 중대한 갈림길까지. 인간의 하루는 선택의 연속이다. 때로는 커피 한 잔을 고르는 순간에도 망설인다. 아메리카노냐, 라테냐, 오늘은 디카페인으로 가야 하나? 사소한 갈등 같지만, 우리의 마음은 늘 이런 질문 앞에 선다.

그러나 그리스도인이라면 여기서 멈추지 않는다. 우리는 단순히 '내게 좋은가'라는 물음에 머무르지 않고 더 깊이 묻는다. 이것이 하느님의 뜻일까, 아니면 단지 내 욕망일까? 이 질문 앞에서 우리는 겟세마네 동산의 예수님을 떠올린다. 그분의 기도는 지금도 우리를 울린다. "내 뜻대로 마시옵고, 아버지의 뜻대로 하옵소서."

예수님께는 선택지가 분명히 있었다. 천사들을 불러내어 로마 군사를 몰아낼 수도 있었고, 예루살렘을 떠나 고향 갈릴리로 돌아가 평온한 나날을 보낼 수도 있었다. 그러나 그분은 인류를 위한 더 큰 사랑을 선택하셨다. 강요된 굴복이 아니라, 사랑에서 비롯된 자유로운 결단이었다. 그리고 그 선택은 죽음을 생명으로, 절망을 희망으로 바꾸는 하느님의 뜻을 실현하는 길이 되었다.

문제는 우리다. 정직하게 말하면, 내 뜻과 하느님의 뜻을 어떻게 분별하느냐는 질문은 결코 단순하지 않다. 때로는 내 욕망이 하느님의 뜻인 양 포장되기도 한다. 때로는 내 두려움이 하느님의 뜻을 가로막는다. 그리고 솔직히, '내 뜻대로 하되 책임은 내가 진다'라는 현대인의 자율적 태도에 젖은 우리에게, "아버지의 뜻대로 하옵소서"라는 고백은 마치 무책임하거나 남에게 떠넘기는 말처럼 느껴질 수도 있다. 바로 여기서 끊임없는 영적 분별이 필요하다.

삶은 사실 선택의 누적이다. 우리가 걷는 인생길은 작은 선택들이 쌓여 만들어진다. 피곤한 이유는 단순히 일이 많아서가 아니라, 매 순간 마음이 갈라지고 흔들리기 때문이다. 이 길로 가야 할까, 저 길이 더 나을까? 우리는 갈림길마다 서성인다. 인간관계, 직업, 신앙생활, 심지어 소비의 순간까지, 우리는 질문한다. 이것이 내 욕망인가, 아니면 하느님의 뜻인가?

사실 이 갈등은 우리만의 것이 아니다. 2천 년 동안 수많은 신앙인이 같은 고민을 해왔다. 초기 교회의 수도자들은 광야에서 하느님의 뜻을 찾으며 씨름했다. 중세의 신학자들은 이성을 다해 분별하려 애썼다. 현대의 영적 지도자들도 같은 질문을 반복한다. 그러니 우리도 혼자가 아니다.

영적 스승들이 남긴 지혜는 지금도 유효하다. 첫째는 마음을 정화하는 것이다. 내 욕망과 두려움, 편견을 직시하지 않고서는 하느님의 뜻을 분별할 수 없다. 중요한 결정을 앞두고 잠시 멈추어 서서 내 마음을 들여다보는 일. '내가 진짜 원하는 것이 무엇인가?'라는 질문을 던져보는 일. 때로는 물질적 욕심이, 때로는 인정받고 싶은 허영심이 내 판단을 흐린다. 그 불순물을 알아차리고 덜어낼 때 길이 조금씩 보이기 시작한다.

둘째는 사랑의 기준이다. 성 아우구스티누스는 "사랑하라, 그리고 네가 원하는 것을 행하라"라고 말했다. 진정한 사랑에 바탕을 둔 선택이라면, 그것은 곧 하느님의 뜻과 다르지 않다. 내 결정이 나뿐 아니라 주변 사람들을 살리는가, 용서와 화해를 낳는가, 정의와 평화를 세우는가. 이 단순한 잣대는 복잡한 상황 속에서도 강력한 분별의 힘을 발휘한다.

셋째는 내적 평화다. 하느님의 뜻에 맞는 선택은 마음 깊은 곳에서 평화를 준다. 물론 외적으로는 고난이 따를 수도 있다. 그러나 근본에는

'옳은 길을 가고 있다'는 확신에서 오는 고요가 있다. 반대로 잘못된 선택은 순간의 짜릿함을 줄 수 있지만, 결국 마음을 불안하게 만든다. 깊고 지속적인 평안이 아닌, 일시적 흥분이라면 다시 물어야 한다.

넷째는 공동체의 지혜다. 하느님의 뜻은 개인의 고집 속에서보다 공동체 안에서 더 분명히 드러난다. 신뢰할 만한 친구나 영적 지도자의 조언을 구하고, 가족과 교회의 목소리를 귀담아 듣는 것. 혼자만의 독단이 아니라, 함께 분별하는 지혜가 필요하다.

다섯째는 시간의 검증이다. 중요한 선택일수록 서두르지 않아야 한다. 감정이 뜨거울 때 내린 결정은 오래가지 못한다. 시간이 지나면서도 여전히 평안이 남는 선택이라면, 그것은 하느님의 뜻일 가능성이 크다. 하느님의 뜻은 성급함보다 인내 속에서 더 분명해진다.

이런 원칙들은 추상적 교훈이 아니다. 직장을 고를 때, 단순히 연봉이나 조건만 보지 않고 내 재능을 살리며 다른 이들에게 유익을 줄 수 있는지를 살피는 것. 연애나 결혼을 결정할 때, 상대와의 관계가 서로를 더 자유롭고 깊은 사랑으로 이끄는지를 점검하는 것. 일상의 작은 선택에서도, 오늘의 대화와 소비와 행동 하나하나가 사랑을 바탕으로 하고 있는지를 묻는 것. 이 모두가 영적 분별의 실천이다.

그럼에도 우리는 여전히 갈등한다. 내 뜻과 하느님의 뜻이 정면으로 충돌하는 듯 보일 때, 우리는 예수님의 겟세마네 기도를 떠올린다. 예수님도 고통을 피하고 싶어 하셨다. 그러나 결국 "아버지의 뜻대로"라는 기도를 드리셨다. 그것은 억지 체념이 아니라 더 큰 사랑을 위한 자유로운 선택이었다. 우리도 때로는 당장의 만족을 포기하고 더 큰 선을 택해야 한다. 그때 비로소 우리의 선택은 하느님의 뜻과 일치하게 된다.

물론 우리는 완벽할 수 없다. 잘못된 선택을 하기도 하고, 나중에 후회하기도 한다. 그러나 하느님은 우리의 불완전함마저 사용하신다. 그분은 모든 길을 선으로 빚어내시는 분이시다. 우리가 정직하게 사랑을 기준으로, 공동체 속에서, 인내심을 가지고 분별하려 한다면, 넘어지더라도 결국은 하느님의 마음에 더 가까워진다.

"내 뜻대로 마시옵고, 아버지의 뜻대로 하옵소서." 이 기도가 우리의 나침반이 될 때, 삶은 더 이상 무작정 흔들리는 길이 아니라 방향 있는 여정이 된다. 나침반이 언제나 북쪽을 가리키듯, 예수님의 삶은 언제나 아버지를 향했다. 그분의 모습은 우리에게도 가장 자유로운 삶의 모델이다. 억눌린 순종이 아니라 사랑에서 비롯된 자유, 계산된 타협이 아니라 더 큰 선을 향한 선택. 그것이 우리가 영적 분별 속에서 찾게 될 참된 자유다.

흔들리는 갈대, 스며드는 은총

　인간은 언제나 두 갈래 길 사이에 서 있다. 한쪽은 이성이 단단히 닦아 놓은 길이고, 다른 한쪽은 본능이 무심히 내어놓은 오솔길이다. 우리는 이성의 길을 선택하려 애쓰지만, 불현듯 본능의 돌개바람에 휩쓸려 간다. 이성과 본능은 서로 다른 두 악기처럼 충돌하면서도, 묘하게 우리 안에서 끊임없이 화음을 이루려 한다. 인간은 흙으로 빚어진 육체 안에 불멸의 영혼을 품고 있기에, 언제나 모순의 긴장 속에 선다.

　그렇기에 인간은 한없이 위태롭다. 바람 속에 흔들리는 갈대 같아 보인다. 갈대는 스스로 강인하다고 말하지 않는다. 다만 바람이 불면 고개를 숙이고, 바람이 그치면 다시 일어난다. 인간 역시 그렇다. 무너지는 듯 보이지만 다시 일어나고, 넘어지는 듯 보이지만 다시 걷는다. 바람

앞에서 갈대가 배우는 것은 꺾이지 않는 법이 아니라, 꺾여도 다시 일어나는 법이다.

라인홀드 니버[73]는 인간을 이렇게 정의했다. "인간은 이성인 체하는 동물이자, 동물인 체하며 이성을 앞세우는 존재이다." 그 말은 곱씹을수록 뼈아프다. 우리는 합리적이라 주장하면서도 본능에 끌리고, 본능적이라 비난받으면서도 끝내 합리화를 시도한다. 초월을 향한 의지와 흙에 묶이는 속박이 함께 얽혀 있는 인간의 이 모순성은 우리를 자주 무너뜨린다. 그러나 무너짐이 끝은 아니다. 그것은 사랑을 다시 기다릴 수 있는 자리에, 마치 젖은 흙 위에 눕는 갈대처럼 우리를 놓아두는 일일지 모른다.

우리는 완전하지 않기에 기도한다. 사랑하려 하지만 사랑을 다 알지 못하고, 선을 좇으려 하지만 끝내 그 선을 넘어서는 우리. 기도 중에도 방황하고, 믿음 속에서도 의심을 떨치지 못한다. 고요 속에서도 흔들리는 갈대처럼 내면은 끝내 진정되지 않는다. 그러나 바로 그 연약함이 인간을 가장 진실하게 만든다.

파스칼[74]은 말했다. "인간의 위대함은 연약함 속에 있다. 그 연약함을

---

[73] Reinhold Niebuhr(1892~1971), 20세기 미국의 대표적인 신학자이자 사회윤리학자.
[74] Blaise Pascal(1623~1662), 프랑스의 수학자·철학자·신학자. 인간의 위대함과 비참함을 동시에 강조했다.

아는 데서 깊이가 생긴다." 그렇다. 우리는 무너지는 존재이기에, 오히려 더 간절히 하느님을 찾는다. 우리의 불안은 공허가 아니라, 신을 향한 갈망의 다른 이름이다.

삶을 돌아보면, 가장 깊은 기도는 잘 꾸며진 언어 속에서 나오지 않았다. 오히려 기도조차 되지 않는 흐느낌 속에서, 차마 입술로 표현하지 못한 긴 한숨 속에서, 말 없는 눈물 속에서 흘러나왔다. 흔들림 속에서 나온 기도가 가장 진실했다. 그리고 그 자리에서 우리는 알게 된다. 우리의 연약함이야말로 하느님께서 머무시는 성소라는 것을.

우리 안에는 설명할 수 없는 빈틈이 있다. 아무리 성취해도, 아무리 쌓아도 틈은 여전히 남아있다. 그것은 갯벌의 숨구멍 같아서, 겉은 단단해 보여도, 속에서는 조용히 물을 빨아들이며 바다를 기다린다. 명예, 인정, 쾌락은 그 틈을 잠시 달랠 뿐, 결코 채울 수 없다. 그 빈틈은 오직 하느님만을 향해 열려 있다.

카를 바르트는 이렇게 말했다. "인간은 스스로 하느님께 이를 수 없기에, 하느님이 우리에게 오셨다." 인간이 닿지 못하는 그곳을, 하느님께서 친히 걸어 내려오셨다. 그러므로 우리의 구원은 우리의 업적이 아니라, 은총의 발걸음이다. 우리는 닿을 수 없지만, 그분은 우리를 찾아오셨다. 이것은 단순한 교리가 아니다. 삶 속에서 우리는 이를 체험한다. 끝났다고 여겼던 순간에 사랑은 새롭게 시작되고, 무너졌다고 생각한 자리에서 은총은 꽃처럼 피어난다. 우리는 종종 "이제 끝났다"라고 입버릇처럼 말하지만, 그 자리에서 하느님은 "아직 아니다. 이제 시작이다."라고 속삭이신다.

무너짐은 수치가 아니다. 오히려 은총이 스며드는 틈이다. 우리가 무너질 때, 하느님은 가장 먼저 그 자리에 찾아오신다. 어쩌면 무너짐이야말로 우리가 사랑을 배울 수 있는 자리다. 강철처럼 완벽해 보일 때는 은총이 들어올 틈이 없다. 그러나 금이 간 항아리 안으로는 빛이 스며든다.

루터의 고백은 그래서 우리 모두의 고백처럼 들린다. "나는 죄인이지만, 그리스도를 붙잡은 죄인이다." 우리의 부족함은 절망의 증거가 아니라, 구원의 통로다. 우리는 아직 완성되지 않았지만, 이미 사랑받고 있는 존재다.

사랑은 우리를 꾸짖지 않는다. 사랑은 기다린다. 사라졌던 빛을 다시 이마에 비추고, 넘어진 자리에서 조용히 우리를 일으킨다. 아무도 보지 않는 새벽의 눈물 속에서, 기도가 되지 않는 흐느낌 속에서, 그분은 말없이 우리 곁에 머문다. 카를 라너가 말했듯이, 우리가 하느님을 부르기도 전에 이미 그분은 우리 안에 계시기 때문이다.

갈대는 흔들린다. 그러나 부러지지 않는다. 그것은 비굴한 굴종이 아니라, 지혜로운 순응이다. 바람이 불면 고개를 숙이고, 바람이 그치면 다시 일어선다. 그 연약함 속에 강인함이 숨어 있다. 인간의 삶도 그렇다. 흔들리면서도 버티고, 무너지는 듯하면서도 다시 세워진다.

갈대밭에 밀물이 스며들 때, 마른 땅은 생명을 되찾는다. 짠내 나는 바닷물이 오히려 갯벌을 살리고, 그곳에 조개와 게와 온갖 생명이 깃든다. 우리의 삶도 마찬가지다. 나약함과 빈틈 속으로 스며드는 은총이야말로 우리를 다시 살린다. 인간은 흔들리지만, 사랑의 밀물은 멈추지 않는다.

우리는 완전하지 않다. 여전히 갈대처럼 흔들린다. 그러나 그것이 곧 희망이다. 왜냐면 흔들림 속에서만 우리는 사랑을 기다릴 수 있기 때문이다. 우리는 무너지는 존재지만, 동시에 은총을 맞이하는 존재다. 나는 오늘도 고백한다. 아직 완성되지 않았지만, 이미 사랑받고 있다고. 흔들리는 갈대이지만, 그 곁에 밀물이 스며들고 있다고. 그것이면 충분하다.

삶이 시가 될 때

새벽빛이 창문 틈으로 흘러들어 방안을 천천히 물들인다. 아직 잠에서 덜 깬 눈으로 거울 앞에 서서 내 모습을 들여다본다. 거울 속의 나는 분명 나이지만, 동시에 낯선 어떤 그림자 같다. 어제의 피로가 가시지 않은 얼굴, 삶의 무게가 스민 눈빛, 그러나 그것이 진짜 전부는 아니다. 참된 나는 지금도 보이지 않는 더 깊은 자리에서 빚어지고 있다. 내 안의 바다, 이웃의 눈동자 속, 역사의 물결 안에서, 창조주의 손길이 보이지 않는 흙을 만지듯 나를 다듬어 가고 있다. 나는 아직 완성되지 않은 작품, 그러나 그 불완전함 안에서 이미 충분히 아름다운 과정에 놓여 있다.

불꽃은 꺼져도 빛은 사라지지 않는다. 삶은 수많은 불길을 통과하는 여정이다. 실패의 불길, 상실의 불길, 마음을 태우는 고통의 불길…. 그러나 불길이 남기는 것은 잿더미만이 아니다. 그 뜨거운 통과의식은 영혼 속에 새로운 흔적을 남긴다. 상처가 아물며 생긴 흉터는 부끄러움이 아니라 길잡이가 된다. 깊은 주름 속에는 고통의 흔적이 아니라 지혜의 지도가 숨어 있기 마련이어서, 불길을 건너온 눈빛은 더 이상 거칠게 빛나지 않는다. 대신 계곡물처럼 맑고 투명하다. 깊이를 알 수 없을 만큼 고요하면서도, 그 안에는 헤아릴 수 없는 이야기가 소리 없이 흐른다.

깊은 강물은 소리 내지 않는다. 젊은 시절에는 누구나 세상을 향해 큰 소리로 자신의 존재를 증명하려 한다. 그러나 세월이 쌓이며 알게 된다. 삶의 가장 큰 울림은 오히려 침묵 속에서 들린다는 것을. 조용히 건네는 미소 하나가 긴 설교보다 더 깊은 위로가 된다는 것을. 침묵으로 들어올린 눈빛 하나가 천 마디 말보다 더 큰 공감을 담는다. 겨울의 긴 추위를 견딘 꽃이 봄날 피어날 때, 그 향기는 더욱더 진하고 오래 남는다. 그처럼 삶의 긴 겨울을 지나온 영혼의 미소는 단순하지 않고, 은은하게 퍼지는 향기와도 같다.

눈물의 바다를 건너지 않고는 환희의 섬에 도착할 수 없다. 눈물이 없는 웃음은 얕고, 웃음이 없는 눈물은 절망일 뿐이다. 그러나 눈물과 웃음이 함께한 얼굴은 가장 진실하다. 상실을 겪은 이의 손길은 더 따뜻하다. 외로움을 겪은 이의 품은 더 넉넉하다. 넘어지고 다시 일어난 사람만이 타인의 상처 앞에서 무릎을 굽힐 수 있다. 그래서 눈물은 결코 약함의 증거가 아니다. 그것은 사랑의 토양이고, 기쁨의 씨앗이다. 하느님은 우리가 흘린 눈물방울을 모아 가장 아름다운 꽃밭을 가꾸신다.

작은 등불 하나가 어둠을 밀어낸다. 세상이 아무리 캄캄해도, 단 한 사람의 작은 친절, 단 한 마디의 따뜻한 말, 단 한 번의 미소가 어둠 속에 길을 낸다. 하루의 끝에 건네받은 격려 한마디가 지친 영혼의 등을 곧추세운다. 작은 빛이 모여 별이 되고, 작은 불씨가 모여 큰 불빛을 이룬다. 그래서 우리는 누구나 누군가의 등불이다. 나의 사소한 친절 하나가 누군가의 긴 밤을 덜 외롭게 만든다. 우리의 발자국마다 남겨진 땀방울과 눈물이 숲이 되어, 언젠가 지친 여행자에게 그늘을 선물한다.

진주는 상처 입은 조개가 만든다. 고통을 모르는 아름다움은 얄팍하다. 그러나 상처를 품고 다시 빛나기로 한 용기, 그것이 진정한 아름다움이다. 부서짐은 우리를 낮추지만 동시에 가장 깊은 강점을 낳는다. 하느님은 우리의 실패와 좌절마저 귀한 보석으로 다듬으신다. 상처는 더 이상 숨겨야 할 흔적이 아니라, 오히려 세상에 내놓을 가장 빛나는 증거가 된다. 진정한 아름다움은 흠 없는 얼굴이 아니라, 상처를 품고도 다시 웃기로 한 결단에서 피어난다.

향기는 보이지 않지만 멀리 퍼진다. 우리의 삶도 그렇다. 우리가 건넨 작은 말과 행동은 사라지지 않는다. 누군가의 마음 한구석에서 오랫동안 살아남아, 시간이 흘러도 여전히 은은한 향기로 남는다. 한때 무심히 건넨 위로의 말 한마디, 지친 이에게 내어준 짧은 웃음 하나가, 세월이 지나도 누군가의 어두운 길을 밝혀준다. 우리는 생각보다 훨씬 더 많은 이들의 기억 속에서 향기로 살아간다.

산은 높아 오르는 이 많지만, 하늘은 넓어 나는 이는 적다. 성소의 삶은 바로 이 하늘을 나는 일이다. 절망 속에서도 희망을 놓지 않고, 상처받고도 다시 사랑하기로 선택하는 용기. 그것이 우리를 하느님의 걸작으로 빚는다. 우리는 모두 창조주의 화폭 위에 놓인 붓끝의 한 획이다. 아직 완성되지 않았지만, 이미 충분히 아름답다. 한 획 한 획의 삶이 모여 결국 걸작이 될 것이다.

별은 가장 어두운 밤에 빛난다. 우리 인생의 시련은 어둠이 아니라, 빛이 태어나는 자리다. 가장 고통스러운 순간에 비로소 가장 깊은 기도가 터져 나오고, 가장 긴 어둠 속에서 가장 찬란한 희망이 태어난다. 우리는 별이 되려고 태어난 존재다. 그리고 그 별빛은 다른 이들의 길을 밝히는 지도다. 내가 알지 못하는 사이, 나의 작은 친절이 누군가에게 별빛이 된다.

꽃은 져도 향기는 남는다. 우리의 삶도 마찬가지다. 우리는 언젠가 사라지지만, 우리의 웃음과 눈물, 친절과 사랑은 향기로 남아 다른 이들의 삶을 덮는다. 불꽃을 지나 피어난 꽃, 상처를 지나 깊어진 사랑, 어둠을 지나 더 밝아진 별, 이것이 우리의 진짜 이야기다. 우리는 지금도 하느님의 시 속에서 한 줄의 시구로 쓰이고 있다.

성소 주일 아침, 나는 다시 거울 속 나를 바라본다. 아직 완성되지 않았다. 그러나 창조주는 여전히 나를 빚고 계신다. 나는 그분의 손안에서 자라며, 그분의 숨결 안에서 살아간다. 내 작은 조각들이 모여 결국 세상에서 가장 아름다운 이야기가 될 것이다. 그리고 그 이야기는 곧 당신의 이야기이기도 하다. 우리는 모두 하느님의 빛나는 시다.

내일은
맥주를 공짜로
드립니다

얼마 전, 나는 한 전시회에서 오래도록 기억에 남을 화가 한 사람을 만났다. 그는 오랜 세월 암과 함께 살아온 이였다. 병은 그의 몸 안 깊은 곳에 뿌리를 내리고 있었지만, 막상 그와 마주 앉아 이야기를 나누면 누구도 그를 환자라고 짐작하지 못했다. 환자에게서 흔히 기대되는 초췌함이나 기운 빠진 기색은 그에게서 찾아볼 수 없었다. 오히려 그는 웃음을 머금은 얼굴로 상대방을 환하게 만들었고, 눈빛은 한 줄기 빛처럼 맑았다. 그와 대화하는 동안에는 병이라는 단어가 어울리지 않았다.

그는 대학 강단에 서서 학생들을 가르쳤고, 집으로 돌아오면 두 아들과 남편을 돌보았다. 집안일을 하다가도 붓을 잡아 캔버스 앞에 앉았으며, 전시회를 준비하고, 지인들의 무거운 짐을 기꺼이 함께 지기도 했다. 고통은 언제나 그의 삶의 배경처럼 따라다녔으나, 결코 무대의 중심을 차지하지 못했다. 그는 자신의 삶을 고통에게 내주지 않았다. 병은 그의 생의 그림자였을 뿐, 빛은 언제나 그의 얼굴에 머물렀다.

처음 그의 병 소식을 들은 것은 20여 년 전이었다. 나는 그때 한동안 말을 잃었다. 그렇게 생기 넘치고 활력이 가득한 사람이 암 환자라니 믿기 어려웠다. 그러나 언젠가 그를 보호자로서 따라 병원에 간 적이 있었다. 희뿌연 형광등 불빛이 내리쬐는 병원 복도에는 환자들이 줄지어 앉아 있었다. 링거대에 의지한 채 지친 눈빛으로 벽을 바라보는 사람들, 체념이 묻어나는 침묵. 그 속에서 그는 항암 주사를 맞으면서도 간호사에게 농담을 건네고, 옆자리 환자에게 따뜻한 미소를 보냈다. 신음이 스며드는 공간 속에서 그는 기적처럼 살아 움직이고 있었다. 그날 나는 처음으로 그가 어떤 사람인지를, 그의 고통이 어떤 빛을 품고 있는지를 깨달았다.

그는 조용히 내게 고백했다. "신부님, 처음 진단을 받았을 때 제 마음에 스친 건 '하느님께서 저를 지독히 사랑하시는구나'라는 생각이었어요. 그래서 저는 감사 기도를 드렸습니다." 그의 음성은 떨리지 않았고, 담담했다. 그 담담함이 오히려 내 가슴을 아프게 했다. 분노와 절망이 밀려올 법한 순간에 그는 감사했다. 그것은 체념이 아니었다. 오히려 고통 속에서 삶의 본질을 새롭게 발견한 눈이었다. 그는 덧붙였다. "이런 고통이 없었다면 무엇이 가장 소중한지 몰랐을 겁니다. 세상에서 가장 아름다운 것이 무엇인지, 그리고 예수님이 어떤 분이신지를 알 수 없었을 겁니다." 그의 말이 내 마음에 대못으로 박혔다. 고통을 통해 본질에 닿은 사람의 목소리는 낮았지만 단단했고, 그 안에는 설명할 수 없는 평화가 깃들어 있었다.

의사는 그에게 앞으로 6개월, 길면 2년을 더 살 수 있으리라 말했다. 그러나 그는 개의치 않았다. 시간의 길이는 중요하지 않다고 했다. 참으로 소중한 것은 하느님께서 자신에게 주신 '오늘'이라는 고백이 그의 입술에서 흘러나왔다. 우리는 늘 미래를 향해 눈을 두느라 오늘을 흘려 보낸다. 그러나 그에게는 내일이란 개념이 무의미했다. 그에게 주어진 것은 언제나 오늘뿐이었고, 그것이야말로 삶의 전부였다.

그와 함께 보낸 저녁 시간은 특별했다. 작은 거실에 둘러앉아 시시한 농담에도 배를 잡고 웃었다. 특별한 사건이 있던 것도 아니었다. 그러나 그 웃음은 단순한 기분에서 비롯된 것이 아니라 깊은 평화에서 흘러나온 것이었다. 그저 오늘 함께 있다는 사실만으로 충분히 행복할 수 있었다. 삶은 끊임없는 도전의 연속이지만, 그 도전 속에 우리와 함께 계신 분을 믿는 순간, 웃음은 꽃처럼 피어났다.

어느 날 그는 자신의 그림 이야기를 꺼냈다. "사람들이 제 그림 속 해골을 보면 무섭다고 합니다. 그런데 잘 생각해보세요. 우리가 고개를 끄

덕일 때 흔드는 그 머리뼈가 바로 해골 아닌가요? 모두 해골을 이고 살면서 해골이 무섭다고 하니, 그것만큼 우스운 일이 어디 있겠습니까?" 우리는 한참 웃었지만, 웃음이 잦아든 뒤에 남은 것은 묵직한 깨달음이었다. 그렇다. 우리는 죽음을 두려워하지만, 이미 죽음과 함께 살아가고 있다. 그 사실을 인정할 때 비로소 오늘의 가치는 선명해진다.

내가 그 집을 떠나오던 날, 그는 나를 해변가의 작은 식당으로 데려갔다. 창밖으로 붉은 석양이 바다를 물들이고, 잔잔한 파도 소리가 귓가를 스쳤다. 벽에 붙은 문구가 내 눈에 들어왔다. "내일은 맥주를 공짜로 드립니다." 순간 피식 웃음이 났다. 그러나 그 밑에 작은 글씨가 있었다. "그러나 내일은 결코 오지 않습니다." 나는 자리에 앉아 한동안 그 문장을 바라보았다. 내일은 언제나 약속처럼 다가오지만, 실제로 우리가 붙잡을 수 있는 것은 언제나 오늘뿐이다. 나는 마음속으로 생각했다. 이것은 단순한 농담이 아니라 하느님의 유머일지도 모른다고. 맥주를 좋아하는 나에게, 오늘을 붙잡으라는 은근한 가르침을 주신 게 아닐까. 우연처럼 보였으나 결코 우연이 아니었다.

세월은 흘러 또 한 해가 저물어간다. 사람들은 분주한 연말 속에서 또 새해를 준비한다. 그러나 우리에게 내일은 없다. 언제나 주어지는 것은 '오늘'뿐이다. 오늘을 헛되이 흘려보내면 미래는 공허하고, 오늘을 충실히 살아내면 미래는 은혜로 다가온다. 희망 또한 마찬가지다. 희망은 막연히 내일은 좋아질 거라는 낙관이 아니다. 희망은 불가능처럼 보이는 현실을 믿음으로 뚫고 나가는 힘이다. 철학자 가브리엘 마르셀[75]이 말했듯, 희망은 인간에게 주어진 가장 신비로운 선물이다. 그러나 그 희망은 내일에서 시작되지 않는다. 언제나 오늘, 바로 지금 이 자리에서 시작된다. 희망은 먼 곳에 있지 않다. 내가 지금 이 순간을 어떻게 사느냐에 달려 있다.

2025년을 살아가는 우리는 AI의 발달, 기후위기, 전쟁과 분열, 경제적 불안 속에 있다. 많은 이들이 불안에 휘둘리며 내일을 걱정한다. 뉴스 화면은 무너진 건물과 타오르는 불길, AI로 대체되는 직업들, 흔들리는 경제 지표로 가득하다. 그러나 중요한 것은 내일이 아니다. 오늘 내가 위로의 손길을 내밀고, 오늘 내가 웃음을 나누고, 오늘 내가 기도하는 그 순간이 모여 우리의 미래가 된다. 내일을 두려워할 것이 아니라 오늘을 충실히 살아야 한다. 내일은 결코 오지 않는다. 내일은 언제나 또 다른 오늘이 되어 우리 앞에 나타난다. 그러므로 우리가 붙잡아야 할 것은 오직 오늘이다. 오늘을 충만하게 살아가는 것이야말로 하느님께서 주신 선물에 대한 가장 진실한 응답이다.

겨울 저녁, 성당의 촛불 앞에 앉아 나는 기도한다. 내일의 불안을 걱정하지 않고, 오늘을 감사히 살 수 있는 힘을 달라고. 내일의 공짜 맥주

---

[75] Gabriel Honoré Marcel(1889~1973), 프랑스의 철학자·극작가·비평가.

를 기다리며 허무하게 웃는 사람이 아니라, 오늘의 빵과 포도주를 감사히 나누는 사람이 되게 해 달라고. 오늘 내 곁에 있는 사람을 사랑하고, 오늘 내 앞에 놓인 일을 정직하게 해내며, 오늘 내 마음을 하느님께 열 수 있는 사람이 되게 해 달라고.

5장

십자가와 나침반

흔들리는 시대, 우리의 신앙은 다시 방향을 물어야 한다.

                    십자가는 고통이 아니라, 길을 밝히는 나침반이며,

우리는 빛의 발원지로 멀고 긴 순례의 길을 떠나야 한다.

             모든 것의 시작이고 끝인, 하느님의 거처로의 길이다.

담을 허문 성당, 오아시스가 되다

인천 부평 4동 성당 앞에는 오래된 재래시장이 있다. 시장 사람들은 오랫동안 이곳을 '깡시장'이라 불러왔다. '깡'이라는 투박한 이름 속에는 가난과 고단함이 스며 있고, 동시에 억척스럽게 삶을 이어가는 서민들의 땀이 배어있다. 늘 북적이는 시장은 사람들의 살아있는 목소리로 가득 차 있다. 호객하는 상인의 외침, 삶의 무게에 지친 한숨, 아이들이 뛰노는 웃음, 고기 굽는 연기와 채소 냄새까지, 모든 것이 뒤엉켜 서민적 삶의 한 단면을 이룬다.

몇 해 전, 바로 이 시장 앞에 자리 잡은 낡은 성당을 허물고 새 성당을 짓게 되었다. 나는 그 작업에 예술감독으로 참여했다. 당시 본당을 맡고 계셨던 정병덕 신부님은 언제나 신자들의 이야기를 귀담아들으셨다. 성당을 어떻게 지을지 함께 고민하는 과정에서 우리는 단순히 건축의 문제만이 아니라 교회의 존재 방식 자체를 물어야 했다. 이 성당이 단순히 미사를 드리는 장소에 머물러야 할까, 아니면 시장 사람들의 삶 한가운데서 더 큰 의미를 품어야 할까? 성당을 지을수록, 우리는 건물보다 먼저 교회의 얼굴을 새롭게 그려야 한다는 것을 절감했다.

  사람들 틈에서 오랜 시간을 보내면서 나는 깨달았다. 성당은 사막 한복판에 있는 오아시스와 같아야 한다는 것을. 시장은 늘 분주하고 소란스러웠지만, 그 분주함 속에는 갈증과 피로가 있었다. 목마른 이들이 잠시 머물 수 있는 자리, 지친 이들이 따뜻하게 숨 고를 수 있는 곳, 바로 그 자리를 교회가 마련해야 했다. 그 깨달음은 곧 용기가 되었고, 성당 울타리를 허물자는 결단으로 이어졌다. 담장은 교회를 보호하는 안전망이기도 했지만, 동시에 세상과 교회를 가르는 벽이었다. 우리는 그 벽을 허물고 싶었다.

  성당을 새로 짓는 과정에서 나는 가급적 외부의 화려한 것들을 들여오지 않았다. 모든 가구와 제구를 가능한 한 인근에서 제작했고, 지역 장인들의 손길이 스며들게 했다. 교회가 단절된 섬이 아니라 지역과 함께 호흡하도록 만들고 싶었다. 울타리를 허문 자리에는 나무를 심고 벤치를 놓았다. 여름이면 시원한 그늘이 드리워지고, 겨울이면 바람을 막아주는 공간이 되었다. 따뜻한 차와 커피를 나눌 수 있는 작은 쉼터도 마련했다. 성당의 문은 낮에도 닫히지 않았다. 기도하지 않아도 괜찮았고, 잠시 앉아 쉬었다 가도 괜찮았다.

그 변화는 놀라웠다. 신자가 아니더라도 이 마당에 들어서는 순간 이미 환영받는 이가 되었다. 상인들도, 행인들도, 심지어 오갈 곳을 잃은 아이들조차도 잠시 들어와 앉았다가 안정을 찾았다. 그때부터 사람들은 이곳을 '오아시스 성당'이라고 불렀다. 도심의 사막 같은 삶 속에서 온기와 환대가 있는 이곳은 한 모금의 샘물 같았기 때문이다. 여름엔 시원한 그늘이었고, 겨울엔 마음을 덥혀주는 난로 같은 자리였다.

21세기의 교회는 세상과 담을 쌓아서는 안 된다. 교회는 세상과 동떨어진 고립된 섬이 아니라, 세상 한복판에서 함께 숨 쉬는 자리여야 한다. 강론보다 먼저 건네는 따뜻한 자리, 교리보다 먼저 내미는 손, 건물보다 먼저 살아내는 관계. 이것이 교회의 얼굴이다. 기술과 소비주의가 인간의 존엄을 위협하고, 분열과 갈등이 깊어지는 시대에 교회는 예언자의 목소리를 내야 한다. 그러나 동시에 교회는 상처받은 사람들의 곁에 다가가 치유와 화해의 공간이 되어야 한다.

실제로 부평 4동의 '오아시스 성당'은 그렇게 변해갔다. 거대하거나 화려하지 않아도, 이 여유로운 공간으로 젊은이들이 모여들었다. 다른 본당에서 신자 수가 줄어든다는 소식이 들려도, 이곳에서는 오히려 신자가 늘어났다. 성당이 마치 열린 광장처럼 기능했기 때문이다. 복음은 머나먼 하늘에서 떨어지는 선언이 아니었다. 여름의 그늘과 겨울의 온기 속에서, 함께 앉아 있는 침묵과 웃음 속에서 복음은 다시 자라났다. 예수 그리스도의 성육신, 곧 하느님이 우리 역사 안에 들어오셨다는 진리가 바로 이 열린 성당 안에서 드러나고 있었다.

인천교구 정신철 주교님은 이 성당을 교구 지정 문화재 1호로 선포했다. 단순히 건축물이 아름다워서가 아니었다. 울타리를 허물고 세상과 함께 숨 쉬는 복음적 시대정신을 구현했기 때문이었다. 이 성당은 단순한 건물이 아니라 '시대정신'을 담은 징표가 되었다. 하느님의 사랑은 언제나 열려 있고, 그 사랑을 살아내는 교회도 담장을 허물고 세상 속으로 스며들어야 한다는 증거였다.

21세기의 교회는 개인 구원에만 머물러서는 안 된다. 창조 전체가 구원의 대상임을 깨닫고, 하느님 나라의 가치를 구현하는 대안적 공동체가 되어야 한다. 생태적 삶, 나눔과 연대, 다양성을 존중하는 포용적 공동체 안에서 복음은 비로소 살아 움직인다. 신앙은 교리 속에 갇히는 순간 힘을 잃고, 삶의 현장에서 호흡할 때 생명을 얻는다.

깡시장 앞 성당에서 우리는 그것을 보았다. 작은 나무 그늘과 따뜻한 차 한 잔이 이 시대의 목마름을 채우는 생명의 샘이 되었다. 교회가 높이 세운 담은 사람들을 막지만, 열린 문은 사람들을 맞아들인다. 복음은 건물 속에 갇히지 않고, 사람과 사람 사이의 관계 속에서 살아난다.

깡시장 앞, 언제나 분주하고 소란스러운 삶의 자리에서 성당은 새로운 길을 증언하고 있다. 교회의 미래는 안전한 울타리 안이 아니라 세상 한복판에 있다는 것. 복음은 선언이 아니라 삶이며, 관계와 환대 속에서 꽃피운다는 것. 담을 허문 성당에서 우리는 하느님의 사랑이 어떤 모습으로 세상에 스며드는지를 보았다.

오아시스 같은 교회, 그것이 21세기의 소명이다. 깡시장 앞 '오아시스 성당'의 용기는 한 지역의 작은 일화가 아니라, 오늘 우리 모두를 향한 복음의 초대다. 이 시대에 가장 필요한 것은 화려한 건물이 아니라, 한 모금의 시원한 물, 잠시 머물 수 있는 그늘, 그리고 조건 없는 환대다. 그곳에서 복음은 다시 살아나고, 사람들은 다시 길을 걸을 힘을 얻는다. 교회가 바로 그런 자리일 때, 세상은 다시 희망을 품게 된다.

마르타와 마리아,
사랑의 아름다운 두 얼굴

    우리는 오랫동안 마르타[76]와 마리아[77]의 이야기를 단순한 도식으로 이해해왔다. 부엌에서 분주히 일하다가 꾸지람을 들은 여인, 주님의 발치에 앉아 칭찬받은 여인. 그래서 마르타는 '세속적'이고 마리아는 '영적'이라는 이분법적 해석이 굳어졌다. 그러나 복음을 찬찬히 들여다보면, 이 단순한 구도는 그들의 삶을 온전히 담아내지 못한다. 복음서의 문장 속에는 더 깊은 함의가 숨어 있고, 그 뜻은 삶의 자리에서 새롭게 빛난다.

---

76 Martha, 마리아와 라자로의 언니로, 예수님을 집으로 맞아들여 섬겼던 여인.
77 Mary of Bethany, 성모 마리아와는 다른 인물이며, 깊은 관상적 신앙의 전형으로 여겨져 왔다.

13세기의 신비가 마이스터 에크하르트[78]는 이 장면을 새롭게 해석했다. 그의 눈에 마리아는 아직 영적 어린아이와 같다. 주님의 발치에 앉아 말씀을 듣는 것은 귀하지만, 그것은 달콤한 영적 위안을 구하는 초기 단계다. 반면 마르타는 이미 성숙한 영성에 도달했다. 그녀는 주님과 합일을 이루었기에, 그 사랑을 행동으로 옮기는 단계에 있었다. 분주는 단순히 바쁨이 아니라, 사랑의 손길이었다. 우리는 흔히 마르타를 '꾸중 들은 사람'으로 기억하지만, 사실은 그녀야말로 완전한 영성을 보여주는 인물이었다.

　이 관점으로 다시 본다면, 마르타의 부엌은 단순한 살림의 현장이 아니라 성소였다. 솥에서 피어오르는 수증기는 기도의 연기였고, 국자를 젓는 그녀의 손길은 성배를 올리는 제의였다. 사람들은 부엌을 세속적 공간이라 부르지만, 사실은 사랑으로 일하는 모든 자리야말로 거룩한 제단이다.

　성경은 이런 영성을 오래전부터 보여주었다. 마므레 상수리나무 곁에 앉아 있던 아브라함은 낯선 나그네 셋을 보고 망설임 없이 달려나가 영접했다. 그는 발 씻을 물을 내어주고, 아내 사라에게 떡을 굽게 하며,

---

[78] Meister Eckhart(1260~1328), 독일의 도미니코회 신학자이자 신비주의자. '내적 인간'과 '하느님과의 합일'을 강조했다.

송아지를 잡아 최고의 음식을 대접했다. 그의 섬김은 단순한 친절이 아니었다. 그것은 자신을 다 내어주는 혼신의 사랑이었다. 그런데 놀랍게도 그 나그네들은 하느님과 두 천사였다. 그래서 히브리서는 이렇게 일러준다. "손님 대접하기를 잊지 말라. 이로써 부지중에 천사들을 대접한 이들이 있었느니라." 아브라함의 식탁은 단순한 식탁이 아니라, 하늘의 잔치였다.

15세기 러시아 화가 안드레이 루블료프[79]는 이 장면을 '성삼위일체'라는 이콘으로 형상화했다. 세 천사가 원형의 식탁에 앉아 서로를 바라보고 있다. 그들 앞에는 성배가 놓여 있고, 시선과 몸짓은 완전한 조화를 이룬다. 배경에는 아브라함의 집과 상수리나무, 그리고 산이 그려져 있다. 그런데 식탁 앞은 비어 있다. 보는 이로 하여금 마치 자신이 그 자리에 초대받은 듯 느끼게 한다. 이것은 단순한 그림이 아니다. 인간을 향한 하느님의 초대, '너도 이 사랑의 잔치에 동참하라'는 부르심이다.

루블료프의 이콘은 단순한 회화가 아니다. 그것은 신학이고, 기도이며, 영성의 교본이다. 성부와 성자와 성령께서 서로를 섬기듯, 인간이 서로를 섬길 때 우리는 그 식탁에 참여한다. 식탁 앞의 빈자리는 우리를 기다린다. 우리가 그 자리에 앉는 길은 마르타처럼 사랑을 실천하는 길이다.

---

[79] Andrei Rublev(약 1360~1430), 러시아의 대표적 성화icon 화가.

오늘 우리의 일상에도 수많은 '현대의 마르타들'이 있다. 새벽어둠 속에서 하루를 시작하는 시장 상인, 가족의 도시락을 싸는 어머니, 병원에서 환자의 손을 잡아주는 간호사, 치매 부모의 밤을 지키는 자녀, 교회 봉사에서 묵묵히 의자를 나르는 이들. 그들의 손길은 평범해 보이지만, 그 안에 천사를 맞이하고 있다. 그들의 수고는 땀 냄새로 가득하지만, 하느님께는 성배의 포도주처럼 향기롭다.

영성과 관상은 분리된 두 길이 아니다. 그것은 원을 그리며 이어진다. 마리아의 침묵은 마르타의 손길을 낳고, 마르타의 봉사는 다시 마리아의 침묵을 깊게 한다. 관상 없는 봉사는 쉽게 지치고, 봉사 없는 관상은 공허하다. 두 길이 만나야만 온전한 영성이 된다. 한 수녀의 고백은 이를 잘 드러낸다. "부엌에서 감자를 깎을 때도, 그것이 사랑에서 비롯된 것이라면 나는 하느님을 섬기고 있는 것입니다." 그 말은 우리 일상의 무수한 장면들을 거룩하게 바꾼다.

루블료프의 이콘 속 세 천사는 각각 다른 색의 옷을 입고 있다. 푸른 옷은 성부의 초월성을, 붉은 옷은 성자의 인성과 십자가 사랑을, 녹색 옷은 성령의 생명력과 새로운 창조를 상징한다. 우리가 마르타처럼 사랑을 실천할 때, 그 섬김 안에는 성부의 깊이, 성자의 희생, 성령의 생명이 함께한다. 평범한 하루가 곧 삼위일체의 춤에 참여하는 순간이 된다.

현대 사회는 종종 영성을 양극으로 나눈다. "기도만 하지 말고 행동하라" 혹은 "행동보다 묵상이 우선이다"라는 충고가 많다. 그러나 복음은 둘 중 하나를 고르라 하지 않는다. 예수님은 마르타의 분주함과 마리아의 침묵을 모두 품으셨다. 두 흐름이 만나야 강이 되고, 바다로 흘러간다.

나는 병원에서 만난 한 간호사의 얼굴을 잊지 못한다. 새벽 근무가 끝날 무렵, 온몸이 물먹은 솜처럼 무겁게 가라앉아도 그는 환자에게 미소를 건네며 "이제 주무세요, 걱정하지 마세요"라는 말을 잊지 않았다. 그 순간 나는 마르타를 보았다. 그의 행동은 단순한 직업적 의무가 아니라, 하느님의 사랑이 손과 발을 빌려 드러난 모습이었다. 동시에 나는 마리아도 보았다. 그 미소 뒤에는 기도의 시간이, 말씀 앞에 머문 침묵이 있었을 것이다. 관상과 행동이 한 사람 안에서 하나로 어우러져 있었다.

마르타와 마리아의 이야기는 결국 우리에게 이렇게 속삭인다. 당신의 부엌도 성소가 될 수 있고, 당신의 일과도 기도가 될 수 있으며, 당신의 땀방울도 성배에 담긴 포도주가 될 수 있다고. 중요한 것은 단 하나, "그 일이 사랑에서 비롯되었는가?"라는 물음이다. 우리가 그 질문에 "예"라고 답할 때, 우리는 이미 성삼위일체의 식탁 앞에 앉아 있는 것이다.

녹슨 칼을
내려놓으라

"녹슨 칼은 결국 쥔 자의 손을 먼저 베고 만다." 오래된 영국 속담은 오늘 우리의 삶에도 여전히 살아있는 진실을 담고 있다. 인간의 마음은 언제나 비교 속에 흔들려 왔지만, 지금처럼 비교가 제도화되어 삶의 구석구석을 지배한 적은 없었다. 세상은 성과와 속도를 기준으로 사람의 가치를 매기고, 숫자가 곧 존재의 근거가 된다. 누군가의 실패는 나의 안도감이 되고, 누군가의 성공은 곧 나의 불안으로 번져간다. 학생은 성적표 앞에서 친구의 점수를 의식하고, 직장인은 인사평가에서 동료의 성취를 불편해한다. 부모는 자녀의 성과를 비교하며 마음을 죄고, 이웃과의 대화 속에도 경쟁의 기류가 스며든다.

그 속에서 사람들은 점점 자기만의 속도를 잃는다. 남이 정한 시계에 맞추어 뛰면서 삶의 고유한 박자를 잊는다. 누군가 빛날 때, 그 빛은 내 안의 어둠을 드러낸다. 찬란함 앞에서 움츠러드는 나를 보며 거울을 들지만, 그 안에는 내 모습이 아니라 타인의 모습이 겹쳐 비친다. 그렇게 비교의 순간에 시기와 질투가 뿌리를 내리기 시작한다.

시기와 질투는 작은 불씨처럼 시작되지만, 곧 마음 깊은 곳을 갉아먹는 녹으로 번진다. 타인의 성공이 나의 실패처럼 느껴지고, 누군가의 웃음이 나의 눈물로 돌아온다. 그러나 그 칼날은 상대를 향하지 않고 결국 나 자신을 겨눈다. 무디고 녹슨 칼은 언제나 쥔 자의 손부터 상하게 한다.

역사와 신앙은 이 진실을 끊임없이 증언해 왔다. 카인은 아벨의 제물이 받아들여지는 것을 견디지 못해 동생을 죽였지만, 결국 무너진 것은 자기 자신이었다. 사울은 다윗의 노랫소리에 불안을 느끼고 끝내 왕좌를 잃었다. 그리스 신화 속에서도 에리스가 던진 황금사과 하나는 신들의 다툼을 불러일으켜 트로이 전쟁이라는 파국을 낳았다. 작은 질투가 어떻게 개인을 넘어 공동체 전체를 무너뜨리는지 역사는 수도 없이 보여준다.

오늘 우리의 삶에서도 이 고대의 이야기는 되풀이된다. 직장에서 동료의 성과를 칭찬하면서도 속은 불편하다. 학교에서 친구의 합격 소식에 웃음을 건네지만, 밤이 되면 눈물을 삼킨다. SNS는 이 감정을 더욱 증폭시킨다. 누군가의 여행 사진이나 가족사진은 내 삶을 초라하게 만든다. 손끝으로 넘기는 이미지와 영상 속에서 비교는 끊임없이 반복되고, 자책은 질투의 불씨가 된다.

그러나 그 위안은 언제나 짧고, 뒤따르는 공허는 깊다. 질투는 잠시 달콤한 듯 보이지만 결국 독이 되어 존엄을 무너뜨린다. 그것은 독배를 마시고 다른 사람이 상하기를 기다리는 것과 같다. 그러나 독은 상대의 심장을 파괴하기 전에 내 심장을 먼저 죽인다.

그러나 사랑은 다르다. 사랑은 시기하지 않고, 자랑하지 않으며, 다투지 않는다. 사랑은 타인의 성공 앞에서 함께 기뻐하고, 그 빛을 내 삶의 빛으로 삼는다. 진정한 평온은 타인의 빛을 꺼뜨리는 데 있지 않고, 내 안의 등불을 지켜내는 데 있다. 어느 꽃도 이웃의 피어남을 시기하지 않듯, 삶은 각자의 계절에 피고 져야 아름답다. 봄의 꽃은 여름의 꽃을 부러워하지 않고, 겨울의 나무는 그 나름의 고요한 아름다움을 간직한다.

신앙은 우리에게 다른 길을 제시한다. "각각 자기의 달란트를 따라" 주어진 몫이 있음을 일깨운다. 나에게 주어진 시간과 은총, 길을 걸어가는 것이 중요하다. 내가 타인의 달란트를 시기할 때 내 안의 은총은 보이지 않는다. 그러나 내 안의 빛을 감사히 지킬 때 나는 이미 자유를 향해 나아가고 있다.

빛은 언제나 타인을 통해 먼저 다가온다. 누군가의 찬란한 순간을 미

위하지 않고 기뻐할 수 있을 때, 그 빛은 내 안에서도 타오른다. 시기와 질투는 마음을 쇠사슬로 묶지만, 감사와 사랑은 그 사슬을 끊는다. 우리는 결국 선택해야 한다. 녹슨 칼을 움켜쥘 것인가, 내려놓을 것인가. 칼은 누군가를 찌르기 전에 내 손을 먼저 베고, 독은 타인을 해치기보다 내 영혼을 먼저 죽인다.

역사는 말해준다. 질투는 단순한 감정이 아니라 권력과 제도의 틈새에서 번식하며, 제국을 흔들고 예술가들의 삶을 병들게 했다. 오늘의 사회도 다르지 않다. 직장과 학교, 심지어 교회와 가정에서도 질투의 그림자가 드리워진다. SNS는 그 그림자를 더 선명히 드러내는 무대다. 사람들은 완벽한 순간만을 올리고, 우리는 그 빛나는 조각을 보며 자신의 삶을 깎아내린다.

심리학은 이를 '사회적 비교의 함정'[80]이라고 부른다. 우리는 남의 가장 화려한 순간을 나의 가장 초라한 순간과 나란히 놓는다. 당연히 나는 뒤처진 듯 보이고, 질투는 깊어진다. 그 칼은 남을 찌르지 못하고 내 손을 먼저 상하게 한다. 의학은 또 말한다. 질투와 시기는 뇌 속에 스트레스 호르몬을 폭발적으로 증가시켜 몸과 마음을 병들게 한다. 질투는 영혼뿐 아니라 육체까지 갉아 먹는 독이다.

그러나 사랑과 감사는 정반대의 결과를 낳는다. 감사는 타인의 성취

80　타인과 자신을 비교하며 정체성을 규정하려는 경향을 말하는 사회심리학 개념.

를 내 삶의 빛으로 받아들이게 하고, 사랑은 그 빛을 함께 나누는 힘이 된다. 공동체 안에서 누군가가 빛날 때, 그 빛을 함께 기뻐해 줄 수 있다면, 그 공동체는 전체가 밝아진다. 시기의 사슬이 아니라 사랑의 끈으로 묶인 공동체는 파괴가 아니라 창조를 향해 나아간다.

 삶의 진정한 평온은 타인의 빛을 꺼뜨리는 데 있지 않고, 내 안의 등불을 지켜내는 데 있다. 그것은 작고 초라해 보여도 세상 어디에도 없는 유일한 불꽃이다. 신앙은 그것을 깨닫게 한다. 타인의 달란트를 시기할 때 나는 내 달란트를 잃지만, 내 안의 달란트를 감사히 지킬 때 나는 이미 자유를 향해 나아가고 있다.

 삶은 꽃과 같다. 어느 꽃도 이웃의 피어남을 시기하지 않는다. 봄의 꽃은 여름을 부러워하지 않고, 가을의 단풍은 봄의 벚꽃을 시기하지 않는다. 인간만이 타인의 꽃을 바라보며 스스로를 초라하게 만든다. 그러는 사이 내 안의 꽃은 피어나지 못한 채 시들어 간다.

 그러므로 우리는 결단해야 한다. 녹슨 칼을 움켜쥘 것인가, 내려놓을 것인가. 칼은 손에 힘을 주는 듯 보이지만 결국 나를 먼저 베어 버린다. 시기와 질투는 녹슨 칼과 같아 언제나 쥔 자의 손부터 상하게 한다. 오래될수록 더 무디고, 더 깊이 상처를 낸다.

 신앙은 우리에게 묻는다. 너의 속도는 어디 있는가? 너에게 주어진 길은 무엇인가? 그것은 남의 길을 흉내 내라는 부름이 아니라, 각자에게 맡겨진 몫을 기쁘게 걸어가라는 초대다. 내 안에 주어진 불씨 하나를 지켜내는 것, 그것이 이미 하느님 앞에서 완전한 길이 된다.

비교 속에서 흔들리는 우리는 매일 작은 결단을 통해 칼을 내려놓아야 한다. 기도는 마음의 칼을 내려놓는 훈련이고, 감사는 녹슨 칼 대신 꽃을 드는 훈련이다. 말씀은 비교의 거울 대신 진리의 거울을 비추어 준다. 칼은 내 손을 먼저 베지만, 사랑과 감사는 내 안의 등불을 키운다.

모든 이에게는 자기만의 계절과 속도가 있다. 누구도 내 삶의 속도를 대신 걸어줄 수 없고, 내 빛을 대신 켜줄 수 없다. 내가 내 안의 불씨를 지켜내고 감사할 때, 나는 이미 자유를 향해 나아가고 있다. 진정한 자유는 멀리 있지 않다. 그것은 지금 내 안에 있다. 내게 주어진 길을 기쁘게 걸어가려는 그 마음, 그것이 바로 녹슨 칼을 내려놓는 순간이며, 새로운 빛을 맞이하는 첫걸음이다.

빈 그물에서 시작되는 기적

디베랴 호숫가에서 벌어진 장면은 결코 과거 속 한 장면으로만 머물지 않는다. 그것은 오늘 우리의 삶 속에서도 여전히 살아 숨 쉬는 사건이다. 성경의 이야기는 단순히 먼 옛날의 기록이 아니라, 오늘의 나를 비추는 거울이요, 삶의 순간마다 새롭게 일어나는 신비다.

우리 모두에게는 '빈 그물'의 시간이 있다. 제자들이 밤새도록 수고했으나 아무것도 잡지 못했던 그 새벽처럼, 우리 역시 삶 속에서 허무와 공허를 마주한다. 애써 준비했으나 뜻밖의 실패로 돌아올 때, 관계에 마음을 다했지만 차가운 침묵만이 되돌아올 때, 열심히 달렸지만 어디로 가야 하는지 방향을 잃고 서 있을 때, 우리는 빈 그물 앞에 선다. 그 순간은 잔인하지만 동시에 우리를 일깨운다. 인간의 능력과 열정만으로는 결코 삶을 채울 수 없음을, 우리의 손은 금세 비어버릴 수 있음을. 그런 순간, 주님께서 다가오신다. 고요히, 그러나 결코 외면하지 않으시며 말씀하신다.

"그물을 오른쪽에 던져라."

이 단순한 한마디는 어부의 경험에서 나온 조언이 아니다. 그것은 삶의 방향을 새롭게 하라는 초대다. 익숙한 습관을 버리고, 고정된 시각을 내려놓고, 다른 가능성에 마음을 여는 전환이다. 우리도 여전히 '오른쪽 던지기'를 배워야 한다. 오래된 갈등 속에서 내가 먼저 화해의 손을 내미는 용기, 경쟁과 비교의 굴레를 벗어나 새로운 길을 모색하는 결단, 디지털 화면에 갇혀 메말라가는 영혼을 구하기 위해 기기를 내려놓고 이웃과 눈을 맞추는 선택. 모두가 오늘 우리에게 주어지는 '오른쪽 던지기'다.

제자들이 그 말씀에 순종했을 때, 그물은 153마리의 물고기로 가득 찼다. 성경에 등장하는 이 숫자는 단순한 기록이 아니다. 1부터 17까지를 더하면 153이 되는데, 17은 하느님의 계명인 10과 완전함을 상징하는 7의 합이다. 다시 말해, 인간의 계산을 넘어서는 충만함, 인간의 한계를 넘어서 채우시는 은총을 가리키는 표징이다. 그물에 가득한 물고기는 곧 말씀에 순종할 때 경험하는 '넘침의 은혜'의 상징이었다. 우리의 빈 그물도 주님의 말씀 앞에서 가득 채워질 수 있음을 보여주는 약속이다.

더 놀라운 것은 그다음 장면이다. 부활하신 주님께서 해변에 숯불을 피우시고 제자들을 위해 아침을 준비하신다. 십자가를 이기고 부활하신 영광의 주님께서 가장 먼저 하신 일이 무엇이었는가. 제자들을 위한 식탁이었다. 위대한 선언이나 권위의 과시가 아니었다. 지친 제자들의 허기를 채워주는 따뜻한 아침이었다. 부활의 주님은 영혼만이 아니라 몸의 피로와 허기까지도 세심히 아셨다. 사랑은 언제나 구체적이었고, 그 구체성 안에서 은혜는 더욱 빛났다.

오늘 우리의 삶도 다르지 않다. 우리는 번아웃과 소진 속에 산다. 업무와 경쟁은 끝이 없고, 정보와 자극은 쉼 없이 몰려온다. 마음은 메말라가고 내면은 점점 더 비워진다. 그때 주님은 말씀하신다.
"와서 아침 먹어라."
이 초대는 단순한 음식의 자리가 아니다. 그것은 쉼과 회복, 그리고 새로운 출발의 자리를 뜻한다. 주님의 식탁은 우리에게 가장 근원적인 정체성을 다시 일깨운다. "너는 내 사랑받는 자녀다." 이 고백을 들을 때, 우리는 다시 일어서게 된다.
이어지는 장면은 베드로와의 대화다. 주님은 베드로에게 세 번 묻는다. "네가 나를 사랑하느냐?" 이 질문은 단순한 확인이 아니다. 그것은 과거의 상처를 치유하는 회복의 질문이다. 세 번의 부인으로 무너진 베드로의 자존을 세 번의 사랑 고백으로 다시 일으켜 세우시는 주님의 방식이었다. 주님은 과거의 실패를 들추지 않으셨다. 대신 그 사랑을 다시 묻고, 새로운 사명을 맡기셨다.

"내 양을 먹여라."

오늘의 우리도 마찬가지다. 디지털 시대의 삶은 '디지털 타투'[81]처럼 지워지지 않는 과거의 흔적을 남긴다. 한 번의 말실수, 한 번의 실패, 인터넷에 남은 작은 흔적들이 평생을 따라다니며 사람을 옭아맨다. 그러나 주님은 달랐다. 그분은 과거의 잘못이 아니라, 오늘의 사랑과 내일의 사명을 보셨다. '새로운 시작'이라는 은총을 주셨다. 이것이 우리에게 주는 희망이다. 아무리 깊은 상처와 실수가 있어도, 주님은 오늘 우리를 다시 세우시고 새 사명을 맡기신다.

"내 양을 먹여라"라는 명령은 특별한 소명을 받은 이들만의 몫이 아니다. 일상 속에서 동료를 배려하는 순간, 가정에서 가족을 사랑하는 순간, 사회에서 진실한 관계를 세우는 순간이 모두 양을 먹이는 일이 된다. 신앙은 성당 안에만 머무르지 않는다. 신앙은 삶 전체에 스며들고, 가장 구체적인 자리에서 드러난다.

코로나-19 팬데믹은 우리의 신앙생활을 크게 흔들었다. 성당 문이 닫히고, 공동체가 흩어졌다. 많은 이들이 교회로 돌아오지 않았고, 신앙

---

81 Digital Tattoo. 인터넷 과거의 발언이나 흔적이 지워지지 않고 남는 현상을 일컫는 표현.

의 방식 또한 달라졌다. 그러나 변하지 않는 것이 있다. 부활하신 주님께서 여전히 우리의 일상 속에서 "함께 아침 먹자"라고 초대하신다는 사실이다. 그분은 예배당 안에서만 계신 분이 아니다. 우리의 부엌 식탁에도, 사무실 구석에도, 외로운 방 한편에도 찾아오신다. 그곳에서 식탁을 베푸시며 함께하신다.

그러므로 우리가 해야 할 일은 복잡하지 않다. 단지 그분의 초대에 귀 기울이고 응답하는 것이다. 알림 소리를 잠시 끄고, 스트리밍 재생을 멈추고, 메일함을 닫고, 고요히 주님 앞에 앉는 것이다. 그 순간 우리는 디베랴 호숫가의 제자들과 같은 은총의 자리에 선다.

이제 우리도 고백해야 한다. "주님, 제가 주님을 사랑합니다." 그리고 그 고백에 응답하듯, 그물을 오른쪽에 던져야 한다. 우리의 습관과 틀을 벗어나 새로운 도전을 감행할 때, 그 속에서 주님의 기적은 다시 일어난다. 빈 그물이 가득 차고, 허무한 마음이 충만해지며, 무너진 자리가 회복된다.

부활의 주님은 단지 과거의 이야기가 아니다. 지금도 우리의 삶에 찾아오시며, 우리의 빈 그물을 은총으로 채우신다. 우리가 해야 할 일은 단순하다. 주님의 음성에 귀 기울이고, 그 말씀에 순종하여 '오른쪽에 그물을 던지는 것.' 그러면 은총은 반드시 우리 삶을 가득 채울 것이다.

뜻이 하늘에서와 같이 땅에서도

아침에 눈을 뜨자마자 우리는 선택 앞에 선다. 잠시 더 이불 속에 머물지, 아니면 몸을 일으켜 하루를 시작할지. 커피를 끓여 마실지, 따뜻한 차를 마실지. 대중교통에 몸을 맡길지, 차를 몰고 나설지. 이렇게 사소해 보이는 선택들이 모여 하루를 만들고, 그 하루들이 쌓여 인생을 이룬다. 마치 작은 물줄기들이 모여 강이 되고 강이 바다로 흘러가듯, 우리의 인생은 수많은 선택들이 모이고 흘러간다.

하지만 선택의 순간마다 마음속에는 늘 두 목소리가 부딪힌다. 하나는 "이게 네게 이익이 돼"라고 속삭이고, 다른 하나는 "하지만 이게 정말 옳은 걸까?"라고 묻는다. 인간은 본능적으로 자기 이익을 좇지만, 동시에 양심이라는 내면의 나침반을 피할 수 없다. 신앙 안에 선 사람은 여기에 더 깊은 질문이 하나 더 생긴다. "이것이 하느님의 뜻일까, 아니면 나의 욕망일까?"라는 질문이다. 이 질문은 단순히 윤리적 옳고 그름을 넘어, 내 삶과 하느님의 섭리가 어떻게 얽혀 있는지를 묻는 자리로 우리를 데려간다.

겟세마네 동산에서 예수님이 드린 기도는 지금도 우리를 사로잡는다. "내 뜻이 아니라 아버지의 뜻대로 하소서." 예수님께는 다른 선택지가 있었다. 무리를 이끌고 예루살렘을 떠날 수도 있었고, 하늘의 군대를 부르실 수도 있었다. 그러나 그분은 사랑 때문에 십자가를 택하셨다. 자유로운 선택이었다. 강제된 굴복이 아니라, 내어줌에서 비롯된 사랑의 결단이었다. 그 십자가 위에서 죽음은 생명으로, 절망은 희망으로 바뀌었다.

문제는 우리에게 남는다. 어떻게 내 뜻과 하느님의 뜻을 분별할 수 있을까? 인간은 자유의지를 지녔으니 스스로 결정하며 살아야 한다. 그런데 그 모든 선택에서 하느님의 뜻을 찾으라니, 때로는 너무 벅차다. 그래서 자주 혼동한다. 내 욕망을 하느님의 뜻으로 착각하기도 하고, 불편한 하느님의 뜻을 외면하기도 한다. 역사 속의 십자군 전쟁이나 종교 재판은 모두 '하느님의 이름으로' 포장되었지만, 실제로는 권력과 욕망이 낳은 일이었다. 오늘 우리의 삶에서도 크게 다르지 않다. 겉으로는 "주님의 영광을 위해"라고 말하면서, 속으로는 자기 인정과 안락을 위해 움직이는 경우가 많다.

그래서 우리는 선택의 순간마다 묻지 않을 수 없다. "이게 정말 옳은가?" 그리고 이어서 "이게 정말 하느님의 뜻인가?" 이 질문은 무겁지만 피할 수 없다. 믿음의 길은 곧 나의 뜻과 하느님의 뜻 사이에서 나침반을 맞추어 가는 여정이기 때문이다.

영적 선배들이 전해준 지혜가 있다. 먼저, 마음을 정화해야 한다. 내 안의 욕망과 두려움, 편견이 판단을 흐리고 있지 않은지 살펴야 한다. 예수회를 세운 이냐시오 로욜라[82]는 '무관심 indiferencia'을 강조했다. 여기서 무관심은 냉담함이 아니라, 하느님께 이끌지 못하는 애착에서 벗어나 자유로워지는 태도다. 중요한 선택을 앞두고 조용히 자신에게 물어야 한다. "내가 정말 원하는 건 무엇인가? 그리고 왜 그것을 원하는가?" 물질적 이익이나 허영이 저울을 기울이고 있지 않은지 살펴야 한다.

둘째, 사랑을 기준으로 삼아야 한다. 아우구스티누스는 "사랑하라, 그리고 네가 원하는 것을 하라"고 말했다. 사랑은 단순한 감정이 아니라, 하느님의 선과 진리를 향한 의지다. 내가 택하려는 선택이 나만 이롭게 하는가, 아니면 다른 이에게도 유익한가? 용서와 화해, 치유를 이끌어낼 수 있는가? 정의와 평화를 세우는 데 도움이 되는가? 사랑이 없는 선택은 결국 내 욕망의 다른 얼굴일 수 있다.

---

82 Ignatius of Loyola(1491~1556), 스페인 출신 가톨릭 사제, 예수회 창설자.

셋째, 내면의 평화를 살펴야 한다. 하느님의 뜻에 합당한 선택은 폭풍 같은 상황 속에서도 깊은 평화를 준다. 그 선택이 사회적 불이익을 가져오거나, 고통을 수반할 수도 있다. 그러나 마음 깊은 곳에서는 옳은 일을 하고 있다는 조용한 확신이 남는다. 그것은 흥분도 쾌락도 아니고, 폭풍 속에서 꺼지지 않는 등불 같은 평안이다.

넷째, 공동체 안에서 분별하는 것이다. 하느님의 뜻은 혼자만의 고립된 자리보다 공동체 안에서 분명히 드러난다. 신뢰할 수 있는 영적 지도자, 친구, 공동체의 조언은 거울이 되어 우리의 눈을 열어준다. 내 선택이 공동체 안에서 환영받지 못한다면 다시 점검할 필요가 있다.

다섯째, 시간을 두고 검증하는 것이다. 중요한 선택일수록 서두르지 않아야 한다. 하느님의 뜻은 조급함보다는 기다림 속에서 선명해진다. 감정이 격해져 있을 때는 판단이 흐려진다. 시간이 지나고, 기도하며 기다리다 보면 겉으로 요동치던 감정은 가라앉고, 바닥에 깔려 있던 동기가 드러난다.

이 지혜는 수도원에서만 필요한 게 아니다. 오늘 우리의 일상 속에서도 그대로 유효하다. 직장을 결정할 때 단순히 연봉이나 조건만 보는 게 아니라, 그 일이 내 재능을 건강하게 발휘하게 하는지, 다른 사람에게 유익을 주는지, 내 영혼에 평화를 주는지를 물어야 한다. 인간관계도 마찬가지다. 이 관계가 서로를 성장시키는지, 진정한 사랑에 뿌리를 두고 있는지, 공동체를 건강하게 세우는지 물어야 한다.

우리는 하루에도 여러 번 '작은 겟세마네'에 선다. 회의 자리에서 불의한 말을 그냥 넘어갈지, 아니면 불편하더라도 진실을 말할지. 온라인에서 누군가를 비난하는 댓글에 동조할지, 아니면 침묵할지. 퇴근 후 휴대폰을 붙잡고 시간을 흘려보낼지, 아니면 가족과 눈을 맞추고 대화할지. 이 사소한 순간들에서도 내 뜻과 하느님의 뜻은 부딪힌다.

이럴 때 예수님의 기도가 길을 보여준다. 예수님은 고통을 피하고 싶어 하셨지만, 끝내 아버지의 뜻을 택하셨다. 그 선택은 억지 굴복이 아니라 자유로운 사랑이었다. 사랑은 때로 희생을 요구한다. 그러나 그 희생은 절망으로 끝나지 않고 새로운 생명을 낳는다.

우리의 분별은 언제나 불완전하다. 실수할 수 있고, 잘못된 판단을 내리기도 한다. 그러나 하느님은 우리의 불완전함마저 선으로 바꾸시는 분이다. 중요한 것은 포기하지 않는 것이다. 하느님의 뜻을 찾으려는 마음 자체가 이미 우리를 그분께 가까이 데려간다.

예수님의 기도, "내 뜻이 아니라 아버지의 뜻대로." 이 한마디가 삶의 나침반이다. 나침반은 언제나 북쪽을 가리킨다. 예수님의 삶은 언제나 아버지를 가리켰다. 그 길은 돌길이었고, 때로는 고난의 골고다 언덕이었지만, 그 끝에는 부활의 새벽이 있었다.

우리 삶도 그렇다. 매일의 작은 선택, 크고 작은 겟세마네의 순간들을 아버지의 뜻 안에서 걸어갈 때, 우리는 진정한 자유와 평화를 누린다.

우리가 그토록 바라는 자유는 내 욕망을 따라가는 데 있지 않다. 사랑으로 하느님의 뜻을 택할 때, 그 길 위에서만 참된 자유가 피어난다. 그것이 십자가와 평화의 나침반이 우리에게 가리키는 방향이다.

낯선 얼굴에서
빛을 보다

　현대인의 일상은 깊은 고독의 미로 같다. 출근길 지하철에서 마주치는 수많은 얼굴들은 서로에게 스쳐 지나가는 그림자일 뿐이다. 이어폰 속 음악은 세상과의 접촉을 차단하는 작은 성소가 되어버렸고, 손에 쥔 스마트폰은 낯선 이웃과의 눈맞춤을 피하는 방패가 되었다. '이웃'이라는 말은 어느새 추억의 언어로 밀려나고 있다. 물리적으로는 가까이 살면서도 마음의 거리는 점점 멀어지는 것이 오늘 우리의 모순적 현실이다. 아파트 복도에서 마주쳐도 나누지 못하는 말 한마디의 어색함, 엘리베이터 안에서 서로를 외면한 채 화면만 바라보는 모습은 현대적 소외의 단면이다.

　문제는 단지 행동의 차원이 아니다. 더 본질적인 것은 내면 깊은 곳에서 타자를 바라보는 시선 자체가 왜곡되어 있다는 점이다. 길 잃은 아이를 위로하고, 버스에서 임산부에게 자리를 내어주는 행동은 아름답다. 그러나 근본적인 전환이 없다면 여전히 제한된 차원에 머문다. 철학자 레비나스가 말했듯, 타자의 얼굴은 우리에게 거부할 수 없는 윤리적 요청을 던진다. 그 요청에 응답한다는 것은 단순한 도덕적 의무 수행이 아니라, 존재의 혁명을 받아들이는 일이다. 타자를 나의 필요를 충족시키는 수단으로만 보던 시선, 경쟁자로만 여기던 관점을 해체하지 않고서는 결코 사랑의 길로 들어설 수 없다. 모든 윤리적 실천의 출발점은 이 내적 전환이다.

2001년 도쿄 신오쿠보역에서 있었던 사건은 이 진실을 극적으로 드러낸다. 이수현 청년은 선로에 떨어진 일본인을 구하기 위해 망설임 없이 몸을 던졌다. 그 순간 그에게는 국적도, 언어도, 심지어 자기 안전조차 중요하지 않았다. 오직 위험에 처한 한 생명만이 눈앞에 있었을 뿐이다. 그 짧은 순간은 단순한 선행이 아니라 자아의 경계가 무너지는 존재론적 전환의 순간이었다. 그 순간 '나'와 '타자'라는 구분은 사라졌고, 생명에 대한 경외가 모든 계산을 압도했다. 바로 여기에 타자 인식의 혁명이 드러난다.

우리에게 필요한 것도 이 변화다. 타자를 동등한 존엄을 지닌 주체로 인식하는 일, 타자의 고통을 내 고통으로, 타자의 기쁨을 내 기쁨으로 받아들이는 공감적 상상력의 확장이야말로 윤리적 행동의 진정한 동력이다. 나 중심의 좁은 관점에서 벗어나 나와 타자가 함께 참여하는 더 큰 실재를 보는 것은 단순한 도덕적 각성이 아니라 존재론적 깨달음이다. 참된 섬김 안에서 주체와 객체의 경계가 무너지고, 섬기는 자가 오히려 은총을 받는다. 내면의 혁명 없이는 어떤 선행도 진정한 사랑으로 이어질 수 없다.

사도 바울의 증언은 이 전환에 새로운 빛을 비춘다. 모든 존재는 진화하는 우주 안에서 그리스도의 몸을 이루는 과정에 참여하고 있다. 새벽 공원에서 이슬에 젖은 나뭇잎의 떨림, 안개 속 새들의 노랫소리, 바람에 흔들리는 풀잎의 춤은 단순한 자연현상이 아니다. 그것은 신적 현존의 현현이다. 우리의 심장박동과 타자의 심장박동이 동일한 생명의 리듬에 참여한다는 것은 단순한 비유가 아니라 존재의 진실이다.

아프리카 어린이들이 처한 기아, 전쟁 속 우크라이나 사람들의 고통, 억압에 신음하는 북한 주민들의 현실은 결코 먼 곳의 사건이 아니다. 지구적 연결망 속에서 우리는 이미 서로의 고통을 실시간으로 공유하고 있으며, 그것은 존재론적 연대의 징표다. "한 지체가 고통받으면 온몸이 함께 고통받는다"라는 바울의 말은 단순한 은유가 아니라 실재다.

코로나-19 팬데믹 동안 보여준 의료진의 헌신, 화재 현장에서 불길을 뚫고 들어가는 소방관의 용기, 세월호 참사 당시 몸을 던진 잠수사들의 희생은 단순한 직업윤리가 아니다. 그것은 인간이 타자를 위한 존재임을 드러내는 본질적 가능성이다. 말기 암 환자를 돌보던 봉사자가 "그 눈빛에서 모든 걸 잊는다"라고 고백할 때, 우리는 섬김 속에서 주체와 객체의 경계가 무너지고 섬기는 자가 오히려 은총을 받는 역설적 진리를 본다.

사랑은 단순한 감정이 아니다. 사랑은 존재 깊은 차원에서 작동하는 창조적 원리다. 감사의 표현, 작은 위로, 양보와 배려는 단순한 도덕적 덕목을 넘어 하느님 나라의 징표가 된다. 작은 실천들이 나비효과처럼 파장을 일으켜 수많은 사람의 마음을 움직이고, 종말론적 미래를 현재로 불러온다. 어둠 속에서도 새벽이 온다는 것은 단순한 시간의 순환이 아니라 아직 실현되지 않은 가능성이 현재적으로 작동한다는 역동이다. 억압받는 자들의 해방, 전쟁의 종식, 정의의 실현은 먼 미래의 이상이 아니라 지금 여기서 이미 힘으로 작동한다.

하느님 나라는 이미 임했으나 여전히 완성을 향해 나아가고 있다. 희망은 단순한 기대가 아니라 현재를 바꾸는 창조적 힘이다. 선한 사마리아인의 비유도 단순한 도덕적 교훈이 아니라 존재론적 계시다. 참된 이웃은 주어진 관계가 아니라 결단을 통해 창조되는 관계이며, 참된 인간성은 타자와의 관계 안에서만 실현된다. 예수님께서 "누가 내 이웃인가"라는 질문을 "누구에게 이웃이 되어주었는가"로 바꾸신 것은 관계적 주체성의 근본적 재정의를 요청하신 것이다.

사르트르가 말한 "타인은 지옥이다"라는 진술은 사랑의 실천을 통해 "타인은 천국이다"로 바뀔 수 있다. 그것은 낙관적 사고의 결과가 아니라, 타자를 주체로 인정할 때 주어지는 은총의 체험이다. 타자를 단순한 객체가 아니라 동등한 주체로 인정할 때, 우리는 삼위일체 하느님의 관계적 존재 방식에 참여한다. 만물 안에서 사랑을 발견하는 것은 범신론이 아니다. 그것은 일상의 순간마다 은총의 차원을 경험하는 신비적 실재다. 평범한 순간이 성스러운 계시의 장으로 변모한다. 모든 사람이 하느님의 자녀이자 형제자매라는 진리는 추상이 아니라 실재다. 이 진리를 삶 속에서 구현하는 것이 신앙의 실존적 과제이자 우주적 진화가 지향하는 목표다.

사랑은 단순히 우리가 추구해야 할 목적이 아니라, 우리가 되어야 할 존재 방식이다. 사랑은 우리 가슴을 흐르는 생명의 강이고, 우리가 참된 인간이 되는 길이다. 그러나 이 사랑이 현실에서 실현되려면 자기중심적 사고를 해체하는 내적 전환이 먼저 필요하다. 타자를 나의 욕망 충족 수단으로 보던 시선을 벗어나, 동등한 존엄을 지닌 주체로 인정하는 혁명이 선행되어야 한다.

소외의 시대를 지나며 우리는 사랑의 현상학적 구조를 발견한다. 타자의 얼굴이 던지는 윤리적 요청, 고통의 연대, 작은 실천의 종말론적 의미, 신비적 합일과 윤리적 실천의 통합은 모두 만물 안에 내재한 사랑의 신학적 지평을 연다. 그러나 무엇보다 중요한 건 이 모든 것이 우리 내면에서 시작된다는 사실이다.

지하철에서 건네는 작은 미소, 새벽 공원에서 느끼는 자연의 숨결, 낯선 이웃을 향한 따뜻한 배려는 모두 타자 인식의 혁명이 내 안에서 일어날 때 비로소 의미를 갖는다. 아무리 많은 선행을 베풀어도 그것이 진정한 사랑이 되려면 먼저 타자를 이웃으로 받아들이는 존재론적 전환이 있어야 한다. 사랑은 멀리 있지 않다. 이미 우리 안에, 우리 곁에, 만물 속에 현존한다.

그러나 그 사랑을 실현하기 위해서는 먼저 자신에게 돌아와야 한다. 이 귀향은 단순한 복귀가 아니라, 타자를 통해 새롭게 발견되는 자기 자신에게로의 귀향이다. 타자를 사랑할 때 우리는 비로소 우리 자신이 되고, 이웃을 섬길 때 우리는 참된 인간성을 회복한다. 사랑의 현상학은 우리에게 존재론적 귀향의 길을 보여준다. 그리고 그 길은 바로 지금, 여기, 우리의 내면에서 시작된다.

예수는 방화범인가?

그분은 스스로 말씀하셨다. "나는 세상에 불을 지르러 왔다. 이 불이 이미 타올랐다면 얼마나 좋겠느냐"(루가 12.49). 평화의 왕으로 불리는 분이 불을 지르러 왔다니, 처음에는 어리둥절하다. 누군가는 그 말씀을 불온한 선언으로 오해할 수도 있을 것이다. 그러나 우리는 예수의 언어가 언제나 상징과 은유에 가득 차 있었다는 사실을 잊지 말아야 한다. 예수는 단순한 문장을 던지지 않으셨다. 일상의 사물과 장면을 빌려 하늘나라를 드러내셨고, 듣는 이들의 마음에 불을 붙이셨다. '불'이라는 단어도 문자 그대로의 화염이 아니라, 영혼과 세상을 흔들어 깨우는 변혁의 상징이었다.

성경 속에서 불은 언제나 하느님의 현존을 드러내는 표징이었다. 모세가 호렙산에서 보았던 꺼지지 않는 떨기나무 불꽃, 엘리야가 바알의 제사장들과 맞섰을 때 하늘에서 내려온 불, 그리고 예언자 이사야의 입술을 정화한 제단의 숯불은 모두 하느님의 거룩함과 변화의 불길이었다. 불은 단순한 재앙이 아니라 정화와 재생의 상징이었다. 예수의 입술에서 흘러나온 불 또한 같은 계보 위에 있다. 그것은 인간의 교만과 불의를 태우고, 차갑게 굳은 영혼을 녹이며, 숨어 있던 사랑의 불씨를 다시 피워 올리는 불이었다.

예수가 살던 시대, 유대 사회는 형식주의의 벽에 갇혀 있었다. 율법은 본래 사람을 살리기 위한 길이었으나, 오히려 복잡한 규정으로 사람들을 억압하는 도구가 되었다. 성전은 하느님의 집이라 불렸지만, 실제로는 기득권층의 이익을 위한 장치로 굳어 있었다. 예수는 이 굳어진 제도와 권력을 향해 불을 던지셨다. 안식일에 병자를 고치시며 율법주의를 넘어섰고, 성전에서 상을 뒤엎으시며 종교적 위선을 불태우셨다. 버림받은 세리와 창녀들과 함께 밥상에 앉으며, 사회적 경계와 차별을 불살라 없애셨다. 그분의 불은 낡은 제도의 심장부를 겨냥했고, 동시에 한 인간의 마음속 깊은 곳까지 파고들었다.

그 불은 사회와 제도만이 아니라 개인의 내면에도 닿았다. 니고데모[83]

---

83 요한복음 3장에서 '거듭남'을 두고 예수와 대화한 바리사이 지도자.

와의 대화에서 말씀하신 다시 태어남, 사마리아 여인에게 들려주신 생수의 약속은, 인간 안에 잠들어 있는 불씨를 일으키려는 불길이었다. 사람들의 무뎌진 심장에 다시 사랑의 불을 지피고, 절망을 희망으로, 미움을 사랑으로, 죽음을 생명으로 바꾸려는 불이었다. 그것은 파괴의 불이 아니라 창조의 불, 혁명의 불이 아니라 내적 거듭남의 불이었다.

예수는 그 불이 불러올 갈등과 분열을 이미 알고 계셨다. "내가 세상에 화평을 주러 온 줄로 생각하지 말라. 화평이 아니라 검을 주러 왔다"(마태 10.34). 그분이 말씀하신 평화는 단순히 소음을 없애고 갈등을 덮어두는 정적이 아니었다. 낡은 거짓의 평화를 뒤흔들고, 진정한 평화를 위해 반드시 거쳐야 하는 정직한 갈등이었다. 산불이 숲을 태우면서도 결국 새로운 싹을 틔우듯, 예수의 불은 반드시 충돌과 분열을 동반할 수밖에 없는 불이었다.

나 또한 이 말씀을 최근 더 깊이 체험한 적이 있다. 지난해 12월 3일, 비상계엄이 발표되었을 때, 나는 그 부당함을 지적하며 여러 차례 SNS에 글을 올렸다. 정치적 편을 가르려는 의도가 아니었다. 단지 사제로서, 또 한 명의 시민으로서 양심의 불이 내 안에서 꺼지지 않았기에 침묵할 수 없었다. 그러나 그 작은 불씨는 오래 몸담았던 공동체 카톡방에 불을 붙였다. 수십 년 동안 함께 기도하고 대화하던 사람들 사이에 분열이 생겼고, 그 방은 마침내 둘로 쪼개졌다. 분열을 일으킨 방화범이 된 듯한 기분이었다. 고통스러웠다. 그러나 시간이 지나면서 나는 조금씩 깨닫게 되었다. 그것이 바로 예수께서 말씀하신 불의 현실적 무게였음을.

진실을 말하는 순간 균열이 생기고, 정의를 외치는 순간 불화가 일어난다. 그러나 그 불화는 평화를 해치는 독이 아니라, 오히려 참된 평화를 향한 쓴 약이 될 수 있다. 거짓된 평화를 지키기 위해 침묵하는 것보다, 갈등을 감수하면서라도 진실을 말하는 것이 더 건강할 수 있다. 예수가 성전에서 상을 뒤엎으셨을 때도 마찬가지였다. 그 순간 성전의 겉모습은 무너졌지만, 더 큰 진리가 움트기 시작했다. 예수의 불은 파괴가 아니라 재생을 위한 불이었다. 낡은 것을 태워야 새로운 것이 자라날 수 있었다.

분열은 쓰라리지만, 그것을 통해 진정한 신념을 가진 사람과 그렇지 않은 사람이 드러난다. 거짓된 일치보다 정직한 대립이, 위선적 화합보다 솔직한 분리가 더 건강할 수 있다. 산불이 지나간 숲에서 더 단단한 싹이 돋아나듯, 예수의 불은 인간 사회와 개인의 영혼을 새롭게 일으키는 정화의 불이었다.

그렇다고 해서 이 불을 맹목적 열정과 혼동해서는 안 된다. 예수의 불은 이성을 잃은 광신의 불길이 아니다. 역사 속에서 종교적 광신이 저지른 폐해들을 우리는 잘 알고 있다. 십자군 전쟁, 종교 재판, 이념에 사로잡힌 폭력들. 그것은 예수의 불이 아니라, 인간의 욕망과 증오가 만든

불이었다. 예수는 언제나 사랑과 지혜를 함께 강조하셨다. "뱀처럼 지혜롭고 비둘기처럼 순결하라"는 말씀은 열정 없는 냉담도, 지혜 없는 맹목적 열정도 모두 경계하라는 뜻이었다. 참된 불은 언제나 분별과 성찰을 동반한다.

오늘 우리 사회에도 여전히 종교적 형식주의와 구조적 불의, 개인의 영적 침체가 도사리고 있다. 예수의 불은 이 모든 현실에 대한 근본적 문제 제기다. 그러나 그것은 증오와 파괴의 불이 아니라 사랑과 정의의 불이다. 사람을 무너뜨리는 불이 아니라, 더 나은 세상을 만들도록 이끄는 불이다. 억압받는 이들에게는 해방의 불, 절망하는 이들에게는 희망의 불, 사랑을 잃은 이들에게는 다시 사랑할 용기의 불, 그리고 양심의 소리를 내는 이들에게는 진실의 불이다.

중요한 것은 우리가 그 불을 어떻게 받아들이느냐이다. 외면하고 피할 것인가, 아니면 그 불 속으로 들어가 변화의 촉매가 될 것인가. 갈등과 분열을 두려워하며 잠잠할 것인가, 아니면 그 대가를 감수하면서도 진실을 붙들 것인가. 때로는 그 선택 때문에 방화범이라는 오명을 뒤집어쓸 수도 있다. 그러나 역사는 결국 누가 진정한 방화범이었고, 누가 진정한 변혁가였는지를 밝혀줄 것이다.

예수는 방화범이 아니었다. 그분은 세상을 새롭게 하는 변혁가였다. 그가 지르려 했던 불은 어둠을 밝히는 빛의 불, 차가운 마음을 녹이는 사랑의 불, 불의한 구조를 태우고 정의를 심는 불이었다. 그 불은 지금도 여전히 이 세상 곳곳에서 타오르고 있다. 누군가의 고백 속에서, 누군가의 양심적 침묵 속에서, 누군가의 작은 저항 속에서. 그리고 우리 각자의 심장 깊은 곳에서도 은밀히 번지고 있다.

어떤 이는 불을 꺼야지, 왜 불을 붙이냐는 질문을 던진다. 그러나 정말로 인간 세상의 욕망의 불을 끄기 위해서는 우리는 정의와 사랑에 불을 붙여야 할 것이다. 그 불을 외면하지 말자. 그것은 파괴의 불이 아니라, 사랑과 정의로 세상을 새롭게 하는 창조의 불이다. 두려워하지 않고 그 불을 받아들일 때, 우리는 비로소 예수가 바라던 새로운 세상, 하느님의 나라를 이 땅에서 살아낼 수 있을 것이다.

정의와 자비, 하느님의 두 날개

우리의 삶에는 누구나 쉽게 지울 수 없는 흔적이 남아있다. 그것은 실수와 허물, 그리고 죄의 그림자다. 마치 옷감에 스며든 진홍빛 염료처럼 진하고 선명하여, 아무리 손으로 비비고 물로 헹궈내도 쉽게 사라지지 않는다. 인간의 기억 속에는 언제나 지워지지 않는 상처가 남고, 그 상처는 우리 존재의 깊숙한 곳에서 끊임없이 울린다.

그런데 하느님은 놀랍게도 이렇게 말씀하신다.

"너희 죄가 진홍 같을지라도 눈처럼 희어질 것이다."

이 말씀은 단순히 우리의 과거를 무시하거나 지워버리겠다는 선언이 아니다. 오히려 죄의 무게와 깊이를 직시하게 하면서도, 그보다 더 크고 깊은 하느님의 자비를 믿으라는 초대다. 죄의 무게가 우리를 짓누르더라도, 그 위에 놓이는 하느님의 자비는 언제나 더 무겁고 더 넓다.

정의는 잘못을 드러내고 책임을 묻는다. 그러나 자비는 상처 입은 이를 끌어안고 다시 일으켜 세운다. 겉으로 보기엔 정의와 자비가 서로 대립하는 듯 보인다. 마치 서로 다른 방향으로 날갯짓을 하는 두 날개처럼 느껴지기도 한다. 그러나 하느님 안에서 정의와 자비는 결코 분리되지 않는다. 오히려 두 날개가 함께 움직일 때만 생명이 날아오를 수 있다.

나는 동검도 채플 앞, 끝없이 펼쳐진 천만 평의 갯벌을 자주 바라보곤 한다. 그곳은 하루에도 두 번씩 밀물과 썰물이 찾아와 풍경을 바꾸어 놓는다. 바닷물이 들어와 갯벌을 가득 채울 때, 그리고 물이 빠져나가 드넓은 갯벌이 드러날 때, 그 변화는 정반대의 움직임 같아 보인다. 그러나 실은 하나의 거대한 숨결이다. 들숨과 날숨이 하나로 어우러져야 비로소 생명이 이어지듯, 정의와 자비도 그렇게 서로를 향해 흐르고 있다.

발터 카스퍼[84]는 이렇게 말했다. "참된 자비는 정의를 훼손하지 않고, 오히려 완성한다." 그렇다. 정의만 있으면 인간은 모두 무너져 내린다. 자비만 있으면 죄는 값싼 관용으로 전락할 수 있다. 그러나 정의와 자비가 만나게 되면, 정의는 단순한 응징을 넘어 회복과 새 생명으로 완성된다.

---

84 Walter Kasper(1933~), 독일의 가톨릭 신학자이자 추기경. 자비 신학을 강조한 저술로 널리 알려졌다.

하지만 여기서 우리는 한 가지를 잊지 말아야 한다. 반성 없는 죄인에게 주어지는 용서와 자비는 공허하다. 디트리히 본회퍼는 "값싼 은총은 교회의 원수다"라고 단호히 말한 바 있다. 눈물로만 포장된 회개, 책임을 외면한 뉘우침, 다시 죄를 반복할 것을 알면서도 형식적으로 드리는 사과는 진짜 회개가 아니다. 성경도 우리에게 이렇게 말한다. "회개에 합당한 열매를 맺어라"(마태 3.8).

참된 회개란 단순한 감정이 아니라 삶의 방향을 근본적으로 바꾸는 결단이다. 사도 바울은 이렇게 덧붙인다. "하느님의 뜻에 맞는 슬픔은 회개를 낳아 구원에 이르게 하지만, 세상의 슬픔은 죽음을 낳는다"(2고린 7.10). 그러므로 교회는 '속임수 회개'에 속아 값싼 용서를 남발해서는 안 된다. 동시에 우리는 또 다른 진실을 기억해야 한다. 하느님의 자비는 결코 닫히지 않는 문이라는 사실이다. 오늘은 회개하지 않는 이들이라 해도, 내일 그 마음에 변화의 바람이 불어올 수 있다. 교회의 사명은 단죄가 아니라 기다림이며, 단절이 아니라 기도의 인내다.

자비란 죄를 값싸게 덮어주는 연민이 아니다. 죄인을 변화시키고 정의를 완성하는 창조적 사랑이다. 그 사랑은 우리 모두에게 동일하게 주어진다. 그것은 '끝까지 기다리는 사랑'이며, 회개하지 않는 이를 위해 포기하지 않고 기도하는 사랑이다.

오늘날 자비는 개인의 차원을 넘어 사회와 정치, 그리고 피조 세계 전체로 확장되어야 한다. 프란치스코 교황은 이렇게 말했다. "가난한 이들과 울부짖는 지구는 하나다." 그 말은 우리에게 깊은 울림을 준다. 정치 속에서 자비는 책임을 흐리는 힘이 아니라, 약자를 보호하고 공동선을 향하게 하는 정의의 에너지여야 한다. 생태적 자비는 상처 입은 창조 세계를 돌보고, 우리의 삶의 방식을 바꾸게 하는 회개의 실천이 되어야 한다.

니체는 자비를 '약자를 미화하는 노예 도덕'으로 규정했다. 그는 자비가 인간을 나약하게 만든다고 비판했다. 그러나 그가 보지 못한 것이 있다. 그리스도교의 자비는 무기력한 동정이 아니라 죄인을 변화시키고 상처 입은 이를 다시 세우는 강력한 창조적 힘이라는 사실이다. 간디가 남긴 말처럼, "약한 자는 결코 용서할 수 없다. 용서는 강한 자의 속성이다." 그렇다. 자비는 나약한 사람의 연민이 아니라 강한 자의 사랑이다. 정의를 무너뜨리는 것이 아니라, 정의를 완성하는 힘이다.

오늘날, 교회는 자비의 문이어야 한다. 굳게 닫힌 요새가 아니라, 누구에게나 열려 있는 문이어야 한다. 교회가 자비의 손으로 상처 난 이를 감싸 안을 때, 정의는 단순한 응징으로 머무르지 않는다. 오히려 자비 안에서 구원의 정의로 완성된다.

오늘 우리는 고백한다. 정의와 자비는 결코 대립하는 힘이 아니다. 오히려 세상을 붙들고 있는 하느님의 두 날개다. 한 날개는 우리의 죄를 직시하게 하고, 다른 날개는 우리를 끌어안아 다시 날아오르게 한다. 죄보다 크신 자비, 상처보다 깊은 사랑, 정의를 완성하는 용서. 이것이야말로 하느님의 얼굴이며, 오늘 교회가 세상에 증언해야 할 복음이다. 그리고 우리는 발터 카스퍼 추기경의 그 말을 마음 깊이 새긴다.

"참된 자비는 정의를 훼손하지 않고, 오히려 완성한다." 이 말은 단순한 신학적 정의가 아니다. 그것은 오늘 우리가 살아가는 삶의 자리에서, 교회의 사명에서, 사회와 생태계의 위기 속에서 울려 퍼지는 하느님의 요청이다. 개인 사이에서, 정치적 집단 사이에서, 인간과 자연 사이에서, 자비는 정의를 무너뜨리지 않는다. 오히려 정의를 빛나게 한다.

오늘 교회가 세상에 보여주어야 할 얼굴은 바로 이 하느님의 자비다. 정의는 자비 안에서 완성되고, 자비는 정의 위에서 빛난다. 이것이야말로 오늘 우리에게 남겨진 가장 위대한 유산이며, 세상이 가장 갈망하는 희망의 복음이다.

어둠의 심장에
심어진
씨앗 하나

밤이 깊어지면 도시의 불빛은 화려하게 번쩍인다. 그러나 불빛이 사라진 자리에 남는 것은 더 짙은 어둠이다. 나는 그 어둠을 바라보며 늘 묻는다. '왜 이렇게 공허한가?' 사람들은 웃고 떠들며 하루를 살아가지만, 한 발짝 물러서면 마음은 금세 허허로움에 잠긴다. 우리가 그토록 갈망했던 풍요와 기술이 이미 곁에 있는데도, 영혼은 텅 빈 그릇처럼 흔들린다.

현대문명은 인간의 삶을 편리하게 만들었다. 마트에는 계절을 뛰어넘는 과일이 가득하고, 병원은 치명적이던 질병도 고친다. 휴대폰 화면 속에는 지구 반대편 사람의 얼굴이 실시간으로 뜨고, 인공지능은 우리의 언어와 감정까지 계산한다. 그러나 이 풍요로움은 인간의 영혼을 충만하게 만들지 못했다. 오히려 더 큰 고독과 허무가 우리를 덮쳤다.

니체는 "신은 죽었다"고 선언하며 인간을 절대적 자유 속에 세워 놓았다. 그러나 그 자유는 축제가 아니라 짐이었다. 신의 자리가 비자 인간은 스스로 신이 되려 했지만, 그 왕좌는 허공 위에 세워진 의자였다. 앉아 있으면서도 허공에 매달린 불안, 그것이 현대인의 자화상이다. 계몽주의 이후 이성의 빛은 세상을 밝히는 듯했지만, '나는 왜 존재하는가? 무엇을 위해 사는가?'라는 물음 앞에서는 과학도 침묵했다. 인간은 모든 것을 통제하는 듯 보였지만, 사실은 방향을 잃은 나침반처럼 흔들리고 있었다.

허무는 차갑다. 그러나 그 차가움 속에는 역설적인 열망이 숨어 있다. 카를 라너는 하느님이 인간 존재의 가장 깊은 중심에 이미 계신다고 말했다. 우리가 아무리 신을 부정하거나 도망쳐도, 그분은 우리 안에 계시기에 거부조차도 초월을 향한 흔적이 된다. 결국 허무는 신의 부재가 아니라, 신을 향한 갈망의 다른 이름일 수 있다.

폴 틸리히는 "신앙은 궁극적 관심"이라 정의했다. 인간은 반드시 어떤 것에 절대적 의미를 둔다. 돈, 권력, 명예, 과학…. 그러나 유한한 것들을 궁극의 자리에 올려놓는 순간, 그것들은 우상이 되고, 인간은 더 깊은 절망 속으로 떨어진다. 허무는 바로 그 왜곡의 대가다.

프랑스의 신학자이자 과학자였던 테야르 드 샤르댕은 "그리스도는 알파요 오메가"라며, 우주 전체가 그리스도를 향해 진화한다고 보았다.

그의 눈에는 허무가 종말이 아니었다. 그것은 새로운 충만을 준비하는 변화의 진통이었다. 어둠이 가장 짙을 때 새벽이 가장 가까운 법, 허무는 새로운 탄생의 문턱이 될 수 있다.

구원은 멀리 있는 추상이 아니다. 그것은 삶의 가장 작은 자리에서 은밀히 다가온다. 밥상을 마주하며 '오늘도 숨을 쉬고 있구나' 깨닫는 순간, 창밖 바람결에 스며드는 빛 속에서 '내 곁에 계시다'는 감각이 피어날 때, 그것이 구원의 씨앗이다.

나는 지하철에 앉아 사람들을 본다. 수백 명이 빽빽이 들어차 있지만, 눈을 마주치는 이는 거의 없다. 모두 휴대폰 화면 속에 몰입한 채, 이어폰 너머 자신만의 세계에 갇혀 있다. 소통의 도구가 넘쳐나는데도 마음은 고립된다. 허무는 이렇게 일상의 작은 틈으로 스며든다. 저녁의 정적, 불 꺼진 방 안, 손가락으로 스크롤을 내리다가 문득 '나는 왜 여기 있는가?'라는 물음이 떠오를 때, 그것이 허무다.

문학은 오래전부터 이 그림자를 응시했다. 카뮈는 『시지프 신화』에서 삶의 부조리를 직시하며 "그럼에도 살아야 한다"고 했다. 시지프가 끝없이 바위를 굴려 올리는 고통조차, 그 무게 속에서 인간은 의미를 빚어낼 수 있다고 했다. 하이데거는 인간을 "죽음을 향해 가는 존재"라 했다. 죽음을 회피하는 삶은 진정한 삶이 아니며, 죽음을 직면할 때 인간은 본래성을 회복한다고 했다.

신학 역시 이 흐름에 깊이 공명한다. 예수의 십자가 사건은 고통과 허무의 절정이었다. 제자들의 기대는 무너졌고, 희망은 십자가 위에서 끝나는 듯 보였다. 그러나 그 허무의 끝자락에서 부활이 피어났다. 절망은 마지막이 아니라 새로운 시작이었다. 십자가의 어둠은 부활의 빛을 잉태했다.

사랑하는 이를 잃는다면 한순간에 모든 게 무너져 내리고, 희망이란 말조차 공허해진다. 허무가 감당할 수 없는 무게로 다가온다. 그러나 시간이 지나며, 허무의 어둠 속에서 전에 없던 눈을 얻기도 한다. 삶의 덧없음이 선명해질수록, 작은 순간의 아름다움이 더 강렬히 다가온다. 창가의 햇살, 풀꽃 하나, 아이의 웃음소리…. 허무가 깊어질수록 오히려 삶은 더 선명해질 것이다.

사회에도 집단적 허무가 드리워져 있다. 경제적 불평등, 정치적 불신, 대립과 반목…. 인간은 문명의 정점에 서 있지만, 동시에 가장 깊은 허무와 마주하고 있다. 그러나 바로 그 심연 속에서 구원의 불씨는 피어난다. 외면 대신 작은 연대가 시작될 때, 구원은 이미 우리 곁에 있다. 길에서 쓰러진 노인을 일으켜 세운 낯선 이의 손길, 혼자 밥을 먹던 청년을 초대한 공동체의 식탁, 기후위기 앞에서 심어진 나무 한 그루…. 그 순간들 속에 구원은 온다.

위르겐 몰트만은 『희망의 신학』에서 "희망은 현실의 그림자를 지우는 것이 아니라, 그 안에서 빛을 발견하는 것"이라 했다. 허무를 외면하지 않고 그 속에서 새로운 빛을 찾는 것, 그것이 희망이다. 그래서 구원은 번개처럼 갑자기 떨어지는 것이 아니라, 허무의 어둠 속에서 은근히 피어나는 작은 불빛이다.

 나는 한 농부를 기억한다. 몇 해의 흉작에도 그는 이듬해 씨앗을 뿌렸다. "혹시 또 망하더라도, 씨앗은 뿌려야 한다." 그의 눈빛 속에서 나는 허무를 넘어서는 믿음을 보았다. 구원은 이렇게 일상의 용기와 끈기 속에서 다가온다.

 십자가 위에서 예수는 "나의 하느님, 어찌하여 나를 버리셨나이까"라 절규했으나, 바로 그 절망 속에서 하느님의 사랑이 드러났다. 부활은 십자가의 허무를 통과한 자리에서 솟아난 생명이었다. 구원은 먼 하늘의 종말이 아니라, 지금 여기 우리의 허무와 절망 한가운데 이미 시작되고 있다.

 구원은 눈물 속의 희망, 서로의 고통을 외면하지 않고 함께 짊어지는 은총이다. 허무가 우리를 삼키려 할 때, 우리는 기억한다. 허무는 끝이 아니라 길이다. 겨울이 깊을수록 봄은 강렬하고, 밤이 어두울수록 새벽은 가깝다. 허무의 끝자락에서 우리는 다시 부활의 아침을 맞는다. 구원은 멀리 있는 개념이 아니라, 지금 우리의 손길과 용기 속에서 은밀히 그러나 분명히 다가오고 있다.

바람은 바뀌어도 길은 남는다

요즘 종교계에서 가장 뜨거운 화제가 하나 있다. "종교의 시대가 저물고 영성의 시대가 도래했다"는 이야기다. 이 말만 꺼내도 교회의 기성 지도자들의 표정이 굳는다. 불편한 진실이기 때문이다. 하지만 부정할 수 없는 것은 이 담론이 단순한 유행어가 아니라는 점이다. 학자들의 세미나와 학술회의, 종교 관련 토론의 장에서 빠지지 않고 언급되는 주제이며, 이미 현실로 다가온 흐름이다. 남아있는 교회는 남아있을 것이다. 그러나 속수무책으로 과거의 방식에만 매달리는 교회는 머지않아 자취를 감추게 될지도 모른다.

영성이란 무엇일까. 영성靈性(spirituality)은 본래 라틴어 spiritus, 곧 숨, 호흡, 생명에서 나온 말이다. 숨은 보이지 않지만 살아있음을 증명한다. 영성이란 인간 안에 깃든 그 숨결과 같아, 단순히 심리적 기분이나 육체적 건강을 넘어 초월과 직면하게 하는 내적 감수성이다. 어느 문화권이든 인간은 자기 자신을 넘어서는 힘, 신성한 것, 궁극적 실재와의 접촉을 갈망해 왔다. 종교적 언어로는 하느님, 불성, 도, 절대자라고 불렸고, 철학의 언어로는 궁극적 실재라 불리기도 했다. 영성은 이 모든 이름을 관통하는, 인간의 초월 감각을 가리킨다.

오늘날 사람들은 흔히 "나는 영적이지만 종교인은 아니다"라고 말한다. 교회의 출석률과 사찰의 신도 수는 줄어들지만, 명상센터와 요가원의 문은 북적인다. 이미 몇십 년 전부터 조짐은 있었다. 젊은이들은 "예수는 좋지만, 교회는 싫다"라는 말을 서슴없이 했다. 당시엔 단순한 반항쯤으로 여겨졌지만, 돌이켜보면 이미 그때부터 종교와 영성을 분리해 사고하는 흐름이 시작된 셈이다.

젊은 세대는 목사나 신부가 일방적으로 설교하는 자리에 오래 앉아 있지 않는다. 대신 자기 호흡을 들여다보고, 자연 속에서 고요를 맛보며, 다양한 전통에서 가져온 명상과 요가를 자신만의 방식으로 섞어 새로운 영적 길을 만들어간다. 그들에게 중요한 것은 '진리의 독점'이 아니라 '삶의 변화를 주는 체험'이다.

왜 이런 현상이 일어날까. 현대 사회는 개인의 선택과 자유를 최우선의 가치로 삼는다. "그냥 믿어라"라는 말로는 설득할 수 없다. 게다가 인터넷을 켜면 전 세계의 다양한 종교 전통과 영적 방법이 눈 앞에 펼쳐진다. 사람들은 더 이상 특정 제도와 교리에 얽매이지 않는다. 이렇게 시대가 변했는데도 교회가 옛 방식을 고집한다면, 사람들은 등을 돌릴 수밖에 없다.

더 심각한 문제는 젊은 세대만의 이탈이 아니라 성직자와 수도자의 길을 가려는 이들까지 줄어들고 있다는 사실이다. 교회는 빈 강단과 텅 빈 수도원을 경험하고 있다. 젊은 세대가 갈망하는 것은 단순한 교리가 아니다. 그들은 살아있는 체험, 영혼을 흔드는 만남을 찾고 있다. 스마트폰 하나로 세상의 모든 지혜를 접할 수 있는 세대에게 일주일에 한 번 듣는 설교만으로는 충분하지 않다.

그렇다면 교회는 이 흐름 앞에서 손을 놓고 있어야 할까. 아니다. 오히려 기회다. 본질은 지키되, 방법을 새롭게 해야 한다. 종교의 본래 목적은 사람들을 영적으로 성장시키고, 삶에 의미를 부여하는 것이다. 이 본질은 결코 바뀌지 않는다. 바뀐 것은 사람들이 그 본질에 접근하는 방식이다. 따라서 교회는 먼저 자신이 본래 무엇을 위해 존재하는지 돌아보아야 한다.

설교만이 전부가 아니라 신자들 스스로의 영적 체험을 나누고, 서로에게서 배우는 자리가 마련되어야 한다. 관상기도,[85] 명상, 침묵의 훈련

---

[85] 기독교 전통의 깊은 침묵과 내적 성찰을 통해 하느님과 일치를 추구하는 기도 방식.

같은 직접적인 체험이 절실하다. '무조건 믿어라'가 아니라 '함께 찾아보자'라는 태도가 필요하다. 의문과 회의마저도 신앙 성장의 자연스러운 과정으로 인정하는 열린 자세가 필요하다.

영성 시대의 또 다른 특징은 개방성이다. '우리만 옳다'는 배타적 태도는 설 자리를 잃어가고 있다. 대신 '다른 전통에도 배울 점이 있다'는 자세가 사람들의 마음을 움직인다. 물론 정체성을 버리라는 뜻은 아니다. 오히려 대화를 통해 자신이 누구인지 더 선명하게 알게 된다. 가톨릭 안에서는 토마스 머튼[86] 같은 이들이 동서양의 대화를 통해 관상기도 운동을 일으켰고, 개신교에서는 리처드 포스터[87] 같은 이들이 새로운 신영성 운동을 이끌었다. 불교의 마음챙김[88]이 기독교 영성과 만나기도 한다. 이들의 공통점은 하나다. 변화를 두려워하지 않으면서도 자신만의 정체성을 지켰다는 것.

물론 개인적 영성 추구만으로는 위험이 따른다. 체계적 지도 없이 홀로 길을 걷다가 길을 잃기도 하고, 상업적으로 포장된 가짜 영성에 속아 넘어갈 수도 있다. 반대로, 전통 종교가 가진 장점은 결코 작지 않다. 수천 년 동안 다듬어진 영적 지혜와 검증된 수행법, 그리고 공동체

---

86 Thomas Merton(1915~1968). 20세기 가톨릭 트라피스트 수도자이자 신비주의 신학자.
87 Richard Foster(1942~). 미국 복음주의 신학자. 신영성 운동을 이끈 대표적 인물.
88 Mindfulness. 불교 전통에서 비롯된 명상법으로, 현재 순간에 집중하는 훈련.

의 힘은 혼자서는 결코 얻을 수 없는 것이다. 이 두 가지가 만나야 균형이 잡힌다.

결국, 종교와 영성은 대립하는 두 축이 아니다. 서로를 보완하며 함께 가야 한다. 종교는 개인의 영적 추구를 억누르는 대신 올바른 길로 인도해야 하고, 영성을 추구하는 이들도 공동체와 전통을 가볍게 여겨서는 안 된다. 서로가 서로를 보완할 때 새로운 시대가 열린다.

그렇다면 앞으로의 교회는 어떤 모습이어야 할까. 첫째, 자신의 본질을 잊지 않아야 한다. 사람들을 영적으로 성장시키고 삶의 의미를 밝혀주는 것이야말로 교회의 사명이다. 둘째, 변화를 두려워하지 말아야 한다. 시대가 요구하는 새로운 방식에 귀 기울이고, 용기 있게 시도해야 한다. 그러나 정체성을 잃어서는 안 된다. 셋째, 열린 마음을 가져야 한다. 다른 전통에서도 배우고, 신자들의 다양한 표현을 인정해야 한다. 넷째, 투자가 필요하다. 프로그램을 개발하고 이를 이끌 영적 지도자를 양성하는 데 아낌없이 투자해야 한다.

영성 시대의 도래는 위기이자 기회다. 거부하면 고립될 것이고, 지혜롭게 대응하면 새로운 활력을 얻을 것이다. 마치 강이 바위를 만나 물줄기를 바꾸듯, 지금 교회는 거대한 전환의 순간 앞에 서 있다. 바위를 두려워하기보다 그 굴곡 속에서 새로운 길을 내야 한다.

나침반은 언제나 북쪽을 가리킨다. 시대의 자기장이 달라져도 방향은 잃지 않는다. 영성의 시대가 오고 있는 지금, 교회는 흔들리더라도 본질의 북쪽을 가리켜야 한다. 사람들을 영혼의 중심으로 이끌고, 삶의 공허를 채우며, 하느님을 새롭게 경험하게 하는 것. 그것이 교회의 길이고, 영성 시대 속에서도 결코 사라지지 않을 이유다.

신앙의 신비에서
고통의 신비로

고통은 언제나 불청객처럼 찾아온다. 예고도 없이 들이닥쳐 문을 두드리는 손님이 아니라, 마치 이미 집 안에 자리 잡고 있었던 이웃처럼, 우리가 원하든 원하지 않든 함께 살아야 하는 존재다. 인간의 삶을 따라다니는 그림자 같은 동반자, 피할 수 없는 운명 같은 얼굴을 하고 고통은 우리 앞에 선다. 그래서 우리는 묻는다. 왜? 왜 나에게? 왜 지금? 그러나 대답은 쉽게 오지 않는다. 고통은 설명보다 먼저 다가오는 현실이고, 이성보다 앞서 가슴에 새겨지는 체험이다.

미사 중 성찬례 직전, 사제가 외친다. "신앙의 신비여!" 그 순간 우리는 빵과 포도주가 그리스도의 몸과 피로 변화하는 사건 앞에서 경외의 무릎을 꿇는다. 그러나 제단에서 내려와 세상으로 돌아가는 순간, 우리

입술에서는 또 다른 고백이 흘러나온다. "고통의 신비여!" 신앙의 신비와 고통의 신비는 같은 원 안에서 서로를 비추는 거울처럼 맞닿아 있다. 우리가 무릎 꿇는 성소와 병실의 창백한 빛 속에서 흐르는 눈물은 결코 떨어져 있지 않다.

부처는 고개를 숙이며 말했다. 삶은 곧 고통이다. 태어나고, 늙고, 병들고, 죽는 모든 과정이 고통으로 물들어 있다. 해탈은 고통의 소멸이 아니라, 욕망을 버리고 집착을 내려놓을 때 얻는 자유다. 마호메트는 다른 길을 가르쳤다. 고통은 알라가 내린 시험이다. 참아라. 인내하라. 그분의 뜻에 전적으로 맡겨라. 고통은 단순한 불행이 아니라 신과 인간 사이의 신뢰를 가늠하는 자리다. 그러나 예수는 고통에 대해 철학적 논문을 쓰지 않았다. 그분은 설명하지 않고 함께 울었다. 나사로의 무덤 앞에서 눈물을 흘리셨고, 십자가 위에서는 인간의 깊은 절망을 자기 목소리로 터뜨리셨다. "나의 하느님, 어찌하여 나를 버리셨나이까?"(마태 27.46) 그 절규는 단순한 개인의 탄식이 아니라, 모든 인간이 하느님께 던지는 원초적인 질문의 화신이었다.

이 절규가 십자가 위에 새겨진 순간, 고통은 단순한 불행이 아니었다. 그것은 하느님 자신이 선택하신 자리였다. 성 바오로는 이 역설을 간단히 압축했다. "그리스도께서는 우리가 아직 죄인이었을 때 돌아가심으로써, 하느님께서 우리를 얼마나 사랑하시는지 보여주셨다"(로마 5.8).

고통의 심연은 외면당하지 않았다. 오히려 그 심연 속으로 하느님이 몸소 내려오셨다. 고통은 하느님의 부재가 아니라, 그분의 현존이 가장 짙게 드리워지는 순간이 되었다.

아우구스티누스는 말했다. "하느님을 이해했다면, 그것은 하느님이 아니다." 고통도 마찬가지다. 설명되어버린 고통은 진짜 고통이 아니다. 그래서 교회는 고통을 '신비'라 부른다. 설명할 수 없는 것을 억지로 해명하는 대신, 껴안고 직면하고, 신비 앞에서 고개를 숙인다. 신비는 우리의 이성을 무너뜨리는 벽이 아니라, 우리를 더 깊은 차원으로 이끄는 문이다.

그러나 고통은 그저 수수께끼로 남지 않는다. 성 바오로가 말했듯, 고통은 그리스도의 고난에 동참하는 길이 된다. "나는 여러분을 위하여 내 육신으로 그리스도의 남은 고난을 채우고 있습니다"(골로 1.24). 이 구절은 단순한 수사가 아니라, 교회의 영성 전체를 뒤흔드는 고백이다. 우리의 아픔이 그리스도의 고통과 결합할 때, 그 고통은 파괴로 끝나지 않고 구원으로 이어진다. 교회는 이를 '고통의 사도직'이라 부른다. 고통은 짐이 아니라, 누군가를 살리는 제물이 될 수 있다는 역설.

십자가 아래 서 있던 성모 마리아는 고통의 전형이다. 아들의 죽음을 두 눈으로 지켜보아야 했던 어머니, 그보다 더 큰 고통이 어디 있겠는

가. 그러나 마리아는 무너져 쓰러지지 않았다. 그녀의 눈물은 바다처럼 쏟아졌지만, 그 심연 속에서 꺼지지 않는 희망의 불씨를 붙들었다. 그래서 교회는 그녀를 '고통의 성모'라 부르면서 동시에 '위로의 성모'라 부른다. 그녀의 품 안에서 고통은 절망이 아니라, 사랑으로 봉헌되는 법을 배운다.

역사를 두드린 성인들의 발자취를 보면, 고통은 언제나 거룩함의 문이었다. 프란치스코는 손과 발과 옆구리에 오상의 상처를 지니며 그리스도의 고통에 몸소 참여했다. 아빌라의 테레사[89]는 영혼의 어두운 밤을 지나면서 하느님과의 일치를 체험했다. 아우슈비츠의 막시밀리아노 콜베[90]는 낯선 이의 목숨을 위해 자신의 목숨을 내놓았다. 마더 테레사는 평생 깊은 영적 어둠 속에서 살았지만, 가난한 이들의 얼굴에서 그리스도의 빛을 보았다. 이들의 삶은 증언한다. 고통은 피할 수 없는 운명일 뿐 아니라, 사랑으로 변모될 수 있는 성소라는 것을.

그러나 고통은 결코 최종 목적지가 아니다. 썰물이 지나간 자리에 드러난 갯벌은 차갑고 황량하다. 그러나 그 자리는 밀물이 돌아오기 위한 길목이다. 십자가는 무덤으로 끝나지 않고 부활로 이어졌다. 요한 묵시록은 약속한다. "그들의 눈에서 모든 눈물을 닦아 주실 것이다. 다시는

---

89 Teresa de Ávila(1515~1582), '영혼의 어두운 밤'을 지나며 신적 일치를 체험한 신비가.
90 아우슈비츠 수용소에서 다른 이의 죽음을 대신 선택한 순교자.

죽음도, 슬픔도, 울부짖음도 없을 것이다"(묵시 21.4). 고통은 무덤이 아니라 산고다. 새 생명이 태어나기 위한 진통이다.

고통의 신비는 사랑의 신비와 떼려야 뗄 수 없다. 고통은 사랑을 깊게 한다. 사랑은 고통을 품을 용기 없이는 완성되지 않는다. 성 테레사가 남긴 짧은 문장은 이 진리를 꿰뚫는다. "고통은 지나가지만, 고통을 사랑으로 받아들인 것은 영원하다." 고통은 순간의 사건이지만, 사랑으로 봉헌된 고통은 영원의 기억 속에 남는다.

하느님은 우리의 고통을 깔끔하게 설명하지 않으신다. 그분은 고통을 함께 걸어가신다. 십자가의 그림자는 여전히 우리 삶에 드리워져 있지만, 그 그림자 끝에서 우리는 새벽의 빛을 본다. 고통은 저주가 아니라 사랑의 다른 이름, 절망이 아니라 희망으로 열리는 문, 죽음이 아니라 부활을 예비하는 변증법이다. "그분의 상처로 우리는 나았다"(이사 53.5). 이 짧은 문장은 고통이 품은 신비 전체를 응축한 언어다.

썰물이 지나간 갯벌 위에 다시 밀물이 밀려오듯, 우리의 고통 위에도 언젠가 새로운 생명이 밀려온다. 고통은 끝이 아니라 길이고, 그 길 끝에서 우리를 기다리는 것은 부활의 바다다. 그러므로 오늘 우리는 여전히 떨리는 목소리로 고백한다. "고통의 신비여!" 이 고백은 절망의 울음이 아니라, 부활의 희망으로 울리는 새 노래다.

오컴의 면도날과
질문하는 믿음

믿음을 말할 때 우리는 종종 단순함을 이야기한다. 그러나 그 '단순함'은 흔히 오해를 낳곤 한다. 단순한 믿음이란 아무것도 묻지 않고, 고개를 끄덕이며 그저 따르기만 하는 수동적 태도라 여겨지기 때문이다. 하지만 역사는 그렇게 순진한 단순함보다, 질문을 뚫고 나온 단순함이 훨씬 더 깊고 단단하다는 것을 보여준다.

13세기, 유럽 학문 세계는 스콜라 철학이 장악하고 있었다. 신학과 철학은 거대한 체계 속에서 논리와 개념을 끝없이 쌓아 올렸다. 그러나 그 정교함은 때때로 스스로의 무게에 눌려 무너질 듯 위태로웠다. 이때 프란치스코 수도자 윌리엄 오컴[91]이 날카로운 도구 하나를 들고 나타났다. 그가 사용한 도구는 칼도, 망치도 아닌, 하나의 원리였다. 사람들은 그것을 '오컴의 면도날'이라 불렀다.

"불필요한 존재를 가정하지 말라."[92] 간단한 원리였지만, 당시로서는 혁명적인 선언이었다. 그 원리는 복잡한 철학적 가정을 줄이고, 단순한 설명으로 진리를 찾아가라는 것이었다. 나무에 매달린 수많은 장식들을 하나하나 떼어내고, 마침내 드러난 본래의 나무를 바라보듯이, 그는 불필요한 이론을 벗겨내고 본질만을 붙잡으려 했다. 이 면도날은 과학 방법론에 지대한 영향을 끼쳤고, 근대 세계관의 탄생에도 불씨가 되었다. 그러나 오컴이 말한 단순함은 '덜어내기' 이상의 의미였다. 그것은 바로 믿음의 태도였다.

사람들은 종종 믿음을 '묻지 않는 것'이라 착각한다. 그러나 성서 속 믿음의 인물들을 보라. 아브라함은 하느님께 "내 상속자는 누구입니까?"라고 물었고, 욥은 밤하늘을 향해 "왜 악인이 형통합니까?"라고 절규했다. 예수조차 십자가 위에서 "엘리 엘리, 라마 사박타니(나의 하느님, 어찌하여 나를 버리셨나이까)?"라 소리쳤다. 질문은 불신앙의 징표가 아니라, 오히려 믿음의 가장 정직한 언어였다.

---

91 William of Ockham(1287~1347), 영국 오컴 출신의 프란치스코 수도자. 교황청과 대립하며 '교황 무오류' 개념에 의문을 제기했다.

92 Pluralitas non est ponenda sine necessitate. 불필요한 가정을 제거하고 가장 단순한 설명을 택하라는 원칙.

오컴도 마찬가지였다. 그는 교황의 권위에조차 질문했다. 당시 교황 요한 22세는 유럽 전체를 휘두르는 절대 권력을 쥐고 있었다. 그러나 오컴은 "진리는 교황의 말에 있지 않고, 오직 하느님의 말씀 안에 있다"라고 선언했다. 이는 곧 종교개혁을 예고하는 번개와도 같은 선언이었다. 그는 망명을 떠나야 했고, 가난과 외로움 속에 살았다. 그러나 끝내 자신의 신념을 꺾지 않았다. 그의 질문은 단순히 파괴가 아니라 정화를 위한 것이었다.

오늘의 우리도 이 질문의 전통을 잊지 말아야 한다. 믿음이 흔들릴 때 우리는 "왜?"라고 물어야 한다. '왜 악이 존재하는가?' '왜 기도는 침묵 속에 머무는가?' '왜 정의는 더딘가?' 이 질문들이야말로 하느님을 향한 갈망의 다른 이름이다. 질문하지 않는 믿음은 쉽게 굳어지고, 쉽게 부패한다. 그러나 질문하는 믿음은 끊임없이 새로워지고 깊어진다.

오컴이 말한 단순함은 무지의 단순함이 아니다. 오히려 수많은 질문과 갈등, 사유와 의심을 지나온 뒤, 더 이상 설명할 필요 없는 투명한 자리에서 드러나는 단순함이다.

우리는 기도한다. 하지만 응답은 쉽게 오지 않는다. 그 침묵 속에서 우리는 절망한다. 그러나 오컴은 그 침묵조차 믿을 수 있다고 말한다. 침묵은 부재가 아니라, 더 깊은 현존의 방식일 수 있다. 마치 별빛이 지구에 도착하기까지 수천 년이 걸리듯, 응답은 늦지만 이미 우리를 향해 오고 있는 것일지도 모른다. 이 믿음의 단순함은 질문을 버린 자의 것이 아니라, 질문을 다 해도 끝내 남는 신뢰의 흔적이다.

어쩌면 이것은 사랑과도 같다. 연인의 침묵이 반드시 무관심을 의미하지 않는 것처럼, 하느님의 침묵도 부재가 아니라 더 깊은 방식의 동행일 수 있다. 단순한 믿음은 바로 그 침묵을 신뢰하는 용기다.

오컴은 수도자로 살았다. 가난한 옷, 검소한 식탁, 끝없는 공부. 그의 삶은 단순했지만, 그의 생각은 단순하지 않았다. 그는 이성과 믿음을 혼동하지 않았다. 이성은 하느님을 완전히 증명할 수 없지만, 믿음을 위해 준비하는 길이 될 수 있다고 보았다. "믿음은 이성을 넘어선다. 그러나 결코 이성을 거슬러서는 안 된다." 그의 태도는 오늘의 우리에게도 깊은 울림을 준다.

믿음을 복잡하게 만드는 것은 사실 두려움이다. 우리는 하느님을 믿으면서도 온갖 조건과 설명을 덧붙인다. '이렇게 해야 복을 받는다.' '저렇게 하지 않으면 벌을 받는다.' 그러나 오컴은 말한다. "불필요한 존재를 가정하지 말라." 그 덧칠을 벗겨내고 남는 것은, 조건 없는 하느님이다.

21세기의 우리는 또 다른 '복잡함' 속에 산다. AI, 유전자 편집, 기후 위기, 종교 갈등…. 수많은 설명과 가설, 이론들이 우리를 덮친다. 그러나 오컴의 면도날은 여전히 유효하다. 가장 단순한 물음으로 돌아가야 한다. 우리는 사랑하고 있는가? 우리는 정의롭게 살고 있는가? 우리는 서로를 책임지고 있는가?

  그 질문에 답하지 못한다면, 그 어떤 신학적 논문이나 과학적 성취도 공허할 뿐이다. 오컴은 날카롭게 우리에게 속삭인다. "덜어내라. 그리고 하느님을 보라." 믿음은 매일의 면도와 같다. 거울 앞에 서서, 얼굴에 불필요하게 자라난 것들을 조심스레 깎아낸다. 때로는 베이고 피도 나지만, 그 과정을 통과한 뒤 얼굴은 오히려 더 맑아진다. 믿음도 마찬가지다. 질문과 의심의 날카로운 면도날을 통과해야만, 그 얼굴은 빛난다.

  결국 오컴은 우리에게 이렇게 말한다.

  "질문을 멈추지 마라. 그러나 질문의 끝에서 단순히 신뢰하라. 그것이 바로 믿음이다."

동검도 채플 블루 로고스

초판 1쇄 인쇄	2025년 11월 18일
초판 1쇄 발행	2025년 11월 25일
지은이	조광호
펴낸이	정해종
펴낸곳	(주)파람북
출판등록	2018년 4월 30일 제2018-000126호
주소	경기도 파주시 회동길 480 아트팩토리엔제이에프 B동 222호
전자우편	info@parambook.co.kr
인스타그램	@param.book
페이스북	www.facebook.com/parambook/
대표전화	031-935-4049
편집	현종희
디자인	이승욱
ISBN	979-11-7274-068-9 03810

- 책값은 뒤표지에 있습니다.
- 이 책은 저작물 저작권법에 따라 보호받는 저작물이므로 무단 전재와 복제를 금하며, 이 책 내용의 전부 또는 일부를 이용하시려면 반드시 저작권자와 (주)파람북의 서면 동의를 받아야 합니다.